科学版精品课程立体化教材·经济学系列

社会主义市场经济理论与实践

白永秀　任保平　主编

科学出版社

北京

内 容 简 介

　　本书是经济学基础理论课教材,主要内容包括市场经济的一般理论、现代市场经济的一般理论、市场经济的宏观体制、市场经济的微观体制、市场经济的运行场所与规律、市场经济的运行环境以及我国市场经济的发展。本书沿着理论与实践两条主线研究和介绍市场经济的基本问题,在研究市场经济基本理论的基础上,重视对我国市场经济发展的实践问题的研究和介绍,把制度分析与资源配置分析相结合,既重视对市场经济制度的研究,又注重市场经济在资源配置方面的作用、特征和机制的研究。为了适应我国经济国际化的趋势,本书借鉴西方市场经济的理论,并与我国具体实际相结合,力求在市场经济理论的国际化和本土化的结合方面形成新的认识。

　　本书可作为经济学专业高年级教材、研究生教材和 MBA 教材,也可供市场经济理论研究者参考。

图书在版编目(CIP)数据

社会主义市场经济理论与实践/白永秀,任保平主编. —北京:科学出版社,2011.6
科学版精品课程立体化教材·经济学系列
ISBN 978-7-03-031003-3

Ⅰ.①社… Ⅱ.①白…②任… Ⅲ.①社会主义市场经济-中国-高等学校-教材 Ⅳ.①F123.9

中国版本图书馆 CIP 数据核字(2011)第 084272 号

责任编辑:林　建　张　宁/责任校对:陈玉凤
责任印制:张克忠/封面设计:番茄文化

科 学 出 版 社 出版
北京东黄城根北街 16 号
邮政编码:100717
http://www.sciencep.com

源海印刷有限责任公司 印刷
科学出版社发行　各地新华书店经销

*

2011 年 6 月第　一　版　　开本:720×1000　1/16
2011 年 6 月第一次印刷　　印张:15 1/2
印数:1—3 000　　　　　　字数:310 000

定价:**29.00 元**
(如有印装质量问题,我社负责调换)

前 言

　　1984 年 10 月召开的党的十二届三中全会出台了《中共中央关于经济体制改革的决定》，提出了社会主义经济是"在公有制基础上的有计划的商品经济"，经济体制改革的目标是建立有计划的商品经济体制。① 1992 年春，邓小平同志在南方的重要谈话中明确提出："计划多一点还是市场多一点，不是社会主义与资本主义的本质区别。计划不等于社会主义，资本主义也有计划；市场不等于资本主义，社会主义也有市场。计划和市场都是经济手段。"② 同年 10 月，党的十四大正式肯定了"社会主义市场经济"的命题，并提出我国经济体制改革的目标是建立社会主义市场经济体制，这是一个划时代的进步。社会主义市场经济命题的确立，既是社会主义市场经济理论发展史上的一个重要里程碑，又是我国经济体制改革的重大转折点。1993 年 10 月，党的十四届三中全会出台了《中共中央关于建立社会主义市场经济体制若干问题的决定》，从此我国从宏观、中观、微观三个方面对社会主义市场经济体制进行建设。时隔 10 年，党的十六届三中全会出台了《中共中央关于完善社会主义市场经济体制若干问题的决定》，这标志着我国社会主义市场经济体制改革进入了一个新的阶段。建立完善的社会主义市场经济体制是实现经济发展战略目标的体制保障，也是全面建设小康社会所要达到的目标，同时也是作为一个发展中大国崛起的制度基础。

　　社会主义市场经济体制是同社会主义基本制度结合在一起的。在所有制结构上，以公有制包括全民所有制和集体所有制经济为主体，个体经济、私人经济和外资经济作为补充，多种经济成分长期共同发展，不同经济成分还可以自愿实行

---

　　①　中共中央关于经济体制改革的决定. 北京：人民出版社，1984. 17
　　②　邓小平. 邓小平文选（第 3 卷）. 北京：人民出版社，1993. 373

多种形式的联合经营。国有企业、集体企业和其他企业都进入市场，通过平等竞争发挥国有企业的主导作用。在分配制度上，以按劳分配为主体，其他分配方式作为补充，兼顾效率与公平。运用包括市场在内的各种调节手段，既鼓励先进，促进效率，合理拉开收入差距，又防止两极分化，逐步实现共同富裕。在宏观调控上，把人民的当前利益与长远利益、局部利益与整体利益结合起来，更好地发挥计划和市场两种手段的长处。实践证明，社会主义市场经济体制要取得成功，必须把社会主义市场经济体制与社会主义基本制度有机地结合起来。这就要努力把社会主义基本制度的优势同市场经济的优势结合起来，充分利用市场对各种经济信号反应比较灵敏等优点，发挥市场在资源配置中的基础性作用，同时通过宏观调控克服市场经济的盲目性、自发性等弱点和消极方面，使我国社会主义制度的优越性更加充分地发挥出来。

我们对社会主义市场经济理论的研究开始于20世纪80年代初，经过长期的探索，先后出版了《中国现代市场经济研究——一种新的社会主义市场经济理论及其实现形式》、《中国现代市场体系研究》、《中国西部区域市场经济研究》、《陕西市场体系研究》、《社会主义市场经济概论》、《市场经济教程》、《新编市场经济概论》、《中国现代企业制度研究》、《中国现代企业制度的理论与实践》等专著和教材，也在《求是》、《人民日报》、《光明日报》、《经济学家》、《改革》、《经济学动态》等报刊发表了100余篇这方面的论文，其中，有些观点先后被《新华文摘》、《经济学文摘》、《理论信息报》、《高校文科学报文摘》、《人大复印资料》等10多家刊物转载或转摘，并被收入《中国社会主义经济理论问题争鸣》、《改革十年社会科学重要理论观点》等书籍。在教学方面，十四大以来我们相继为本科生、硕士生和博士生开设了"社会主义市场经济理论与实践"、"中国市场经济研究"、"中国现代企业制度研究"等课程，受到学生们的普遍欢迎。为了满足本科生和研究生的教学需求，我们经过近两年的努力，将这门课的讲稿整理成教材，现在奉献给读者。本教材是2009年国家级精品课程"社会主义市场经济理论与实践"的主干教材，也是西北大学研究生重点课程资助教材。

本教材按3个学分、54个课时的教学计划编写，其特色在于：①理论与实践相结合。从理论与实践两条主线分别介绍市场经济的发展问题。本书在研究市场经济基本理论的基础上，更加重视对我国社会主义市场经济实践问题的研究，特别是注重对经济改革与发展中一些重大现实问题的研究，包括非公有制企业的发展、国有企业的改革、市场经济秩序的建立。②制度分析与资源配置分析相结合。本教材在制度层面研究社会主义与市场经济相结合的基础上，更多从资源配置层面研究市场经济在资源配置中的作用、特征和机制，包括市场经济的运行场所、规律、环境等。③国际化和本土化相结合。适应我国经济国际化的趋势，本书在借鉴西方市场经济理论的同时，结合我国经济体制改革实际，力求推进市场经济理论的国际化和本土化相结合的深化。④理论研究与政策研究相结合。本书一方面介绍市场经济理论研究的发展，另一方面介绍我国市场经济发展中的一些重大政策问题的出台背景及情况，同时提出市场经济发展的对策。

本教材由西北大学经济管理学院院长白永秀教授和副院长任保平教授担任主编，由西北大学、陕西师范大学、宁夏大学、延安大学、西安工程大学、西北政法大学、西安财经学院长期从事社会主义市场经济理论教学和研究的教授、博士组成作者队伍。以白永秀教授长期从事"社会主义市场经济理论与实践"课程教学的讲稿为主体，经整理、扩展形成了本教材。在整理讲稿过程中，得到了西北大学、陕西师范大学、宁夏大学、西安工程大学、延安大学、西北政法大学、西安财经学院等单位的大力支持。教材的大纲由白永秀教授、任保平教授讨论、修改并确定。全书的编写分工如下：第一章，西北大学白永秀、吴振磊；第二章，西安财经学院李丽辉、宁夏大学何凤隽；第三章和第四章，西北大学白永秀、吴振磊；第五章，西北大学惠宁；第六章，西北大学任保平；第七章，延安大学武忠远；第八章，陕西师范大学刘敢；第九章，西北大学马小勇；第十章，西北大学严汉平；第十一章，西北大学马小勇；第十二章，西北大学郭俊华；第十三章，西北政法大学刘光岭。在各章初稿的基础上，白永秀教授和任保平教授负责统稿和修改。吴振磊博士在联络、修改和资料收集方面做了大量的工作。

为了给教师和学生提供更多理论与实践的背景材料，我们制作了教学课件，同时也开发了课程网站，网址为 http://ems.nwu.edu.cn/jpkc/index.html。

本教材在编写过程中，参考了近几年出版的专著、教材和发表的论文，在此向作者表示深切的谢意！本书的出版得到了科学出版社编辑同志的大力支持和帮助，在此也表示衷心的感谢。

由于时间和水平方面的原因，本书肯定会存在这样或那样的不足，因此，恳切期望广大专家、学者和读者提出宝贵的批评意见。

白永秀

2011 年 3 月

目 录

第 1 章

导　　论

本章作为全书的导论部分，主要研究和探讨市场经济理论的研究对象、研究任务、市场经济理论的研究方法以及市场经济的理论体系等基本问题，并在此基础上介绍学术界对社会主义市场经济理论研究的现状和存在的问题，以及市场经济理论需要进一步研究的问题。结合当前我国社会经济发展的现实需要，探讨学习和研究市场经济理论的目的和意义。

■ 1.1　社会主义市场经济理论研究的对象与任务

1.1.1　社会主义市场经济理论研究的对象

社会主义市场经济理论是在社会主义生产关系基础上以资源配置作为研究的出发点，研究资源配置和公平分配而发生的经济关系，以及社会主义市场经济运行与发展的规律性。社会主义市场经济理论是对我国社会主义市场经济活动及其发展实践的理论总结。

具体来讲，社会主义市场经济理论研究的对象主要包括如下含义：①研究在社会主义生产关系基础上如何实现社会资源的优化配置，即如何使资源配置趋向合理，以便发挥其更大的效用；②研究市场经济的一般基本理论问题，包括市场经济的内涵、市场经济的产生与发展、市场经济的一般特征等；③研究社会主义市场经济的正常运行的体制问题，即研究影响市场经济运行的体制要素，包括市场经济的宏观体制和市场经济的微观体制；④研究我国社会主义市场经济的运行问题，包括市场经济运行的基本理论、市场经济的运行机制与规则、市场经济运行的场所和规律、我国社会主义市场经济的运行环境；⑤研究社会主义市场经济的对外开放，包括市场经济的开放效应、对外开放的方式与途径以及世界贸易组织（WTO）与我国市场经济的发展等；⑥研究社会主义市场经济的发展，包括市场经济的增长与发展、市场经济发展的趋势等。

1.1.2 社会主义市场经济理论研究的任务

20世纪80～90年代，为了推进社会主义市场经济体制的建立，我国学术界的主要任务是通过深层次的理论探讨，解决四个相互联系、相互衔接的问题："社会主义要不要发展市场经济；社会主义要发展什么样的市场经济；社会主义怎样发展市场经济；如何使社会主义市场经济'中国化'。"① 经过多年的探索，基本解决了"社会主义要不要发展市场经济"和"社会主义发展什么样的市场经济"两大任务。进入21世纪，我国市场经济体制的基本框架已经确立，市场经济理论研究的任务主要是解决社会主义怎样发展市场经济和如何使社会主义市场经济"中国化"。结合我国市场经济发展实际，当前和未来一段时间社会主义市场经济理论的主要研究任务是：

（1）研究如何完善社会主义市场经济体制。2003年党的十六届三中全会通过了《中共中央关于完善社会主义市场经济体制若干问题的决议》，这一决议的出台标志着我国由建立社会主义市场经济体制向完善社会主义市场经济体制的转变。因此，研究如何完善社会主义市场经济体制成为新时期经济学界争鸣的焦点。具体来讲，完善我国社会主义市场经济体制主要包括以下几个方面的问题：一是如何进一步完善以公有制为主体、多种所有制经济共同发展的基本经济制度；二是如何建立有利于逐步改变城乡二元经济结构的体制；三是怎样形成促进区域经济协调发展的机制；四是如何建设统一开放竞争有序的现代市场体系；五是如何完善宏观调控体系、行政管理体制和经济法律制度；六是怎样健全就业、收入分配和社会保障制度；七是如何建立促进经济社会可持续发展的机制；八是如何完善国有资产管理体制，深化国有企业改革。

（2）研究如何促进社会主义市场经济良性运行问题。改革开放以来，我国市场经济运行呈现出良好态势。进入21世纪，伴随着经济的发展和市场经济体制的不断完善，如何促使市场经济实现更高效率、更好效益的运行是经济学界面临的又一新课题。首先，应进一步探索如何健全市场经济的基本运行机制，包括价格机制、动力机制、竞争机制、信息传导机制、决策机制和约束机制等。其次，探讨如何更好地维护市场经济秩序，更科学地解决市场经济的无序性。在微观层次上研究如何促使政府、企业、家庭行为的合理性；在中观层次上研究如何促使

---

① 白永秀. 中国现代市场经济研究. 西安：陕西人民出版社，2001. 1～6

各个行业、各个部门、各个产业、各个区域运行的协调与规范；在宏观层次上研究国家宏观调控行为的合理性。再次，探讨如何进一步健全市场经济体系，包括研究如何加快建设全国统一大市场，解决当前存在的市场问题，如何加快发展资本和其他生产要素市场等问题。最后，探讨如何进一步完善市场经济运行环境问题，包括研究政府职能转变和宏观调控，研究保障制度建设以及社会主义市场经济发展环境建设等问题。

（3）解决如何全面提高社会主义市场经济的对外开放水平。现代市场经济的本质是开放经济，只有全面提高对外开放的水平，才能够给市场经济的发展提供良好的机制，才能不断推进市场化的进程。因此，新时期对社会主义市场经济对外开放理论的研究十分必要：第一，要对市场经济的开放效应进行深入研究，一方面针对市场经济的新发展重新对市场经济的开放特征进行定位；另一方面深入研究对外开放对一国经济的外部冲击效应、结构效应、体制效应等。第二，进一步对对外开放的方式和途径进行研究，包括新时期、新形势下对外贸易、利用外资、引进技术等问题的研究。第三，深入研究 WTO 与我国市场经济对外开放的关系，推进我国市场经济同世界市场经济的接轨。

（4）解决我国社会主义市场经济发展不平衡问题。改革开放近 30 年来，伴随着社会主义市场经济体制的建立，东、中、西各区域经济都取得了较快的发展，但是由于开放次序、资源禀赋、区位差异等要素的影响，区域差距、城乡差距依然存在，而且呈现拉大的趋势。因此，如何解决区域发展和城乡发展不平衡的问题是当前经济学界面临的重大课题。一方面要解决区域发展不平衡问题，尤其是"十一五"期间国家实行"东、中、西大区域平衡发展，各区域内重点突破"的发展战略下如何推进落后地区与发达地区协调发展问题；另一方面，要解决城乡二元经济协调发展问题，深入研究工业反哺农业、城市支持农村的战略途径以及新农村建设和小城镇建设等问题。

1.1.3　社会主义市场经济理论的研究方法

对于市场经济理论的研究应注重六个结合，即实证研究与规范研究相结合、理论分析与事实论证相结合、静态分析与动态分析相结合、定性分析与定量分析相结合、制度分析与资源配置分析相结合、理论研究与对策研究相结合。

（1）实证研究与规范研究相结合。实证研究和规范研究是经济学研究的基本方法，当然也是市场经济理论的基本分析方法。通过实证研究主要回答市场经济"是什么"。实证研究又分为理论研究和经验研究两部分。通过理论研究可以从中归纳出市场经济可能的运行规律，然后从一定的先验假设出发，以严密的逻辑推理演绎证明这些经济规律并推演可能有的规律。经验分析则以实际案例验证理论分析得到的经济规律。规范分析是对社会经济运行的过程和结果做出伦理分析和价值判断，通过规范研究主要回答市场经济"应该是怎样的"问题。目前我国市场经济的研究，既要通过实证研究回答我国市场经济的基本状态"是什么"，又要通过规范研究主要回答我国社会主义市场经济"应该是怎样的"问题，需要将实证研究与规范研究相结合。

（2）理论分析与事实论证相结合。要了解事物的规律性，必须撇开纷繁复杂的具体现象，通过现象看本质。市场经济的规律性，存在于多样的市场经济活动中。要了解市场经济和认识市场经济内在的规律性，必须利用抽象思维的方法从现实的经济生活中梳理、总结、概括和提升本质性的东西。同时，为了求得真理，理论上的假设和论证，往往需要回到现实中接受事实的检验与证明。因此，把理论分析与事实论证相结合更能准确地把握和说明我们要研究的问题。

（3）静态分析和动态分析相结合。静态分析是研究分析市场经济在某一时间点和横截面上的现象和规律的方法。动态分析是研究市场经济随着时间的推移所显示的各种发展、演化规律的方法。市场经济是与社会经济发展的实际密切相关的。对某一阶段来讲，对具体经济问题的研究在时间上和空间上都是有规定的，都是静态的，通过静态分析的方法可以考察市场经济在某一时间点的现象和本质。但是市场经济各种力量的均衡是暂时的，不断地从均衡到不均衡，从稳定到不稳定，因此我们必须用动态的、发展的而不是僵化的、形而上学的观点来研究市场经济。只有把静态分析同动态分析有机结合起来，才能真正说明市场经济运行的真实情况。

（4）定性分析与定量分析相结合。定性分析是对研究对象进行质的分析方法，定量分析是分析事物的数量比例及其变动关系的方法。定性分析是定量分析的前提，定量分析是定性分析的深化。市场经济是一个系统，它往往涉及众多因素、多个变量纷繁的联系等各方面的问题。面对如此庞大而复杂的问题要想从总体上获得最优化的结果，并准确把握市场经济的含义、特征、市场经济的宏观和微观体制等，就需要把定性分析与定量分析相结合。

（5）制度分析与资源配置分析相结合。制度分析是以制度这一要素为主要的考察点，重视对市场经济制度的研究，着重分析制度对市场经济运行的影响。资源配置分析则注重对市场经济在资源配置方面的作用、特征和机制的研究，包括市场经济的运行机制、宏观调控机制等。

（6）理论研究与对策研究相结合。对于市场经济的研究，一方面要注重对市场经济基本理论问题的研究，更加全面、更加科学地去总结市场经济的一般理论、现代市场经济理论、市场经济的宏观体制、市场经济的微观体制、市场经济的运行规律等；另一方面要注重对现实经济生活中相关经济政策的研究，特别是市场经济的发展、经济改革与发展中的重大实践问题研究，从而将理论更好地应用到实践，实现学以致用。

1.1.4 社会主义市场经济的理论体系

从一般意义上来讲，市场经济的理论体系主要包括四个层次：一是基本理论层次，主要揭示市场经济的基本理论问题，包括市场经济内涵与特征、市场经济产生与发展等；二是体制层次，从微观和宏观上揭示市场经济的体制架构，包括微观体制和宏观体制；三是运行层次，包括市场经济的运行规律、运行场所、运行规则和运行环境等；四是发展层次，包括市场经济的对外开放、市场经济的发展等。

从市场经济的一般理论体系出发，本教材共分为 13 章，沿着理论和实践两条主线研究和介绍市场经济的理论和实践问题。根据每个章节的内在联系可以概括为以下几部分：市场经济的基本理论、市场经济体制、市场经济的运行、市场经济的发展。具体如图 1-1 所示。

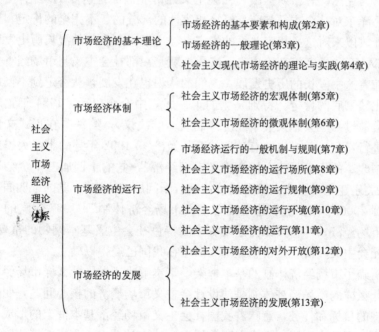

图 1-1　社会主义市场经济理论体系框架图

1.2　我国社会主义市场经济理论与实践研究的现状与存在问题

1.2.1　我国社会主义市场经济理论与实践研究的现状

20 世纪 80 年代以来，我国理论界关于社会主义市场经济理论的研究主要集中在"要不要发展市场经济、发展怎样的市场经济以及怎样建立社会主义市场经济以及市场经济的'中国化'"等四个问题。经过20多年的研究和探讨，基本上肯定了社会主义经济就是市场经济，基本上解决了"社会主义要不要发展市场经济"的问题。明确提出了建立社会主义市场经济体制的任务，基本解决了"发展怎样的市场经济的问题"。提出建立和完善社会主义市场经济的一系列措施和对策，正在探索解决"怎样建设社会主义市场经济"以及"市场经济'中国化'"这两大任务。总体来看，基本的研究现状主要表现在：

（1）解决了要不要发展市场的问题，确立了社会主义经济就是市场经济的命题。自从社会主义理论和运动产生以来，人们就开始研究社会主义与市场经济的关系。虽然那时我们称这个问题为社会主义与商品经济的关系，但问题的实质是一样的。从马克思、恩格斯提出"社会主义经济非商品经济"的理论，到列宁、斯大林、毛泽东对社会主义与商品经济相容性的部分的、不完全的肯定，最后到我党改革开放以来对这一相容关系的肯定，经历了100多年的漫长历史发展。可以说，一部社会主义经济理论史，其实质上就是一部社会主义与市场经济关系的理论史。随着这一漫长的历史发展，人们的认识也在发展，从否定到不彻底的肯定，再到比较彻底的肯定。特别是党的十一届三中全会以后，1984年党的十二届三中全会通过《中共中央关于经济体制改革的决议》，第一次在正式文件中对利用外资进行肯定，并提出"有计划的商品经济"；1992年党的十四大提出"中国经济体制改革的目标是建立社会主义市场经济"，党的十四届三中全会通过了《中共中央关于建立社会主义市场经济体制若干问题的决定》，党的十四届五中全会提出"到2000年，要初步建立社会主义市场经济体制"；1997年党的十五大再次强调市场经济，并将其作为建设有中国特色社会主义基本纲领的重要内容。这说明"社会主义经济就是市场经济"命题在我国已经得以确立。

（2）明确了市场经济体制的基本框架，基本解决了发展什么样市场经济的问题。建立什么样的市场经济体制是建设社会主义市场经济的核心问题，明确了市场经济体制的目标和任务，意味着我国社会主义市场经济基本框架的形成。经过多年的探索，党的十四届三中全会明确提出，建立社会主义市场经济体制，就是要使市场在国家宏观调控下对资源配置起基础性作用。为实现这个目标，必须完成以下几方面的任务：一是坚持以公有制为主体、多种经济成分共同发展；二是进一步转换国有企业经营机制，建立适应市场经济要求，产权清晰、权责明确、政企分开、管理科学的现代企业制度；三是建立全国统一开放的市场体系，实现城乡市场紧密结合，国内市场与国际市场相互衔接，促进资源的优化配置；四是转变政府管理经济的职能，建立以间接手段为主的完善的宏观调控体系，保证国民经济的健康运行；五是建立以按劳分配为主体，效率优先、兼顾公平的收入分配制度，鼓励一部分地区一部分人先富起来，走共同富裕的道路建立多层次的社会保障制度，为城乡居民提供同我国国情相适应的社会保障，促进经济发展和社会稳定。这些主要环节是相互联系和相互制约的有机整体，构成社会主义市场经济体制的基本框架。必须围绕这些主要环节，建立相应的法律体系，采取切实措施，积极而有步骤地全面推进改革，促进社会生产力的发展。

（3）提出了怎样建设市场经济和市场经济"中国化"问题，进一步明确了市场经济发展的方向。对于怎样建立市场经济和市场经济"中国化"问题，我国理论界的研究主要围绕调整和完善所有制结构、推进国有企业改革、完善分配制度和分配形式、健全国家宏观调控、调整和优化经济结构、全面提高对外开放水平等问题展开，在理论上取得了一系列新的建树：一是在所有制结构方面，提出公有制为主体、多种所有制经济共同发展，是我国社会主义初级阶段的一项基本经济制度，必须毫不动摇地鼓励、支持和引导非公有制经济的发展；对公有制经济的含义进行新的界定，提出公有制实现形式可以而且应当多元化；肯定了非公有制经济是社会主义市场经济重要组成部分。二是在国有企业改革方面，提出要从战略上调整国有经济布局；建立健全国有资产管理体系；建立产权清晰、权责明确、政企分开、管理科学的现代企业制度。三是在分配制度和分配形式方面，提出坚持和完善按劳分配为主体的多种分配方式，把按劳分配和按生产要素分配结合起来，确立劳动、资本、技术、管理等生产要素按贡献参与分配的原则。四是在国家宏观调控方面，提出以市场机制为基础，加快建立健全市场经济体系和宏观调控体系。五是在经济结构调整方面提出走新型工业化道路的发展思路，努力实现经济的协调、快速、健康发展。六是在对外开放方面始终坚持对外开放是一项长期的基本国策，不断提高对外开放的水平，以开放促改革、促发展。此外还提出要发展资本市场、劳动力市场等生产要素市场等。十六大以后，我国的理论界主要围绕"五个统筹"、新型工业化道路、新农村建设、和谐社会、创新型国家等问题展开，其出发点是如何进一步完善和健全社会主义市场经济体制，如何建立具有中国特色，符合中国国情的市场经济，解决社会主义现代市场经济的"中国特色"问题。

1.2.2　当前我国社会主义市场经济理论研究存在的问题

概括起来说，我国理论界对社会主义市场经济理论的研究主要存在以下几个方面的问题：

（1）需要加强对社会主义市场经济新问题的理论研究。改革开放以来，针对我国要不要发展市场经济以及市场经济如何与社会主义制度相结合等问题，理论界对市场经济面对的一些基本理论问题进行了研究，例如，我国发展市场经济的必要性、市场经济的内涵与特征、市场经济与社会主义制度的结合等。通过研究，在基本理论问题上取得了积极的进展，统一了人们的思想认识。但是随着市场经济的进一步发展，又出现了一系列新的基本理论问题，例如，市场经济发展过程中面临的公平与效率、和谐发展、可持续发展、收入分配、垄断的规制、资源节约型社会的构建等新的基本理论问题。对于这些新的基本理论问题的研究，仍然需要进一步的加强。

（2）需要从理论与实践相结合的角度进行研究。长期以来在研究方法上，学术界研究没能很好地处理理论和实践相结合关系。这就往往导致了理论研究与社会实践的脱节，使得理论研究成果很难指导社会主义市场经济的实践，在社会主义市场经济的研究方法上，我们碰到的最大难点是如何处理基础理论研究与应用性、对策性研究的关系。我国经济学界对这一问题研究得不够，其结果是理论与实践脱节，经济改革理论滞后，不能很好地指导社会主义市场经济新体制建立的实践。

（3）需要加深对社会主义市场经济中国特色问题的研究。改革开放以来，学术界过于注重引进和学习西方国家的市场经济理论，对中国特色的社会主义市场经济探讨不够。这表现在：一是没有深入研究社会主义市场经济，尤其是中国特色的社会主义市场经济；二是没有很好地研究怎样把市场经济的一般性与特殊性结合起来。其结果是：有人通过强调市场经济的一般性来否定它的特殊性；有人通过强调引进西方市场经济理论来代替中国特色的社会主义市场经济理论，阻碍了中国特色社会主义市场经济理论的形成，这直接导致中国特色社会主义市场经济理论研究的滞后。

（4）需要加深对如何完善社会主义市场经济的研究。2003年党的十六届三中全会召开，会议通过了《中共中央关于完善社会主义市场经济体制若干问题的决议》，标志着我国由建立社会主义市场经济阶段转入完善社会主义市场经济的新发展阶段。由此，学术界的研究方向也应逐渐向如何完善社会主义市场经济转变。应着眼于如何完善社会主义市场经济体制和如何进一步深化经济体制改革等问题。既要注重完善市场经济的基础理论研究，也要注重完善市场经济的对策研究，做到理论研究与实践紧密结合。

（5）需要加强对区域市场经济问题的研究。市场经济的发展总是和一定的生产力水平相适应，我国地域宽广、地域特征十分明显，但是长期以来理论界主要侧重于从一般意义上研究我国市场经济，缺少从区域的角度出发，研究区域市场经济，因而没有提出中国区域市场经济理论。从市场经济发展的实践来看，我国是一个幅员辽阔的国家，各地差异很大。本应加强对社会主义市场经济在不同地区、不同生产力水平条件下运行特点的研究，丰富和发展区域市场经济理论。但是，我国理论界很少注意这方面的研究，特别是很少探讨沿海地区与内陆地区、经济特区与非特区、发达地区与落后地区等不同条件下市场经济运行机制的差异，过多地用一个模式衡量全国经济，造成一刀切。

1.2.3　今后我国社会主义市场经济理论研究的重点

"十一五"期间，根据我国市场经济的实践进程，市场经济理论研究主要包括：如何完善市场经济体制及其配套体系建设，如何加快公共服务体系建立，如何建设和谐社会以及如何建设创新型国家等。围绕这一战略部署，今后我国市场经济理论研究的重点在于：

（1）研究经济体制改革的深化。在所有制结构方面研究如何进一步巩固和发展公有制经济，鼓励、支持和引导非公有制经济发展。在国有企业改革方面，研究如何完善国有资产管理体制，完善法人治理结构，加快推进和完善垄断行业改革，深化国有企业改革；在市场体系建设方面，研究如何健全全国统一的开放市场，如何进一步规范市场秩序，如何健全社会信用体系，如何建立规范资本市场和土地、劳动力和技术市场；在宏观调控方面，研究如何进一步完善国家宏观调控体系，如何转变政府经济管理职能，如何深化政府机构改革、健全政府决策机制以及如何深化投资体制改革；在对外开放方面，研究如何完善对外开放的制度保障，更好地发挥外资作用，如何增强参与国际合作和竞争的能力；在配套措施方面，研究如何完善财税体制；在"三农"问题方面，研究如何解决深化农村改革，完善农村经济体制，包括完善土地制度、健全农村社会化服务、农产品市场和对农业的支持保护体系等问题。

（2）研究社会主义市场经济公共服务体制的建设。加快建立公共服务体制，扩大政府的公共服务职能，是促进市场经济良性发展、保持社会稳定的关键。"十一五"期间，应把研究如何提供基本而有保障的公共产品作为"十一五"期间公共服务体系建设的关键问题，主要解决好以下五个问题：一是就业与再就业问题；二是公共卫生和医疗保障问题；三是义务教育问题；四是社会保障体系建设问题；五是生产、食品、卫生等公共安全问题。

（3）研究社会主义市场经济发展中和谐社会的构建。社会和谐是中国特色社会主义的本质属性，是国家富强、民族振兴、人民幸福的重要保证。构建社会主义和谐社会，是从中国特色社会主义事业总体布局和全面建设小康社会全局出发提出的重大战略任务。这一重大战略任务包括两点：①在理论上研究和谐社会的经济学特征与建设和谐社会的经济学意义。②在实践上从经济发展的角度研究如何推进和谐社会建设，包括：推进社会主义新农村建设，促进城乡协调发展；解决人的贫困和人的发展问题；落实区域发展总体战略，促进区域协调发展；实施积极的就业政策，发展和谐劳动关系；坚持教育优先发展，促进教育公平；加强环境治理保护，促进经济发展与自然的和谐等。

（4）研究社会主义市场经济发展中的自主创新。2006 年 1 月，胡锦涛同志在全国科技大会上的讲话中提出了建设创新型国家的奋斗目标。之后，又公布了

《中共中央国务院关于实施科技规划纲要增强自主创新能力的决定》和《国家中长期科学和技术发展规划纲要》两个建设创新型国家的纲领性文件。在十七大报告和十七届五中全会决议中进一步强调了提高自主创新能力，建设创新型国家的思想。因此，新时期应加强对市场经济发展中自主创新问题的研究。一是对我国在完善社会主义市场经济体系阶段的国家创新体系建设研究，包括对建设创新型国家的基础理论和实践的研究，对我国建设创新型城市和创新型企业的理论和实践的研究以及对建设以企业为主体的技术创新体系的研究；二是对市场经济中鼓励创新的政策体系研究；三是市场经济中创新人才培养的研究等。

（5）研究社会主义市场经济发展的质量。改革开放以来，我国经济改革取得了一系列成绩，但多年来积累下来的一系列深层次的矛盾和问题，几乎都没有解决，有的甚至没有缓和还在继续发展，如经济增长速度与效益不协调问题、就业问题、城乡二元经济问题、经济可持续发展等问题，这使得我国经济增长的质量面临比较严峻的形势。因此，今后要加大对如何提升市场经济发展质量问题的研究，包括：如何转变经济增长方式问题的研究，市场经济可持续发展研究，资源节约型社会构建、缩小区域经济差距和转化二元经济结构研究，如何进一步发展循环经济问题研究以及如何加大我国市场经济竞争优势的培育等问题的研究。

（6）研究社会主义市场经济发展中的经济安全。改革开放以来，尤其是加入WTO以后，我国经济开放程度越来越高，正在逐步融入全球经济。但是由于我国市场经济不完善，受世界经济和政治环境的影响，我国面临许多新的经济安全问题，如金融安全、贸易安全、资源安全、信息安全、人才安全、环境安全、产业安全和技术安全等问题。只有解决好这些问题，我国社会和经济才能更加平稳健康地发展。因此，要加强对经济全球化趋势下维护我国经济安全问题的研究，加强对完善市场经济发展过程中的经济安全保障机制以及如何防范、治理经济发展所面临的潜在经济安全隐患等问题的研究。

1.3   学习和研究社会主义市场经济理论的目的和意义

1.3.1   学习和研究社会主义市场经济理论的目的

系统的学习和研究社会主义市场经济理论，可以全面地理解和把握社会主义市场经济的特征、本质和运行规律，可以提升我们的理论素养，加深我们对社会主义市场经济的理解，促使我们转变观念，解放思想，认识市场经济发展趋势，做改革的促进派。

（1）转变观念，解放思想。我国受自然经济观念与计划经济观念的影响很深，越是经济落后的地区，越有可能是自然经济与计划经济的"双重"重灾区，观念更加滞后。其主要表现为以下几种观念：一是闭关自守，与世隔绝的封闭观念；二是"万事不求人"、"老死不相往来"的狭隘观念；三是因循守旧，墨守成规的保守观念；四是在权本主义影响下，轻视经济活动，热衷于政治活动，过多地探寻人与人的关系，支配人们行为的是"谋人而不谋事"的陈旧理念。这些观念反映到社会经济生活中，就是小生产的习惯势力和偏见，往往形成以下几种不良状态：一是自己不求进取，也容不得别人进步，有极强的嫉妒心理；二是夜郎自大，落后愚昧的习惯；三是轻视社会协作，轻视社会化服务体系的作用，搞"大而全"、"小而全"的产业组织与企业组织体系；四是忽视科学技术的作用，轻视新技术、新产品的创造发明；五是忽视科学管理，凭经验办事的倾向；六是排斥对外交换关系的发展，追求自给的偏见；七是重农抑商、无商不奸的鄙商观；八是胸襟狭窄、目光短浅的心理状态以及单一化、片面化、绝对化、走极端的思维方式；九是为别人设防的习惯。这些落后的观念和思想，必将不利于我国的改革和发展。通过对市场经济理论系统的学习和研究，可以清楚地把握市场经济的内涵、特征，了解现代市场经济观念同自然经济观念、计划经济观念的区别，了解市场经济运行的规律，可以有效摒弃落后观念对我们的影响，进一步解放思想，树立社会主义经济就是市场经济的理念，全力推进社会主义现代化建设。

（2）掌握市场经济理论，提高理论素养。理论是对感性认识的扬弃和提炼，是认识活动的结晶和最高形式，它最集中、最深刻地反映了人的能动性和创造性。所谓理论修养，是指理论知识和理论思维能力的统一。它是一个党和一个民族是否成熟的标志，关系到国家和民族的兴衰成败。对个人发展来讲，理论素养同样重要，一个理论上贫困的人必然导致思想上的贫困，而思想水平是决定人成败的重要因素。理论的重要意义不仅仅在于对个人、党派、民族的重要性，更主要在于它能指导实践，并在很大程度上决定着实践的水平和成败。没有高层次理论的指导，就不可能有高水平的实践；没有理论上的创新和突破，就很难有实践的创造和突破。同时理论的意义还在于它能科学的预见未来，为人们提供理想、信念和价值导向，从而提升人的境界，开阔人的视野，影响人的思维方式，积极作用于实践。通过学习和研究市场经济理论，科学把握市场经济理论的精髓，有利于提升我们对市场经济的认识高度，更加准确的把握市场经济改革的核心问题，为社会主义市场经济改革的实践奠定坚实的理论基础。同时对于提高我们的个人理论水平、拓展我们的理论视野具有积极的作用。

（3）认识市场经济发展趋势，做改革的促进派。20多年来我国经济改革在实践上取得了重大突破。国有企业改革取得重大进展，非公有制经济蓬勃发展，市场在资源配置中的作用明显增强，社会保障制度初步形成，宏观调控体系进一步完善。总的来看，社会主义市场经济体制初步建立，公有制为主体、多种所有制经济共同发展的基本经济制度确立，全方位、宽领域、多层次的对外开放格局基本形成。改革开放极大促进了生产力的解放，人民生活水平稳步提高。但同时也要看到，我国经济还存在经济结构不合理、分配关系尚未理顺、农民增收缓慢、就业矛盾突出、资源环境压力大等问题。通过系统学习和研究市场经济理论，我们可以更为深刻认识经济改革的成效，更加客观地去分析所面临的挑战，坚持改革方向不动摇，做改革的促进派。

1.3.2　学习和研究社会主义市场经济理论的意义

通过学习市场经济理论，可以解决社会主义要不要发展市场经济、发展什么样的市场经济、怎样发展市场经济以及市场经济"中国化"等问题，无论对于具体实践还是理论研究，都有重要的理论意义和现实意义。

(1) 学习和研究市场经济理论的理论意义。我国进行的经济体制改革是一项庞大而且复杂的社会系统工程，没有有力的理论指导，很难成功。这就要求我们必须按照市场经济的原则和要求，组织经济活动和经济运行，构造新的经济体制。市场经济理论的研究正是为建立这样的新体制提供了基本的依据。改革开放以来，我国的理论研究比较滞后，缺乏系统的改革理论指导。民间把改革理论总结为"四论"，即"猫论"（无论黑猫、白猫，逮住老鼠是好猫）、"摸论"（摸着石头过河）、"撞论"（改革像瞎子出门撞墙一样）、"灯论"（遇到绿灯快步走，遇到黄灯跑步走，遇到红灯绕道走。实际上是指"上有政策，下有对策"，或者指打政策的擦边球）。因此，对市场经济理论的系统研究就显得更加必要。同时通过研究借鉴西方发达国家市场经济的有益理论和经验，为我们所用，来不断丰富我国社会主义市场经济理论。

(2) 学习和研究社会主义市场经济理论的现实意义。市场经济理论是关于市场经济社会中资源配置和经济运行规律的理论。这个理论对市场和市场机制，对市场经济的构成要素、主要功能和基本特征，对市场经济的宏观体制、市场经济的微观体制，对市场运行的场所和规律、市场经济的环境和发展等理论都将进行全面的论述。掌握这些理论，就能更好地认识和利用商品经济的客观规律，转变旧体制的思想观念，增强市场经济意识，提高社会资源配置能力，有效地组织社会经济运行，从而大大加快市场经济和社会生产力的发展。同时系统学习和研究市场经济理论有助于我们树立正确的世界观，掌握科学的方法论，提高在经济以及政治、文化等领域观察问题和分析问题的能力，提高从事各项经济建设和促进经济发展的自觉性，有利于培养"观念＋诚实＋才能"的合格人才。

本 章 提 要

1. 市场经济以资源配置作为研究的出发点，研究由于资源配置而发生的经济关系，探索经济发展的规律性。市场经济理论是对市场经济活动及其发展的理论总结，主要研究市场经济制度下如何有效的配置和利用资源，揭示市场经济运行机制及其规律。

2. 对于市场经济理论的研究应注重六个结合，即实证研究与规范研究相结合、理论分析与事实论证相结合、静态分析与动态分析相结合、定性分析与定量分析相结合、制度分析与资源配置分析相结合、理论研究与对策研究相结合。

3. 市场经济的理论体系包括市场经济的基本理论、市场经济体制、市场经济的运行、市场经济的发展等。

4. 市场经济理论研究的任务一般是解决社会主义要不要发展市场经济，社会主义要发展怎样的市场经济，社会主义怎样发展市场经济，如何使社会主义市场经济"中国化"等四个问题。当前研究的重点是解决市场经济的完善与市场经济"中国化"的问题。

5. 学习和研究社会主义市场经济理论，具有重要的理论意义和现实意义。有利于为我国的经济体制改革提供理论依据和理论上的指导；有利于培养"观念＋诚实＋才能"的合格人才。

➤ 关键概念

资源配置　实证研究　规范研究　静态分析　动态分析　制度分析

➤ 复习思考题

1. 社会主义市场经济理论研究的对象是什么？
2. 社会主义市场经济理论研究的任务是什么？
3. 怎样评价当前我国社会主义市场经济理论的研究现状？
4. 如何理解学习和研究社会主义市场经济理论的意义？

主要参考文献

白永秀. 1996. 中国现代市场经济理论研究. 西安：陕西人民出版社

刘国光，桂世镛. 2002. 社会主义市场经济概论. 北京：人民出版社

刘诗白. 2004. 社会主义市场经济理论. 成都：西南财经大学出版社

王毅武. 2005. 市场经济学——中国市场经济引论. 北京：清华大学出版社

王跃生，张德修，李树甘. 2006. 市场经济发展：国际视角与中国经验. 北京：社会科学文献出版社

张素芳. 2003. 市场经济理论探讨. 成都：四川人民出版社

第2章

市场经济的基本
要素和构成

市场经济作为一种经济体制，是由一些基本要素构成的，这些基本要素分为市场主体、市场客体和市场媒介。本章从市场的基本概念入手，来分析和探讨市场经济的这些构成要素及其结构。

■ 2.1 市场及市场经济的要素和结构

2.1.1 市场

市场是市场经济的基本概念和基本范畴。从市场的基本内涵来看，市场的含义具有狭义和广义之分。

（1）狭义的市场概念。狭义的市场概念是指商品交换的场所和载体。市场是伴随着社会分工和商品交换而产生和发展起来的。原始社会末期，由于社会生产的发展、分工的产生，出现了产品剩余，因此出现了交换的可能和需要。随着社会分工的逐渐加深，人们由最初剩余产品的偶然交换，逐步发展为剩余产品的经常性交换以及专门生产某种产品的交换，交换量的增加，交换频率的提高，使交换逐步集中在某一固定场所，从而形成了市场。最初形成的市场是综合性的市场，随着社会分工的进一步发展，逐步形成了许多专业化的市场。

（2）广义的市场概念。随着社会生产的发展，市场的内涵也不断地丰富和发展。一方面，商品的种类和内容越来越丰富，商品从有形实体发展到无形的信息、技术、服务等内容，整个社会高度商品化；另一方面，交换和交易的形式也在不断变化，出现了网络交易等形式，它已经不是简单的面对面的商品交换，而是一种交易关系的建立。在此情况下，人们对市场的认识也在不断深入。人们已经不再简单地把市场看做商品交换的场所和地点，而是看做一种交换关系。在商品交换过程中，在各种市场主体之间会形成一系列的交换关系，这些全部交换关系的总和就是广义的市场概念。

2.1.2　市场经济的基本构成要素

从一般意义来看，市场经济的主要构成要素包括市场主体、市场客体和市场媒介。

1. 市场主体

在市场上监护交换客体进入市场，并从事交换活动的组织和个人，称为市场主体。其既包括自然人，也包括以一定组织形式出现的法人；既包括为了盈利而进行交易的商品生产者，也包括提供非营利性产品和劳务的机构，还包括为了生活需要而交易的消费者。市场主体的内在属性概括为以下几个特点：

（1）市场主体的平等性。市场交换双方都是独立的经济利益主体，并且都以交换者的身份出现，在这一点上，没有任何差别。马克思指出："只要把商品或劳动还只是看做交换价值，只要把不同商品之间发生的关系看做是这些交换价值彼此之间的交换，看做是它们之间的等同，那就是把进行这一过程的个人即主体只是单纯地看做交换者。""这些个人之间就绝对没有任何差别。""作为市场交换的主体，他们的关系是平等的关系。"[①]

（2）市场主体的所有权。自由和平等的规定的前提，是市场主体对自己的商品拥有所有权。马克思指出：在商品经济领域里，"占统治地位的只是自由、平等、所有权和边沁"[②]。"所有权，因为他们都只支配自己的东西。"[③]

（3）市场主体的自利性。虽然交换对双方都有利，但是，交换的动因不是这种共同利益本身，而真实的动因都是自身利益。使交换双方"连在一起并发生关系的唯一力量，是他们的利己心，是他们的特殊利益，是他们的私人利益"[③]。"共同利益就是自私利益的交换。"[④]

2. 市场客体

市场上交易的对象称为市场的客体。产品之所以进入市场成为交易对象，一

---

① 马克思．马克思恩格斯全集（第 46 卷）．北京：人民出版社，1972.192～193
② 马克思．资本论（第 1 卷）．北京：人民出版社，1972.199
③ 马克思．马克思恩格斯全集（第 23 卷）．北京：人民出版社，1972.199
④ 马克思．马克思恩格斯全集（第 46 卷）．北京：人民出版社，1972.195

是因为被交换的商品的使用价值不同；二是因为市场主体有特殊的需要。由于市场种类不同，交易对象也多种多样。消费品市场的交易对象是各种各样的消费品；生产资料市场的交易对象是机械、设备、原材料、燃料等；金融市场的交易对象是资金、股票、债券、期票以及其他各种有价证券；劳动力市场的交易对象是具有各种技能、熟练程度不同、不同年龄层次的劳动力；技术市场的交易对象是载于各种不同载体的知识产品；信息市场交换的是各种各样的信息；等等。

3. 市场媒介

市场交易中起媒介作用的工具和机构称为市场交换媒介，也称市场中介组织（机构）。交换媒介是作为解决交换中的矛盾的手段而出现的。随着商品交换和市场经济的发展，市场交换必须通过一定的中介来进行，从而使交换专业化和简单化，并最终提高市场交换的效率，节省交易费用。市场媒介既包含市场交易的工具，如货币、信用等，也包括各种各样的市场中介组织（如会计师事务所、律师事务所、审计事务所等）及市场服务机构，如货币、信用的发行和运转机构等。

2.1.3　市场经济的结构

市场经济按照不同的标准，可以划分为不同的市场结构，如市场经济的所有制结构、市场经济的主体结构、市场经济的客体结构等。在市场经济的运行中，竞争和垄断作为两种基本的力量，推动着市场经济的运行。依据市场经济运行中竞争和垄断的力量对比，基本的市场经济结构分为完全竞争（perfect competition）、垄断竞争（monopolistic competition）、寡头垄断（oligopoly）和完全垄断（monopoly）四种市场经济的结构。

（1）完全竞争的市场经济结构。完全竞争市场是指一种竞争不受任何阻碍和干扰的市场结构，这种市场又称纯粹竞争的市场经济。在完全竞争的市场经济中只有竞争因素发挥作用，没有垄断。完全竞争市场具备四个特点：一是生产者和消费者众多，有大量的买者与卖者；二是自由进出，在竞争因素的作用下，资源完全自由流动，可以自由进入，也可以退出；三是产品同质，产品的质量相同，没有差别；四是经济运行主体具有完全的信息，企业和消费者具有完全的知识，不存在欺骗行为。在完全竞争的市场结构中，价格是通过市场竞争而形成的，任何一个生产者和消费者都是价格的被动接受者。厂商只能通过扩大生产规模来提高利润。

（2）垄断竞争的市场经济结构。垄断竞争市场是一种既有垄断又有竞争，既不是完全竞争又不是完全垄断的市场结构。垄断竞争市场中有许多厂商生产和销售有差别的同类产品。垄断竞争市场结构具备以下几个特点：一是厂商的数量比较多，以至于每个厂商都认为自己行为的影响很小，不会引起竞争对手的注意和反应，因而自己也不会受到竞争对手任何报复措施的影响；二是大量厂商生产有差别的同类产品，这些产品彼此之间都是非常接近的替代品；三是由于厂商规模比较小，厂商进入或退出市场比较容易。

（3）寡头垄断的市场经济结构。寡头垄断市场是指在某一行业中只存在少数几家厂商，它们垄断了这一行业的市场，控制着这一行业的供给。寡头垄断的各个厂商的产品可以是同质的，也可以是有差别的。生产同质产品的寡头成为纯寡头，生产有差别产品的寡头称为差别寡头。由于为数不多的几个寡头在市场中占有很大的份额，这一点决定了寡头垄断市场中有别于其他类型市场的一个独特特点：垄断者之间的相互依存性。即每个厂商在决策时不仅要考虑自己的成本和收益，而且要考虑这一决策对市场的影响和其他厂商可能做出的反应。

（4）完全垄断的市场经济结构。完全垄断市场是不完全竞争的一种极端形式，是指在一个行业中只有一个生产厂商完全控制着这一产业，同时没有任何一个产业能生产出接近的替代品。完全垄断市场具备三个特点：一是市场上只有唯一的一个厂商生产和销售商品；二是该厂商生产和销售的商品没有任何相近的替代品；三是其他任何厂商进入该行业都极为困难或不可能。在这样的市场中，排除了任何的竞争因素，独家垄断厂商控制了整个行业的生产和销售，所以垄断厂商可以控制和操纵市场价格。

■2.2　市场经济的主体

消费者、企业、政府是市场经济运行中的三大经济主体。三大主体在市场经济运行中的地位和作用是不同的，由于市场经济的运行是由企业的行为构成和推动的，企业的行为发生在市场活动之中，企业是市场经济的运行主体；家庭居民户作为消费者，其行为是发生在市场交易之后，是市场经济的消费主体；政府是凌驾于市场之上来对市场经济的运行进行调节的，政府是市场经济的调节主体。

2.2.1　消费者主体

在市场经济活动中，家庭居民户具有双重身份：一是生产要素的供应者，为生产活动提供劳动力、资本等生产要素，以此获得货币收入；二是最终产品的购买者即消费者，付出货币购买自己所需的各种消费品。

（1）消费者偏好。消费者偏好是消费者根据自己的需要，对可能消费的商品进行的排列。不同的人在相同收入、相同价格的条件下会购买不同的商品组合，这是因为他们的偏好各不相同。消费者行为理论对消费者偏好有三个基本假定：假定偏好是完全的；假定偏好是可传递的；假定所有的商品都是"好的"。这是所谓的"越多越好"原则，即在其他状况都一样的条件下，某商品越多，消费者就越满意。

（2）消费者效用。效用是指人们消费某商品服务中得到的满足。效用是消费者对商品消费的主观评价，效用的大小取决于个人的判断，所以效用不能在不同的人之间进行比较。但对于同一个人而言，不同物品的效用是可以比较的。总效用是指消费者从某一数量的商品消费中得到的满足程度的总和。边际效用是指在其他商品的消费量保持不变的条件下，消费者从增加一单位某商品的消费所增加的满足程度。

（3）消费者均衡。消费者均衡是指在消费者偏好和预算约束已知的情况下，在商品现行价格和既定消费者收入水平的条件下，消费者不愿再变动的购买量。这个购买量成为消费者不愿意变动的购买量，是因为在现有条件下它可以给消费者带来最大程度的满足。

（4）消费者剩余。消费者剩余是消费者消费某种商品愿意付出的总价值与他购买该商品时实际支出的差额。对某个消费者来说，他愿意付出的价格取决于他对该物品效用的评价。边际效用递减规律决定了他所愿意付出的价格随着该物品数量的增加而递减。商品的市场价格是由整个市场的供求关系决定的。

2.2.2 企业主体

1. 企业及其规定性

从最一般的意义上讲，企业就是从事生产、流通或服务等经济活动，自主经营、自负盈亏的营利性经济组织。企业一般具有以下的规定性：

（1）企业的目标是追求利润最大化。对利润的追求是企业的内在驱动力，企业主之所以创办企业是为了赚钱。虽然企业有时表现为追求别的目标，如增长率、市场份额等，甚至赞助社会公益事业，但从长远看，这些行为与利润最大化目标并不矛盾。利润最大化假设是我们研究企业行为的假设前提，虽然这一假设与现实中的企业并不完全吻合，但是它相当成功地解释和预测了企业的行为。因此我们认为，在市场经济条件下，企业的目标是追求利润最大化。

（2）企业是具有行为能力的经济组织。法人企业和自然人企业都可以自由支配、使用和处置归自己经营的财产，并承担财产经营的风险和责任。这样，企业才可以做到自主经营、自负盈亏、自我约束和自我发展，才能真正具备参与交易、竞争等市场活动的行为能力。

（3）企业是生产要素的需求者和商品的供应者。企业进行生产经营活动，首先要通过市场筹措资金，购买技术、生产资料和劳动力，然后将它们组织起来进行生产，产品生产出来之后再通过市场销售出去，收回投资，获取利润。正是无数企业的存在，构成了对生产要素的巨大需求，同时又为市场提供了各种各样的商品和服务。

（4）企业具有资源配置的功能。市场和企业是两种不同的资源配置机制，有时候用企业代替市场完成交易活动，可以节约交易成本。反过来，一些交易在市场上完成比在企业内完成更经济。企业根据市场的价格信号从事生产经营，在微观领域中实现资源优化配置。在市场经济中，无数个企业分工协作，同时又积极展开竞争，可以带来资源的节约和劳动生产率的提高。

2. 企业的行为目标

所谓收益是指企业出售产品所得到的全部收入，即销售商品的价格与商品销售量的乘积。收益中既包括了成本也包括了利润。在一般情况下，企业的利润水平决定于单位产品的价格、成本以及产品销售量这三个重要参数。

在价格和销售量不变，即企业收益不变的情况下，降低单位产品的成本就可以使企业的利润增加。企业降低成本增加利润的途径很多，概括起来有两个方面，即提高效率和节约费用。提高效率强调在投入不变的情况下，尽量增加产出，主要通过提高劳动生产率、设备利用率等，以降低单位产品的成本。节约费用强调在保证产出不变的情况下，尽量减少投入，这种减少不是偷工减料而是节约，是在保证产品质量的前提下进行的，可以通过改进管理、精简机构、减少废品损失和非生产性支出等降低单位产品的成本。实际上这二者之间没有截然的界限，是一个问题的两个方面，是相辅相成的。在成本不变的情况下，提高企业的销售收入也可以使企业的利润增加。根据供求规律，在竞争市场上，商品的价格和需求量一般呈反向关系，即提高价格需求量会下降，降低价格需求量会上升。商品的需求量决定销售量，销售收入取决于价格和销售量两个因素。商品的价格和企业的销售收入取决于该种商品的需求价格弹性。商品的需求价格弹性反映了商品需求量的变化对价格变化的敏感程度。当商品富于价格弹性时，即较小幅度的价格提高将带来较大幅度的需求量降低时，提高商品价格将导致企业销售收入的减少；当商品缺乏价格弹性时，即较大幅度的价格提高只带来较小幅度的需求量降低时，提高商品价格将使企业销售收入增加；当商品具有单位需求价格弹性时，即价格的提高引起相同幅度的需求量降低时，价格提高与需求量降低的作用刚好相互抵消，此时提高商品价格，企业的销售收入不变。

企业的行为目标是追求利润最大化。利润等于总收益减总成本，即

$$\pi = TR - TC$$

式中，π 为利润。由于 TR 和 TC 都是 Q 的函数，所以利润 π 也是 Q 的函数。现在的问题转化为如何求解 π 的最大值的问题，我们就上面的利润函数对产量 Q 求一阶导数，并令该导数的值等于零，可以得到利润最大化的必要条件为

$$\frac{d\pi}{dQ} = \frac{dTR}{dQ} - \frac{dTC}{dQ} = 0$$

式中，dTR/dQ 为企业的边际收益（MR），它是企业每增加一单位产品的销售所引起的总收入的增加值；dTC/dQ 为企业的边际成本（MC），它是企业每增加一单位产品的生产所引起的总成本的增加值。则企业利润最大化的条件可以表示为

$$MR = MC$$

即当边际收益等于边际成本时，企业的利润最大。因为当 MR＞MC 时，表明企业多生产一个单位的产品所增加的收益大于所增加的成本，此时继续增加生产会使总利润继续增加，所以利润还没有达到最大化。当 MR＜MC 时，表明企业多生产一个单位的产品所增加的收益小于所增加的成本，此时对企业来说是亏损，所以企业应该减少产量。只有当 MR＝MC 时，增加一个单位的产品既不会使利润增加，也不会使利润减少，表明利润达到了最大。企业需要根据这一原则来确定自己的产量，以获取最大利润。

2.2.3 政府主体

市场机制是市场经济配置资源的基础性手段，具有不可替代的作用。但是，市场不是万能的，一方面它不可能调节社会经济生活的所有领域，另一方面它调节的结果并非都能实现社会福利最大化。在市场经济运行中，在发挥市场资源配置的基础性功能基础上，要发挥政府主体的职能和作用。在区分政府与市场职能的标准市场经济条件下，市场的职能是组织"私人物品"的供给，而政府的职能是组织"公共物品"的供给。从这一基本理念出发，政府主体的职能有：

（1）保护产权。产权是一切市场经济秩序的基础，保护产权是政府主体的基本职能。有了完善的产权制度这个基础，经济才能繁荣，社会才能安定。如果缺乏完善的产权制度，债权人的权益得不到保障，自然就没有市场经济秩序，有效的市场交易就难以实现。

（2）维护市场秩序。在保护产权的基础上，维护市场秩序，包括制定某些规则等。西方国家的市场经济主要依靠政府规制来维护市场秩序，但是有些规制在市场经济发展初期还是需要由政府来实施的。

（3）创造公平的市场环境。公平不仅仅是对弱者集团有利，从长期来讲对全社会有利。教育、社会福利、社会保障，特别是下岗职工的安置、穷人的救济、缩小地区差距、扶贫等事情，都是政府应该履行的职能。

（4）信息引导职能。这一职能主要是信息的提供，提供尽可能多的信息以减少信息不对称，使民间经济组织在决策中掌握更全面、更正确的信息，做出正确的决策，减少因信息不全造成的效率损失，这是政府的重要职能。

(5) 宏观调控职能。其主要是组织协调经济基础设施的建设，包括市政设施建设和公共交通系统的建设，以及环境保护。通过财政和货币政策，调节各种总量关系，减小经济的波动，为市场经济运行提供一个稳定的宏观经济环境。

(6) 国家安全职能。实施国防、外交、外贸政策，维护国家安全，保证经济发展有一良好的国际环境，并适当保护国内市场，维护本国企业在国际市场上的竞争力。

➤ 案例提示 2-1 深圳建立公共服务型政府的尝试

深圳是国内较早尝试建立公共服务型政府的城市之一。为此，深圳一直致力于对政府的改革，包括精简机构、审批制度改革等。近年来，深圳市委市政府提出建设国际化城市的目标，并指出，提高城市的竞争力，关键在降低成本。成本是竞争力的核心，剥去一切外衣后，竞争力就是成本的竞争。

政府行政成本是政府产出，即向社会提供一定的公共服务所必需的行政投入或耗费的资源。行政成本可以在很多方面体现出来，如公务人员数量、政府机构数量以及财政规模等，但主要体现在财政支出上。政府工作人员越多，政府规模越大，行政成本越高；相反，行政成本越低。从政府机构数量看，一个政府所设机构的数量越多，政府规模越大，行政成本越高；相反，行政成本越低。用财政指标衡量行政成本，一般用财政支出占国内生产总值的比例，也可以用公务人员人头费、办公费用等在财政中的比例。政府总支出越多，政府规模越大，行政成本越高；相反，行政成本越低。

比较新加坡、香港和深圳三个城市财政支出占国内生产总值（GDP）的比重、公务员工资支出占财政支出的比重，以及行政事业费用占 GDP 的比重，可以看出，香港行政成本构成属于公务员工资推动型的模式，其公务员工资支出占GDP 的比重以及占财政支出的比重均远远高于新加坡和深圳。有关资料显示，香港公务员工资支出的增长率近年来高于 GDP 增长率约四个百分点，在香港经济比较困难的情况下，这可能是导致香港财政赤字的重要原因之一。作为一项类似的比较，我们推算了新加坡的公务员工资支出的情况，发现新加坡比香港要好；同时，深圳在 2002 年由财政支出的工资也要高于同期新加坡公务员工资的水平（分别占当年 GDP 和财政总支出的 24% 和 41.13%），且近年来有逐步提高的趋势。当然，这只是一个简单的类比，但反映的现象却是要引起我们注意的。总之，深圳必须谨防"吃饭财政"现象的出现，防止行政成本增长可能明显而且持续地超过 GDP 的增长。

如前所述，公务人员数量也是一个城市的行政成本的重要指标之一。所谓公务人员服务率，是指城市公务行政的服务率，它由市区年末人口（万人）与城市党政机关和社会团体（万人）之比来表示。一般而言，一个公务人员服务的市民人数越多，表明该城市的行政效率越高。就我国内地城市而言，上海的公务人员服务率是最高的，平均每个公务人员服务 107 位市民；以下依次为深圳、苏州、天津、广州、北京，平均每个公务人员分别服务 98 位、94 位、83 位、66 位和 56 位市民。这就表明，深圳的公务人员服务率还有待于进一步提高。

根据 1980～2001 年深圳市行政管理费用和 GDP 的增长率的有关数据分析，深圳市的行政管理费与 GDP 的增长率大致可以划分为三个不同的阶段。第一阶段是 1980～1985 年，这一时段内，行政管理费的增长幅度低于经济的增长率；第二阶段是 1986～1990 年，这一时段内，深圳的行政管理费的增长率高于经济的增长率；第三阶段是 20 世纪 90 年代，这一时期深圳的行政管理费用达到了最高峰（峰值年份为 1993 年），尽管此后行政管理费的增长率开始呈现下降趋势，但总的来看仍然高于 GDP 的增长率。然而，与新加坡相比，深圳的行政成本增长速度仍然偏高。根据新加坡的官方统计（economic survey of Singapore），1998～2002 年新加坡的政府支出每年平均增长 0.34%，而每年的经济增长速度则达到 34.5% 的水平。

从以上比较分析中可以看出，深圳的行政效率仍然不高。例如，深圳的行政管理费增长速度自从 20 世纪 90 年代以来，一直呈现出高于经济的增长速度的状况。而新加坡同期的政府管理成本增长率则大大低于经济的增长率。我们知道，行政管理费用作为行政成本的一个重要组成部分，往往反映了一个城市的行政效率。由此可见，深圳必须防止行政成本的增长速度明显而且持续的超过经济增长率。

资料来源：中国海南改革发展研究院．http://www.chinareform.org.cn，2004 年 10 月 30 日

阅读上述材料分析：

(1) 政府职能、行政效率和行政成本之间的关系。

(2) 在政府职能转变中如何降低行政成本，提高行政效率？

2.3 市场经济的客体

2.3.1 市场经济客体的分类

市场客体是指市场主体在市场活动中的交易对象，它体现着市场交换中的经济关系，是各种经济利益关系的物质承担者。市场客体种类繁多，形式多样，按不同的标准可以有不同的分类。

(1) 按存在方式可以将市场客体分为有形客体和无形客体。有形客体是指人们在交换中能够看得见、摸得着的实实在在的交换物，如消费资料和生产资料等；而无形客体则是一些不可触摸的交易对象，如劳务、技术、信息、企业产权

和知识产权等。

（2）按使用的相关性可以将市场客体分为互补品和替代品。互补品是指两种相互补充共同发挥效用才能满足人们某种欲望的商品，如录音机和磁带、汽车和汽油等。存在互补关系的商品，一种商品价格的变化会影响另一种商品的需求，二者按反方向发生变化。替代品是指两种能互相替代分别发挥效用就能满足某种欲望的商品，如牛肉和猪肉、茶叶和咖啡等。存在替代关系的商品，一种商品价格的变化会影响另一种商品的需求，二者按正方向发生变化。

（3）按最终用途可以将市场客体分为消费性客体和生产性客体。消费性客体是指能直接满足人们生活需要的一切商品和劳务，即消费资料，如面粉、大米、服装、音乐艺术等。而生产性客体是指进行生产所必需的一切投入品，即生产要素，包括实物形态的土地、原材料、机器设备和厂房，等价形态的资金，活劳动形态的劳动支出和知识形态的技术信息等。

（4）按供求对价格的敏感程度可以将市场客体分为富有弹性的市场客体和缺乏弹性的市场客体。不同的市场客体由于其性质、可替代的程度、用途的广泛性、生产成本、技术状况等存在差异，其供求量对价格变化的反应程度是不同的，即供求价格弹性不同。有的市场客体，其价格的变化所引起的供求变化的比率小于价格变化的比率，这样的市场客体称之为缺乏弹性的客体；而有些客体，其价格的变化所引起的供求变化的幅度则大于价格变化的幅度，这样的市场客体称之为富有弹性的客体。一般认为，生活必需品的供求弹性较小，而奢侈品的供求弹性较大。

（5）按市场客体的标准化程度可以将市场客体分为标准物品与非标准物品。标准物品是指其物理的、化学的、生物的自然属性相同，生产手段也大致相同的一类市场客体。非标准物品一般是指具有某种特定使用价值的交换客体，其用途有限，对于购买者来说选择余地较小。根据消费者的特殊需要所生产的市场客体就属于非标准物品。

（6）按是否发生空间位移可以将市场客体分为可移动物和不可移动物。可移动的市场客体是指随着交换可在不同的空间内进行位移，并且在位移之后不改变原有的使用价值的市场客体，如生活用品、飞机、汽车、轮船等；不可移动的市场客体是指不能随交换而移动，或许在移动之后改变了原有的使用价值的市场客体，如建筑物、土地等。可移动的交换客体在交换过程中，受到客体本身的重量、体积和交通运输条件的制约。交换能否实现，取决于客体能否顺利而低廉地转移。

2.3.2 市场经济客体的具体形式

市场客体包括有形的和无形的两类。有形的对象有物质商品、劳动力、土地、资本等；无形的对象有劳务、技术、信息、企业产权等。通常所说的消费品市场、生产资料市场、生产要素市场、技术市场、信息市场以及企业产权市场等，都是以上述交易对象为市场客体的子市场。

1. 物质商品

物质商品是指以物质形式出现的能满足人们生产和生活需要的一般商品。按照其最终用途可把物质商品分为生活资料和生产资料两大类。

（1）生活资料。人类要维持自身的生存与发展，就需要在生活过程中消费一定量的生活资料或消费品，生活资料的消费是人们从事社会活动和自身生存的首要条件，人们只有满足了基本的吃、穿、用等需求后，才能从事其他活动。随着社会的发展和人们生活水平的提高，生产和流通将突破地域和时间的限制，形成广泛的社会分工和密切协作，使生活资料逐渐成为市场客体中十分重要的一个组成部分。

所谓生活资料又称生活消费品，它是直接用于满足人们日常生活需要的最终产品。对于生活消费品，可以从多种角度进行分析。从产地来源的角度，可以分为农副产品和工业品两大类。根据其使用寿命，可以分为耐用品和非耐用品两大类。耐用品是指人们可以长期使用的物品，电视机、空调器等；非耐用品指的是使用时间不长，有的只能使用一次的物品。根据人们对消费品的需求程度，可以把消费品分为生活必需品、非必需品和奢侈品等。

（2）生产资料。生产资料可以分为两大类：劳动资料和劳动对象。劳动资料在现代经济学中又称投资品，主要表现为从事生产所需要的各种工具，其中包括锻压设备、拖拉机、载重机、发电机、电动机等；劳动对象主要是原材料和燃料动力产品，如生铁、钢材、水泥、木材、硫酸、烧碱、煤炭和石油等。

生活资料和生产资料两种物质商品的区别在于：第一，购买者不同。生产资料主要由生产者购买，生活资料则主要由消费者购买。第二，交易方式不同。生产资料商品一般是大宗买卖和订货交易；而生活资料商品一般是小宗买卖和现货交易。第三，市场选择强度不同。生产资料具有特定的使用方向，选择性较弱；而生活资料花色品种多，有较大的替代性，选择性较强。第四，对购买者要求不同。生产资料含有较高的技术性，要求购买者具有专门的商品知识；而生活资料的购买者只要有普通的消费品常识就行。

2. 服务

服务是现代市场中的新生市场客体，而且随着经济的发展，所占有的份额越来越大。服务，又称劳务，是指劳动者运用服务设备、工具及其他生产资料，使消费者得到的需要满足。一般认为，服务是由第三产业提供的。服务有广义和狭义之分。广义的服务是指除物质生产部门之外的所有其他部门，主要包括商业、金融业、保险业、政府行政机关、司法机关、武装力量和政府事业单位提供的服务。狭义的服务通常包括：公用事业，如水电供应、邮电通信、交通运输等；个人服务，如理发、美容、娱乐、医疗保健等；企业服务，如业务技术咨询、资料情报、广告等；教育和社会慈善事业，以及其他非营利性单位所提供的服务；法律、会计等专业性服务。

服务也是商品，是一种特殊商品。政府部门及其所辖的非营利性机构所提供的服务不属于商品，原则上讲，它是免费的，有时象征性地收一点费用。服务这种商品与前面所述的生活资料和生产资料之类的商品的不同点在于：前者所交易的内容是物品的所有权，后者交易的内容是物品的使用权。两者的相同之处在于都具有价值和使用价值两个因素。服务商品的使用价值就是这种物品在运作过程中使消费者从中得到的满足。

2.3.3　市场经济中的关键客体要素

1. 劳动力

劳动力或人的劳动能力是指人的身体即活的人体中存在的、每当人生产某种使用价值就运用的体力和脑力的总和。人作为劳动者，在文化程度、劳动技能方面是分层次的：有些人因不具有任何专长只能从事一般的普通劳动；有些人则因受过专门的培训，具有较高的文化知识和技能而从事着具有一定专长的劳动。据此，可以把前一类劳动者所具有的劳动能力称为简单劳动力，而把后一类劳动者所具有的劳动能力称为复杂劳动力。

劳动力商品与其他商品一样，也是使用价值和价值的统一。但劳动力商品具有独特的使用价值，一般商品被消费或使用时，随着使用价值的逐渐消失，它的价值也就逐渐丧失或转移到新产品中去，并不能增加任何价值。而劳动力则不同，它的使用价值的消费或使用过程，就是劳动过程和价值增值过程的统一，它在消费过程中能够创造出新价值，而且这个新价值比它自身的价值更大。

劳动力商品的价值与其他商品的价值一样，也是由生产和再生产这种商品的社会必要劳动时间决定的。但劳动力存在于人的身体内部，劳动力的生产同时也就是维持人体生存的生活过程。所以，生产劳动所必需的劳动时间，可以还原为生产劳动者生活资料所必需的劳动时间，即劳动力的价值就是维持劳动力所有者所需要的生活资料的价值。此外，劳动力会随着劳动者年老而消失，需要有继承者；为获得一定的劳动技能和知识，劳动者还需要接受适当的培训。所以，劳动力商品的价值应包括三部分内容：维持劳动者自身生存所必需的生活资料的价值，用以再生产他的劳动力，维持劳动者家属的生存所必需的生活资料的价值，用以延续劳动力的供给；劳动者会衰老、死亡，为了保证劳动力源源不断地供应，必须供给劳动者抚养家属、延续后代所必需的生活资料；劳动者接受教育和训练所支出的费用，用以培训适合生产需要的劳动力。

劳动力价值的决定还有一个重要特点，即它包括历史和道德的因素。劳动者必要生活资料的种类和数量，要受一定历史条件下经济和文化发展水平以及各个国家风俗和习惯的制约，劳动者的必要生活资料，不是仅仅指人的生理上的最低需要，还指一定历史条件下维持劳动者正常生活的需要。随着社会经济和文化的发展，必要生活资料的种类和数量也会增加，质量和结构会发生变化，劳动力价值的物质内容也会扩大。可见，劳动力价值的决定要受历史条件的制约。同时，劳动力价值的决定也受各国风俗、习惯的制约。维持劳动力所需要的各种生活资料，在不同的国家、不同的时期，其种类和数量是不同的。

由于各个国家的经济发展水平、历史传统和生活习惯都不尽相同，因而纳入劳动者为满足自己的物质和精神生活所必需的生活资料和服务的种类、质量和数量也不相同。但是，在一个国家的一定时期，劳动者及其家属所必需的生活资料的数量和结构总是一定的，即劳动力商品的价值有一个最低界限，这个最低界限是由生理上不可缺少的生活资料的价值构成的。如果劳动力价值低于这个最低界限，劳动力的再生产就只能在萎缩状态下进行。

劳动力商品和其他一般物质商品的最大区别，就在于它不是直接的劳动生产物，而是一种劳动能力。劳动力商品的一切特性都是由此引申出来的：劳动力商品的价值不是直接承载于劳动力之中或劳动者身上，而是还原为必要生活资料的价值；劳动力商品的消费使用是劳动，是价值的创造；劳动力商品是生产要素中最活跃的要素；劳动力商品的交换只是单纯使用权的让渡。

2. 土地

土地是人类社会赖以生存和发展的最基本的物质资料。在市场经济条件下，土地资源虽然不是人类劳动的产品，但由于土地具有稀缺性而存在着土地所有权的垄断，使土地作为特殊的生产资料进入市场，成为市场客体，并具有价格。从另一方面看，现实中使用着的土地几乎都经过了加工，包含着一定量的资本。

与其他形式的市场客体相比，土地资源这种市场客体具有以下特征：一是具有不可替代性。土地资源是稀缺资源，用一些少一些，而且是不可替代的自然资源。因此，自有法权关系以来，它一直就是垄断物，这一特点是与劳动生产物完全不同的。二是交易没有物流形态。一般的商品交换，总是伴随物体的空间移动，即商品从生产地点到消费地点的转移。但是，土地的买卖则不同，它没有物体的空间移动，只有所有权证书的交换。三是土地资源的价格是地租收益的资本化。劳动产品作为商品，其交易价格总是以价值为基础的。例如，一辆自行车的价格再高，也不会高于一辆小汽车的价格，其原因就是汽车的价值远远大于自行车的价值。而土地资源作为市场客体，没有价值基础，它的价格是土地所提供的地租的购买价格。从理论上讲，这一价格相当于把一笔款项存入银行所得到的利息与同期的地租额相等。

3. 资本

资本最初总是表现为一定数量的货币。但货币本身并不是资本。当做资本的货币和当做货币的货币是有本质区别的。作为货币的货币，只是充当商品流通的媒介，它本身不会增值。但作为资本的货币是能够带来新价值的价值，或者说，是能够增值的价值。能否带来新价值是货币与资本的根本区别。

与其他市场客体相比，资本商品具有以下特点：第一，它有着两重的使用价值：当货币作为资本使用时，资本存在于货币形式上，资本就具有了货币的使用价值，即可以履行一般等价物的职能；当资本被用于交换时，资本存在于商品形式上，让渡时它具有生产新价值或利润的能力。第二，它直接以价值形式存在。第三，它是所有权商品。资本商品交换不是买卖，而是借贷，即贷出者只转让商品的使用权，不放弃商品的所有权。正因为如此，资本商品的借入者在使用一定时期后，最终必须还本付息，把利息作为使用的报酬。可见，在资本商品上体现着所有权与使用权的分离。

一般认为，资本不是独立的生产要素，它是生产要素中所含有的价值的符号或代表，可以作为购买生产要素的支付手段。在市场经济条件下，如果没有资本，各种生产要素便不能组织到一起形成现实的生产力。资本作为市场客体，它在金融市场交易的内容只是使用权的让渡，并不是所有权的转让，其交易价格就是利息。关于这一点，可以从资本商品的特点看出。资本这种生产要素，在金融市场上主要以各种金融工具的形态存在，金融工具的特点是流动性、安全性和收益性。流动性和安全性之间呈正相关而与收益性呈负相关。流动性强的金融工具安全性较高，但收益性较低；流动性弱的金融工具安全性小，但收益高。

4. 技术

技术商品是指参与市场交换的技术成果。技术是指人类在生产活动中，在逐步认识自然规律的基础上，发现和创造的工具、技能和手段。从技术的概念中可以看出，这一概念事实上包含了科学研究和技术开发两方面的内容。科学研究是指人类通过科学实验和经验验证的方法认识自然规律的活动，而技术开发则是人们在某一技术领域所进行的具有实用性的研究活动。科学研究和技术开发都是以人们的脑力劳动为主的活动。科学研究和技术开发对生产的作用非常大，它们是生产活动的基础之一，高效率的生产活动必须建立在先进的技术基础上。

在现代市场经济中，技术是促使生产要素实现最佳组合的必要条件，是经济效率的体现。同样的生产要素，采用不同的生产技术便会有不同的生产效率。可见，不同的生产技术具有不同的价值。技术成为市场客体，充分体现了技术的经济价值，对于促进科学研究和技术开发具有极其重要的意义；同时也使得技术由实验室走向生产领域，充分体现了技术的应用价值。

技术商品具有商品的共同属性。首先，技术成果是劳动产品，主要是脑力劳动的产品。其次，技术产品必须具有使用价值这个商品的自然属性。每一项技术成果都是为了适应社会和经济发展的需要而创造的新技术、新材料、新工艺、新产品，这些成果都可用来推进生产并产生经济效益。

但技术商品有着自己特殊的属性，表现在以下五个方面：第一，技术商品是无形存在的，就是说技术成果没有具体的实物形态，有时也表现为实物性的有形存在，但实质上是把无形存在的技术或知识物化在实物之中，是技术商品的载体。第二，高经济性。作为生产要素投入的生产资料，都可以产生一定的经济效益，但其产生的经济效益是无法与技术商品相比的。第三，无形消耗和寿命终止的突发性。因为技术商品是无形的，所以其衰退也是无形的。衰退的形式和原因与一般商品不同，主要是被更新、更先进的技术所替代，这就为确定技术的寿命的长短带来很大的困难。技术商品的终止是突发性的，一旦有新技术出现并被应用到生产领域，老一代技术商品的价值就基本丧失了。第四，唯一性。一般商品都是重复性批量生产的，但技术商品的生产通常是唯一的、具有独创性的。第五，价格的不确定性。技术成果在开发过程中耗费的多少，并没有一般的规律可循。技术商品价格的确定主要是以技术所能带来的预期的经济收益为依据的，但市场前景很难准确预测，不同的人会有不同的看法。所以，交易的价格也带有很大的不确定性。

5. 信息

所谓信息就是表示事物特征内涵的信号、数据、指令、程序、消息和情报的总称。信息存在于物质运动和意识形态的各个方面，如政治、经济、文化、自然科学和社会科学方面等。因此，信息包括自然信息和社会信息。自然信息包括自然资源信息、自然灾害信息、气候信息和海洋信息等；社会信息包括经济信息、军事信息、文化信息、科技信息、社会生活信息等。

信息之所以也是一种商品，是因为信息也是一种资源和财富，而且是现代生产系统的重要组成部分，从而使得信息具有价值；人们捕捉、搜集、整理、储存、传递信息，都需要投入活劳动和物化劳动，因而信息也具有价值。信息作为一种特殊商品，具有以下特征：

（1）信息商品使用价值的共享性。一般商品一经交易，出卖者就丧失了享用的权利和可能。信息商品则不然，其出卖后原信息所有者仍然拥有该信息，并可以把该信息继续用于交易。信息使用者能否再次出售，即把信息卖给别的使用者并从中获取价值，取决于他与原信息所有者之间的约定。如果使用者只是获得该信息商品的使用权，就不得再次买卖。否则，原信息所有者就有权利进行追究，并提出索赔要求。如果使用者以高额价格获得了信息所有权，则可以再次出售该信息。

（2）信息商品使用价值的时效性。所谓时效性，是指信息商品的使用价值随着时间的变化而变化。一般的物质商品都存在两种磨损，即有形磨损和无形磨损。对于信息商品来说，只存在无形磨损。信息商品与时效密切相关，所谓丧失机遇、时过境迁，充分表达了信息的运动形态。

（3）信息商品使用价值的多维性。信息使用价值的多维性是指一条信息能多方面满足人的生存和发展的客观需要。某种商品的价格信息，既可以为生产企业的生产提供决策依据，也可以为消费者提供消费指南。由于信息具有共享性，因此，信息使用价值多维性的实现不是潜在的，而是同时实现的。

（4）信息商品价值的差异性。同一信息商品的获取成本，对于不同的人来说是不同的。一般来说，信息所有者要获得与他原来掌握的信息领域相近或相同的信息，信息的成本比较低，而要掌握新的信息，信息成本则相对较高。

（5）信息商品价格的不确定性。由于信息商品的形成原因是非常复杂的，具有很多偶然因素，因而信息商品的价值量是很难确定的。由此决定了信息商品的价格的不确定性，它不能简单地套用一般物质产品价格由生产成本加平均利润构成的方法，而应由买卖双方根据其所能够带来的经济效益的大小来协商。其实，信息商品的这一特性与技术商品有着相似之处。

6. 产权

产权有两种含义，即原本的含义和扩大的含义。原本含义的产权，是指具有法律形式的财产所有权，是具有法律规定的主体对客体的最高的、排他的支配占有权。这种占有权是一种具有法律形式的生产关系，是由法律维护的、合法的财产关系。

任何生产都是人对生产条件的占有，只不过这种占有具有绝对占有和实际占有两种不同形式。如果是主体对客体的最高的支配使用关系，就是绝对占有，即所有关系。如果是主体对客体的有限制的和不完全的支配使用，就是实际占有，即使用关系或经营关系。在上述情况下，产权就一分为二，即财产所有权和财产使用权或经营权，后者可以称之为广义产权。市场经济条件下的产权，不只是原本的财产所有权，而且包含着财产支配使用权或经营权。

所谓产权的转让，就是拥有财产所有权或使用权的主体的转移，即通过一定形式由原所有者手中转移到新的所有者手中。财产所有权的转移，称之为狭义的产权转让；与所有权发生分离后的经营权的转移，称之为广义的产权转让。通过交换、买卖、租赁、承包等方式去获得财产支配权，是经济性的产权转让。这种产权转让，是商品交换的固有内涵。体现在商品交换中的产权转让，正是人们相互转让和占有产品的一种经济机制，是市场经济发展的结果。目前，我国出现企业拍卖，以及不同所有者企业之间的兼并都是企业所有权的转让。而企业承包、企业租赁以及在同一所有制内部的企业兼并，事实上都是企业经营权的转让。而以上这些形式，我们均可认为是企业产权的交易。

在市场经济条件下，企业产权也可以成为市场交易对象即市场客体，转让企业产权的市场就是产权市场。建立产权交易的产权市场是优化资源配置的一条重要途径，对于交易双方都有好处。对于卖方来说，继续经营无利可图的企业，只会招致损失，而将其出售则可以减少损失；已经无法实现增值保值的一般国有企业，如果将其转让出去，就可以将留存的实物转变为国家所有的货币资金，这些货币资金又可用于效益更好的新的投资，形成新的生产力。对于买方来说，能够以较低的成本买进对自己有用的生产资料，按照新的办法经营，就可以扩大自己的新的经营能力，拓宽自己的市场份额。总之，把企业产权作为市场客体，通过市场的交易，能够促使企业资产重组，优化资源配置，创造出新的生产力。

本 章 提 要

1. 从市场的基本内涵来看，市场的含义具有狭义和广义之分。狭义的市场概念是指商品交换的场所和地点，广义的市场概念是指全部商品交换关系的总和。

2. 在市场经济的运行中，竞争和垄断作为两种基本的力量，推动着市场经济的运行。依据市场经济运行中竞争和垄断的力量对比，基本的市场经济结构分为完全竞争、完全垄断、垄断竞争和寡头垄断四种市场经济的结构。

3. 市场经济的构成要素分为三类：在市场上从事交换活动的组织和个人，称为市场主体；市场上交易的对象称为市场的客体；市场交易中起媒介作用的工具和机构称为市场交换媒介，也称市场中介组织。

➢ 关键概念

市场 市场主体 市场客体 市场中介组织 完全竞争市场
完全垄断市场 垄断竞争市场 寡头垄断市场 消费者偏好
技术 信息

➤ 复习思考题

1. 简述市场结构及其特征。
2. 如何理解企业主体的行为目标？
3. 从市场中政府的基本职能出发，分析我国政府职能的转变。
4. 信息作为一种特殊商品，具有哪些特征？

➤ 材料分析题

信息化和全球化一样是当前世界经济发展的主要潮流，以信息技术为核心的新技术革命以前所未有的力度冲击着全球社会经济的发展，将全球带入了一个全新的信息化时代，发达国家在完成工业化任务的同时快速进入到了信息化过程之中，发展中国家虽然没有完成工业化的任务，也受到了信息化的全面冲击。在信息化发展的推动下，20 世纪 90 年代以来各国政府和国际组织积极采取措施促进信息化的发展，1993 年美国提出了"国家信息基础结构计划"，1994 年欧盟提出了建立信息社会的计划，确定了欧洲信息社会的应用领域。信息技术和信息产业的迅速发展使国际竞争出现了新的特点，由原来的资源竞争、产销竞争转向了技术竞争，由过去市场需求导向转向了市场竞争导向。在信息产业的国际竞争中开始注重通过合作、合并与并购，实现跨产业、跨地域和超空间的渗透。

资料来源：根据百度百科整理

阅读上述材料分析：

(1) 信息要素在现代市场经济发展中的作用。

(2) 如何加快我国的信息化进程？

主要参考文献

阿特金森，斯蒂格里茨. 1992. 公共经济学. 蔡江南等译. 上海：上海三联书店

白永秀. 2003. 市场经济教程. 北京：中国人民大学出版社

韩丽华，潘明星. 2003. 政府经济学. 北京：中国人民大学出版社

加雷斯·D. 迈克斯. 2003. 公共经济学. 匡小平译. 北京：中国人民大学出版社

玛利亚·莫斯坎瑞斯. 2004. 企业经济学（第 2 版）. 柯旭清译. 北京：北京大学出版社

荣朝河. 2004. 简明市场经济学. 北京：高等教育出版社

斯蒂芬·贝利. 2006. 地方政府经济学：理论与实践. 左昌盛等译. 北京：北京大学出版社

伊志宏. 消费经济学. 2000. 北京：中国人民大学出版社

第3章

市场经济的一般理论

要研究中国特色的社会主义市场经济，就必须研究市场经济的一般属性，了解市场经济的产生和发展过程，并研究市场经济的一般特征，以便进行分析比对，更好地把握中国特色的现代市场经济。本章正是从这一逻辑推理出发，研究和探讨市场经济的涵义，并在此基础上考察它的本质；研究和探讨了市场经济的历史发展，重点研究市场经济在其发展过程中所经历的三个阶段，在此基础上探讨市场经济的一般特征。

■ 3.1 市场经济的内涵

3.1.1 市场经济的含义

"市场经济"这一概念最早出现在西方经济学著作中，后来广泛流行于资本主义各国。20世纪70～80年代，在苏联、东欧社会主义各国的经济学著作中也开始运用这一概念。

1. 市场经济的概念界定

20世纪80年代末到90年代初，"市场经济"这一概念频繁地出现在我国经济学文献中，党的十四大以来，随着我国把市场经济体制确立为经济体制改革的目标模式，学术界更加大量运用"市场经济"这一术语，目前它已成为使用频率最高的经济学术语之一。但是，"市场经济"的含义，我国学术界众说纷纭，莫衷一是。

有的人认为，它是一种社会经济形式；有的人认为，它是一种社会经济制度；还有的人认为，它是一种经济运作方式、经济调节手段、资源配置机制等。

我们认为，市场经济就是以市场为"导向"或以市场为"媒介"的一种经济形式。也就是说，凡是一切经济活动过程都要通过市场这个中介环节来进行的经济形式，就叫市场经济。在这种经济形式下，社会的生产、分配、交换、消费等活动都必须通过市场这个中介的联结才能进行。在生产方面，生产过程中所需的资本、劳动力、生产资料、信息、技术等生产要素要从市场上取得，劳动的结果——劳动产品的销售要在市场上进行；在消费方面，实现了市场化的消费，人们所需要的一切消费资料都是从市场上获取的；在分配方面，通过市场来配置资源，合理分配人、财、物；在交换方面，人们之间的一切交换活动都表现为市场上的买卖活动，离开市场就不会有交换行为的存在。

如果我们从产品的去路给市场经济下定义，那么它就是直接以交换为目的的经济形式。因为生产的产品要在市场上销售，人们在生产过程中就不能不考虑销售问题，不能不为交换而进行生产，不能不为别人生产使用价值。这样，自然而然地就成了直接以交换为目的、以追求价值为宗旨的经济形式了。这种定义方法，同传统上给商品经济的定义方法是一样的。因此，市场经济同商品经济是相同的东西。

2. 市场经济含义的多层次性

市场经济的含义是多层次、多角度的。从不同的层次、不同的角度来考察，市场经济具有不同的含义。

首先，从本质层次来看，市场经济既不是一种经济制度，也不是一种社会形态，而是一种经济形式。它是同自然经济、产品经济相对称的一个范畴，是作为自然经济形式的对立面出现的。市场经济虽然是一个中性的概念，但当它和一定的社会形态相结合时，在一定的社会形态下表现为社会经济形态。例如，在资本主义社会形态下表现为"资本主义市场经济"，在社会主义形态下表现为"社会主义市场经济"。

其次，从经济形式层次看，市场经济与商品经济是一个等同的概念，二者只是叫法不同，其内容是完全相同的。之所以会出现两种不同的叫法，其原因有三：一是由于强调的侧重点不同。"商品经济"这一叫法侧重于劳动产品的"商品化"，把凡是劳动产品成为商品、具有使用价值与价值二重性、需要交换的经济形式叫商品经济。而"市场经济"这一叫法侧重于劳动产品在"市场上交易"，强调市场在经济活动中的作用。因此，可以说市场经济与商品经济是同一个东西，只是从不同的侧面给它下的不同定义。二是由于人们的语言习惯不同。世界各个国家的语言习惯不同，人们对同一个东西的叫法就不同，在有些国家叫"商品经济"（如俄罗斯），在有些国家叫"市场经济"（如德国），由此就形成了这个问题上的不同用语。三是由于抽象层次不同。"商品经济"这一叫法是一种抽象层次的叫法，具有浓厚的理论色彩，而"市场经济"的叫法是一种非抽象的用语，具有浓厚的现实色彩。随着生产力水平的提高，市场在人们经济生活中的地位越来越重要，出现了"市场经济"这一叫法代替"商品经济"这一叫法的趋势。但是无论如何，它们不是两个不同的东西，而是同一个东西的两种不同叫法。因此，市场经济等于商品经济，发展市场经济就是发展商品经济。在现实生活中，"社会主义经济就是社会主义市场经济"的说法同"社会主义经济就是社会主义商品经济"的说法是一样的。

最后，从经济运行的层次看，市场经济还有以下含义：从经济运行的角度看，市场经济是一种经济运行机制，即市场经济＝市场运行机制；从经济调节的角度看，市场经济是一种经济调节手段，即市场经济＝市场调节；从资源配置角度看，市场经济是一种资源配置方式，即市场经济＝市场配置资源方式；从经济管理的角度看，市场经济也是一种管理方式或方法，即市场经济＝市场管理方法。不过这些是从不同的角度来考察的市场经济，比较容易了解，我们不需详尽论述。

3.1.2 市场经济与商品经济的关系

有一种观点认为，市场经济是资本主义特有的经济范畴，社会主义不能采用。社会主义搞的只是商品经济，绝不能搞市场经济。这些人不但把商品经济与市场经济看成是两个不同的东西，而且把两者对立起来。我们认为，这种说法是不科学的，不但在理论上讲不通，而且在实践中是十分有害的。

从理论方面看，商品是为出卖而生产的产品，不交换就不能成为商品，而交换商品就要进入市场。离开市场，不进行交换，产品就永远只能是产品，不会变为商品。搞商品生产而不要市场，发展商品经济而不要市场经济，在逻辑上是很难讲通的。既然只有为出卖而生产的产品才是商品，那么也只有为市场而生产的经济才能称为商品经济。因此，市场经济和商品经济是相同的概念。

从实践方面看，把商品经济与市场经济对立起来，要发展商品经济而不要市场经济，或者说要商品生产而不要市场，必然会曲解商品经济的含义，改变商品经济特有的内容，扰乱商品经济的运行过程。正如我们曾一度搞过的那样，抛弃市场与市场调节，把商品经济限制在计划机制的框子内，使商品经济变得不成其为商品经济，使社会主义经济的商品性消融在计划性之中，剩下的唯有商品货币的形式而已。这样，必然会把社会主义经济搅成一团乱麻，扭曲社会主义经济改革的历史进程。

针对我国的实际情况，我们认为为了排除对深化社会主义经济体制改革不必要的干扰，应尽快由计划经济体制向市场经济体制转变，建立宏观调控的社会主义市场经济运行机制，消灭产品经济带来的瞎指挥和资本主义市场经济带来的生产的无政府状态，充分发挥以社会主义公有制为基础的市场经济的优越性，在理论和实践的结合上弄清市场经济与商品经济的等同性，具有非常重要的意义。

何谓市场？马克思指出："生产劳动的分工，使他们各自的产品互相变成商品，互相成为等价物，使他们互相成为市场。"① 列宁指出："'市场'这一概念和社会分工——即马克思所说的'任何商品生产的共同基础'——这一概念是完全分不开的。哪里有社会分工和商品生产，哪里就有'市场'，市场量和社会劳动专业化的积蓄有不可分割的联系。"②"市场发展的限度决定于劳动专业化的限度。而这种专业化，按其实质，正像技术发展一样没有止境。"③"市场不过是这种分工和商品生产的表现。"从马克思和列宁的论述看，市场是社会分工和商品生产的产物，也是社会分工和商品生产的表现形式。社会分工越细，劳动专业化程度越高，市场也就越发达。这当然不是对市场经济这一概念的全部定义，只是从市场与商品关系的角度来定义的。

市场和商品交换都是社会分工的产物，它们互相联系、互相促进。随着市场体系的完善而成熟，市场状况决定商品生产的兴衰，没有市场，商品交换就会终止。这是商品经济发展的普遍规律，是不依人的意志为转移的。要发展商品经济，就必须开拓市场，促进市场发育，没有市场，就不可能发展商品经济。事实就是这样，不管那些反对市场经济的人如何说市场经济要不得，但要致力于发展商品经济、脚踏实地地造福于人民，那就必须采取有效措施，促进市场发育，完善市场体系，建立健全市场机制。这进一步说明了市场经济与商品经济是个等同的概念。

由此可见，市场经济与商品经济是联系在一起的，它们是一个等同的东西，只是用语不同罢了。

▪ 3.2　市场经济的产生和发展

3.2.1　市场经济的起源

1. 从逻辑上看，市场经济是自然经济发展的必然结果

社会的发展、个体的生存都离不开各种各样的物质文化消费，而每一种消费

---

① 马克思·马克思恩格斯全集（第 25 卷）．北京：人民出版社，1972.718
② 列宁．列宁全集（第 1 卷）．北京：人民出版社，1955.83
③ 列宁．列宁全集（第 1 卷）．北京：人民出版社，1955.89

资料都是通过生产劳动获得的。因此，生产劳动是人类社会存在和发展的前提条件。从人类产生至今，在漫长的岁月里，人们总是在一定的经济形式下从事生产劳动，以获取物质资料进行消费。自然经济是人们获取物质资料生产的低级形式，它的产生是同人类社会的产生同步进行的。实际上，自然经济的产生过程就是人类劳动的产生过程，也就是人类社会的产生过程。随着人类脱离动物界，由古猿的生存需求变为人类的生存需求，古猿的采集等活动也就变为人的采集、狩猎、捕鱼等生产劳动，原始的、低级的自然经济也就自然而然地产生了。

自然经济随着人类社会的产生而产生以后，经历了原始社会漫长的发展时期（200万年～300万年），到奴隶社会才取得了典型的、完备的形态。它随着生产力的发展而不断发展，为不同性质的社会服务，经历了奴隶社会、封建社会、资本主义社会和社会主义社会。在前两种社会形态中，它是占统治地位的经济形式，在资本主义初期市场经济取代它而占统治地位。但是，自然经济并没有消亡，而是居于从属地位，成为市场经济的补充形式。即使在资本主义和社会主义社会的经济生活中，自然经济仍然存在，甚至在一些国家还大量存在。

自然经济生产的自给性，决定了它排斥社会分工和市场交换，没有或很少发生对外经济交往。在此基础上形成了自然经济闭关自守、画地为牢、墨守成规、轻视新技术新产品的发明创造、因循守旧、不求进取等弊端，阻碍生产工具的改进和技术进步，窒息生产专业化和社会化的发展，不利于社会生产力的发展。因此，从本质上看，自然经济是束缚社会生产力发展的经济形式。它的生命力是极其有限的，只能适应于生产力低下和社会分工不发达的状况，当生产力水平有了一定程度的提高以后，它必然会被高级的经济形式——市场经济所代替。

自然经济之所以会被市场经济所代替，是因为市场经济比自然经济具有明显的优越性，是适应生产力发展的较好的经济形式。其优越性表现在：第一，市场经济不但能比自然经济以更低廉的成本生产出更优质的商品，而且能够提供更加丰富多样的使用价值以满足人们多方面的需要；第二，它割断了各种自然的血缘的或强制的纽带，以不断变动的全新准则代替世代相袭的古老秩序；第三，它打破了在人的依赖关系下与自然物质交换的狭隘性、孤立性和封闭性，冲破自然经济的封建割据状态，以日益发展的国内市场和世界市场，不断扩大经济发展和社会化程度，使不同国家和地区的经济联为一体，形成普遍的社会物质交换和人们生产与消费上的全面依赖性；第四，它利用商品货币关系，利用市场交换，利用市场竞争压力的推动，促进各个生产者和经济单位改善经营管理，提高劳动生产率，生产出价格低廉的商品；第五，它利用自身的特点，获得共同遵守的准则——价值规律和评价经济活动的统一范畴（成本、价格、利润等），从而刺激生产者不断采用新技术、新方法，推动全社会的技术进步，促进生产力水平的不断提高；第六，它通过市场机制来配置资源，按比例分配社会总劳动，既能实现生产要素的优化组合和产业结构、产品结构合理化，又能克服对自然资源的浪费，减少生产过程中的消耗，从而提高宏观和微观经济效益。

市场经济取代自然经济是人类社会发展的自然历史过程，是不依人的意志为转移的客观规律。从历史上看，随着生产力的缓慢发展，社会分工逐渐发展起来，在自然经济的夹缝中产生了它的对立面——市场经济。市场经济是以社会分工为基础的，具有自然经济所没有的优点。市场经济是开放型、动态型、自主型和高度社会化的经济形式，可以培养生产者的效益观念、价值观念、市场观念和竞争观念。因此，具有强大的生命力。在奴隶社会和封建社会，尽管统治阶级采取了种种措施，制定了种种政策来限制它、消灭它，但市场经济冲破了这些政策的限制和小生产观念的束缚，顽强地发展起来，由小到大，由弱到强，并促成了自然经济的解体。在封建社会末期到资本主义初期，它最终取代了自然经济而占据了统治地位。

2. 从历史上看，市场经济是生产力发展的必然产物

市场经济是一个历史范畴，它在社会生产力发展的一定历史阶段上产生，也将随着生产力发展到一定的高度而消亡。

在人类社会产生以后的漫长岁月里，分工是纯粹自然产生的，只存在于男女两性之间，人们在氏族组织的狭小范围内共同生产，共同消费，根本不存在商品交换现象。到了原始社会后期，随着生产力水平的提高，发生了第一次社会分工，游牧部落从农业部落中分离出来，专门从事畜牧业。随之出现了超过自身消费需要的肉、乳等产品和皮、毛为原料的纺织物，这就使商品交换成为可能。起初的商品交换是在原始共同体之间通过各自的氏族首领来进行的，正如马克思指出的，"商品交换是在共同体的尽头，在它们与别的共同体或其成员接触的地方开始的。但是物一旦对外成为商品，由于反作用，它们在共同体内部也成为商品，它们交换的量的比例起初完全是偶然的。它们能够交换，是由于它们的所有者彼此愿意把它们让渡出去的意志行为①"。到原始社会末期，随着生产力水平的进一步提高，又出现了第二次社会大分工，手工业和农业相分离。与此相适应，"便出现了直接以交换为目的的生产，即商品生产，随之而来的是贸易，不仅有部落内部和部落边界的贸易，而且还有海外贸易"②。当人类进入奴隶社会以后，随着生产力水平的又一次提高，便出现了第三次社会大分工，创造了一个不从事生产而只从事商品交换的阶级——商人。于是商品交换成了经常的事情，成为自然经济的补充形式。

---

① 马克思. 马克思恩格斯全集（第 23 卷）. 北京：人民出版社，1972. 105～106
② 马克思. 马克思恩格斯全集（第 4 卷）. 北京：人民出版社，1972. 159

市场经济产生有两个条件：一是社会分工；二是物品所有者之间存在着"彼此当做外人看待的关系"①。社会分工是市场经济存在的一般条件，它提供了商品交换的必要性；物品所有者之间存在着彼此当做外人看待的关系，是市场经济存在的充分条件，它既提供了商品交换的必要性，也提供了交换的可能性。

> 案例提示 3-1　斯密的分工理论

亚当·斯密的《国民财富的性质和原因的研究》第一章即是论分工。他首先论述了分工的好处，认为劳动生产力的提高和国家的富有均是分工的结果。他举例说，在未开化的渔猎氏族间，一切能够劳动的人几乎都参加劳动，但他们的日子过得非常贫乏以致要杀害老幼以及长期患病的亲人，或者遗弃这些人，任其饿死或被野兽吞食。在文明社会中，许多人根本不劳动，但社会的全部劳动生产物非常之多，往往使一切人都有充足的供给，原因何在？分工也。是分工造就了较高的劳动生产力。亚当·斯密列举了扣针制造业的例子。他认为一个劳动者如果对这种职业没有受过相当的训练，也不知如何使用相关的机械，那么纵使竭力工作，也许一天也制造不出一枚扣针，要做 20 枚当然更不可能了。这是指行业的分工。在行业内部也存在着分工。斯密指出如果把做扣针的职业分解开来：抽铁线、拉直、切截、削尖线的一端、磨另一端（以便装上圆头）、装圆头、涂白色、包装，然后由一些工人分别完成以上一种或几种操作。这样他们人均每日可成针 4 800 枚。如果他们各自独立工作，那么他们中谁也不可能一日制造 20 枚扣针。

资料来源：亚当·斯密．国民财富的性质与原因的研究．北京：商务印书馆，1972.7

讨论：用斯密的分工理论分析市场经济产生和发展的条件。

就社会分工而言，它可以促进生产力的发展，从而增加剩余产品，为交换提供最一般的物质条件；有了社会分工就出现了生产者生产的单一化与需求多样化之间的矛盾，而解决这一矛盾的唯一办法，是生产者以市场为媒介通过让渡自己多余的产品来取得对自己有用的别人的产品，以便互通有无，满足需要。这就为市场经济的产生提供了必要条件。

就物品所有者之间存在着彼此当做外人看待的关系来说，当物品所有者互相当做外人看待时，就有了"这为我有，那为你有"的观念。这时，物品归不同的人或经济单位占有，就不能无偿地占有别人的产品，只能是"以此易彼，即用自己的产品来交换别人的产品。这就需要通过交换互通有无，产生了商品交换的必要性"②。而且只有当物品所有者互相当做外人看待时，他们才能彼此承认对方

---

① 马克思．马克思恩格斯全集（第 23 卷）．北京：人民出版社，1972.105～106
② 白永秀．《国富论》、《资本论》和社会主义商品生产的客观必然性．理论学习，1987，2：9～15

是产品的所有者，他们对自己的物品才有处置的权力，交换才能成为"双方共同一致的意志行为"①，从而才会有市场经济存在的可能性。

3.2.2　市场经济的发展

市场经济的具体形态随着生产力水平的提高而不断发生变化，它的发展已经经历了三个阶段，采取了三种不同的具体形态。

1. 原始市场经济

原始市场经济又称为初始市场经济，是以手工生产力为基础，以单家独户占有生产资料为特征，在自然经济夹缝中存在，并作为自然经济补充形式的一种市场经济。它是最早的一种市场经济，因此也可称为市场经济的初始阶段。

原始市场经济的典型形式是奴隶社会与封建社会的市场经济（小商品经济）。在原始社会末期、奴隶社会和封建社会，虽然在不同的国度、地区和不同的历史阶段，市场经济曾有过较大规模的发展，但总的来说，在这些社会形态中，自给自足的自然经济占统治地位，市场经济只居于从属的地位，在整个社会的资源配置中市场只起到辅助性的作用。存在于这些社会中的市场经济，基本上是规模狭小的、不发达的原始市场经济。这里需要说明的是，原始市场经济不是指某种具体形式的市场经济，而是原始社会末期的市场经济、奴隶社会的市场经济和封建社会市场经济的总称。

同其他阶段的市场经济相比，原始市场经济的特征主要有：①生产资料高度分散，基本上是以个体私有制为基础的；②社会分工与生产力不发达，建立在以手工劳动为特征的生产力水平之上；③商品生产者的目的是为买而卖，商品价值是为使用价值服务的；④产品的商品率极低，在全部社会财富中只有很小的一部分成为商品；⑤虽有竞争，但很不充分，其特点是带有行会的性质，具有封建垄断性和自然经济的狭隘性；⑥只有部分产品市场，而且规模和交换数量都很小，没有形成全国统一的市场；⑦生产过程中的劳动职能与管理职能还没有分工，生产者既是劳动者又是管理者；⑧劳动者占有和支配全部劳动产品，基本上不存在剥削与被剥削关系；⑨它是一种低级的市场经济，价值规律发生作用的程度和范围都十分狭小；⑩它是人类历史上出现得最早的市场经济，因而主要存在于资本主义生产方式确立之前的社会形态中；⑪它只是自然经济的补充形式，在历史上没有成为一种独立的经济形式。

---

① 马克思．马克思恩格斯全集（第 23 卷）．北京：人民出版社，1972.102

2. 古典市场经济

古典市场经济又称自由市场经济，是以机器生产力为基础，以单个厂商占有生产资料为特征，政府采取不干预的市场经济形式。其典型形式是资本主义自由竞争时期的市场经济。

古典市场经济是整个社会经济空前大发展的历史阶段，也是市场经济逐渐发育和完善的重要阶段，其典型特征主要有以下几个方面：

（1）在古典市场经济条件下，生产资料分散在单个厂商手里。这时虽有企业之间的联合，但只是极个别情况，没有普遍化，从总体上看生产主体是许许多多的独立企业。与此相适应，市场竞争的主体是单个企业，市场上买卖双方的对立一般是单个企业的对立。

（2）建立在工业革命以及相应的生产技术基础上，以机器生产力为主体，生产能量得到了充分的释放，生产规模空前扩大。马克思在《共产党宣言》中所说的，资产阶级利用市场经济力量在不到一百年的时间内创造的生产力，"比过去一切世代创造的全部生产力还要多，还要大"①，实际上是指古典市场经济对生产力的推进作用。

（3）生产者的生产目的是为了交换，为卖而买，追求价值与剩余价值是唯一的动机。商品的使用价值成了价值的奴仆，居于从属地位。正是在这个意义上，马克思把资本主义社会的基本经济规律概括为赚钱与发财规律，即剩余价值规律。

（4）产品的商品化得到了充分发展，产品的商品率很高。不但所有物质产品进入流通领域，成为商品，实行交换，而且劳动力也成为商品，在市场上交换。因此，商品成为最普遍、最大量的现象。

（5）资本主义生产方式占了统治地位，资产阶级已经执政，采取一种国家不干预经济生活的自由放任政策，使市场经济的发展最少受限制，存在着比较公平的外部竞争环境。当时流行的最具有代表性的口号是"自由放任，自由竞争，自由贸易"。因此，整个社会生产为"看不见的手"所支配，陷入无组织、无计划的状态。正是从这个意义上，我们把古典市场经济称为自由放任市场经济或自由竞争市场经济，这是古典市场经济的最大特征。

（6）在古典市场经济条件下，不但形成了国内统一市场，而且形成了国际市场。这时的市场是完全竞争市场，其主体是众多的中小企业，商品及其生产要素的价格完全是由市场竞争自发形成的，市场决定具有至高无上的权力。

（7）生产过程中的劳动职能与管理职能分工，出现了一个管理者阶层。在管

---

① 马克思，恩格斯. 共产党宣言（单行本）. 北京：人民出版社，1964.28

理者阶层中又分化出一个市场营销阶层，人数虽不多，理论虽不健全、不完善，但已有人专门研究市场问题和从事市场营销活动。

（8）劳动者与生产资料相分离，劳动者的"劳动报酬"只是劳动产品的一小部分。一日劳动力的价值与一日劳动创造的价值不同，前者在数量上小于后者。因此，存在着剥削与被剥削的关系。

（9）它是继原始市场经济之后的一种市场经济，有较高的发展水平，价值规律发生作用的范围扩大、程度提高。

（10）它成为占统治地位的经济形式，自然经济成了它的补充形式。一切生产经营活动都以市场为核心，市场支配一切，指挥一切。

3. 现代市场经济

现代市场经济是以现代生产力（电子化、信息化）为基础，以生产资料的集团化、社会化、国家化为特征，采取国家宏观调控的市场经济。现代市场经济是市场经济发展的一个高级阶段，它是继古典市场经济之后，市场经济的又一个新阶段，是目前世界各国普遍发展的一种市场经济，它的典型形式是第二次世界大战以后发展起来的市场经济。

其典型特征主要有以下几个方面：市场体系完善，市场机制健全；法律体系完善，社会保障制度健全；价值规律充分发挥作用，但又接受国家宏观调控；宏观调控手段完善，调控机制健全；充分利用信息和科学技术来管理生产，生产社会化程度进一步提高；国内经济与国际经济连成一片，资本国际化、人才国际化、市场国际化的水平提高。

■3.3　市场经济的一般特征

在考察了市场经济的含义、历史发展以后，还要研究它的特征，以便进行分析对比，更好地把握社会主义市场经济。市场经济的特征是指任何性质、任何发展水平的市场经济都具有一般特点，它是各种各样的市场经济都具有的、区别于自然经济与产品经济的属性。也就是把自然经济与产品经济作为参照系，从生产力的角度，在最抽象意义上概括出来的一切市场经济的共性。

3.3.1　自然经济的一般特征

自然经济，也称自给性市场经济，是指生产目的是为了直接满足生产者（劳动者）个人或经济单位的需要，而不是为了交换的经济形式。自然经济是同社会生产力水平低下、社会分工不发达相适应的一种经济形式。在这种经济形式下，每个生产者或经济单位都利用自身的经济条件，几乎生产自己所需要的一切产品，没有或者很少同外界进行经济交换，因此每个单一的经济单位，就是一个小而全的自产自用的经济实体。

自然经济自产生以来，经历了漫长的历史发展时期，在不同的社会形态下具有不同的制度特征，因而具有不同的社会性质。在这里，我们撇开自然经济在制度方面的特殊性，只从生产力的角度进行考察，可以把它的一般特征概括为以下几点：

（1）生产目的的自给性。自然经济是自给性经济，它的生产目的是满足生产者个人或经济单位自身的需要。从世界史的角度看，无论是家长制的农民家庭，还是原始共同体、奴隶制庄园、封建制庄园的生产，基本上都是自给性生产。自然经济的生产与消费的联系是直接的，生产的目的具有自给性。

自然经济虽然是自给性经济，但并不能自足。这是因为在生产力水平有了一定程度提高的条件下，出现了社会分工，人们的需要是多种多样的；并且随着生产力与社会分工的进一步发展，需要的多样性也在不断发展。这就决定了任何生产者个人或单位的生产都不能真正满足自己的需要，不可能完全通过自给来实现自足。所以，除原始社会初期和中期的自然经济外，其他社会形态下的自然经济都必须用市场经济来作为补充形式。这是因为自然经济与市场经济具有互补性、共存性等特点。这就是我国自然经济与市场经济长期并存的原因。

（2）再生产过程的自我完成性。一般生产过程都包括生产、分配、交换和消费四个环节，这四个环节的不同联系方法划分了不同的经济形式。自然经济是建立在生产力水平低下和社会分工不发达的基础上的，其生产单位规模小，生产是在分散的、孤立的条件下进行的，生产单位之间很少发生经济交换关系。因此，不仅生产者本人或经济单位内部成员所需要的生活资料由自给性生产提供，而且进行再生产所必需的生产资料也主要不是经过市场交换取得的。自然经济再生产所需要的生产要素不是商品，不表现为价值和货币关系，不通过市场从外部取得；同样，它的产品也不表现为价值和货币关系，不通过市场向外销售。可见，在自然经济条件下，再生产过程中的生产、分配、交换、消费等四个环节都是在生产单位内部进行的，它的再生产具有自我完成性。

（3）对外经济联系方面封闭性。自然经济是自我完成再生产过程的经济单位，各个经济单位都是在分散、孤立的情况下进行生产的，同外界联系极其有限。它又是建立在自然分工基础上的，按其本性来说是自成体系的经济单位，从生产到分配、交换、消费各个环节都是自我完成的，不需要社会化服务体系，不需要对外经济交往。只是在满足自己需要之后产品尚有剩余、或者需要别人的产品来满足自己某种特殊需要的条件下才互通有无，对外发生经济交往。因此，自然经济具有因循守旧、墨守成规、闭关自守的特征。

（4）以自然分工为基础。在自然经济条件下，社会是由许多单一的经济单位组成的，每个这样的单位从事各种经济工作，从采掘各种原料开始，直到最后把这些原料制造成消费品。在我国延续了几千年的封建制度中，自然经济占统治地位，按照自然分工，农民不仅从事农业生产，而且从事手工业生产，"男耕女织"就是这种以自然分工为基础的自然经济的生动写照。由于自然经济是以自然分工为主、社会分工很不发达的经济形式，社会生产是在分散的、孤立的地点进行，所以自然经济条件下的生产经营单位往往是"小而全"或"大而全"的经济组织。

（5）建立在手工劳动为特征的生产力水平基础上。自然经济以使用手工工具为特征，以家庭个体劳动为基础，只适应于规模狭小的简单协作，它排斥技术进步，排斥大规模的分工与协作。可见，自然经济所具有的手工劳动的保守性、落后性，不仅阻碍了社会分工的发展，而且阻碍了技术的进步，使它变得落后和停滞，从而使社会生产力在好多世纪里没有发生什么大的变化。从历史上看，自然经济总是与生产力水平低下和社会分工不发达相适应的。从原始社会末期到奴隶社会和封建社会，虽然生产力水平和社会分工有了某些发展，甚至在某些地区或某些时期有了较高程度的发展，但是总的来说，在这样一个漫长的历史时期内，始终是生产力水平低，社会分工不发达。

（6）以农业和家庭手工业相结合为前提。自然经济的自给性阻碍了社会分工的发展，从而阻碍了产业体系的完善，使产业结构极不合理。社会分工只是停留在一般分工的水平，即只有农业、手工业、商业、建筑业、交通运输等主要物质资料生产部门的一般分工，还没有进一步发展为这些部分内部的特殊分工。与此相适应，物质生产资料部门不但数量极少，而且结构不合理。其中，最主要的和占绝对优势的部门是农业生产部门，然后才是手工业部门，其他部门只是这两个部门的补充，并以它们为基础。就农业部门与手工业部门而言，手工业部门占的比重很小，只是农业部门的补充形式。因此，自然经济实质上是以农业为主的经济，建立在自然经济基础上的社会就是农业社会。再者，由于农业劳动受自然条件影响较大，劳动时间与生产时间经常不一致，这就为家庭手工业的产生提供了自然基础。一般情况是，生产者在农忙时从事农业劳动，有农闲时从事以手工劳动为主的各种副业。手工业是自然经济条件下农业的必然产物，是它不可缺少的补充。农业和手工业在家庭这一经济单位内部有机地结合起来，提供了自然经济存在的前提条件。

（7）与小生产方式和小生产观念相适应。自然经济是生产力水平低下和社会分工不发达的产物，其生产规模狭小，每个单一的经济单位就是一个"小而全"的自产自用的经济实体。几千年来在自然经济基础上形成的一整套小生产方式和观念，虽然受到了市场经济发展的冲击，但仍有着广泛而深刻的社会影响。有些国家原来市场经济发展就不充分，在实现社会主义革命以后，自然经济的观念和意识仍然存在。我国在 1949 年 10 月之前，市场经济不发达，广大农村基本上还处于自给自足的小生产状况。即使在目前，小生产者的习惯势力，以及轻视分工协作，轻视商品交换，有意无意地追求地区、部门以及单位自给的思维还严重存在，以致出现了今天的国有企业"小而全"、"大而全"，各地区产业结构雷同化、重复引进、重复上马、重复生产的状况。这同社会主义市场经济发展与改革开放的要求极不适应，我们应当注意更新观念，树立市场经济的新观念、新思想。

（8）以人的依赖关系为条件。马克思认为，人的依赖关系、物的依赖关系和自由个性这三大形态，是与自然经济、市场经济、产品经济这三种经济形式相适应的。同自然经济相对应的是人的依赖关系。但是，自然经济在不同的社会形态下具有不同的性质，与此相适应，人的依赖关系在不同性质的自然经济中具有不同的表现。具体说，原始社会的自然经济是以自给关系为条件的，生产目的是为了能生存下去；奴隶社会的自然经济是以奴隶主对奴隶的人身占有关系为条件的，奴隶的生产是以满足奴隶主阶段的需要为目的的；封建社会的自然经济是以农民对地主的人身依附关系为条件的，地主对农民实行超经济的强制性剥削。因此，在自然经济占统治地位的社会里，人与人之间的这种依赖关系，不需要通过物与物的关系来表现，没有商品拜物教。

3.3.2　产品经济的特征

产品经济是指直接以劳动时间来分配社会总劳动的一种经济形式。它是马克思主义创始人所设想的、消灭市场经济以后的未来社会（共产主义社会）所特有的经济形式，是经济形式与经济制度在共产主义社会中的有机结合。与其他经济形式相比，它最大的特点就是融一般与特殊于一身，没有不同性质和类型之分，它只有一种形式，即共产主义产品经济。产品经济是以整个社会为一个经济单位的实物经济，在产品经济条件下，生产单位之间的经济联系不是通过商品形式进行交换，而是各生产单位将自己生产的产品交给社会中心，然后由社会中心统一进行分配，以满足社会生产单位的生产需要和劳动者生活需要。依据我们对产品经济的内涵，可以把它的特征概括如下：

（1）产品经济是一种高度发达的经济形式。产品经济是以科学技术和社会生产力的高度发达为前提条件的。在这里，劳动生产率水平特别高，社会财富极大丰富，社会成员的物质和文化生活需要得到了最大限度的满足，由于科学技术高度发达，决策科学化、民主化，使人们的才干得到充分发挥。因此，产品经济是继自然经济、市场经济之后的一种高度发达的经济形式。

（2）产品经济是一种高度社会化的经济。在市场经济造就的生产社会化基础上，产品经济使这种社会化得到了全面而深刻的发展。这主要表现在以下几方面：一是生产资料社会化程度提高，实现了全社会占有制；二是生产规模扩大，实现了单一的社会化大生产，小生产方式完全消亡；三是经济单位巨型化，整个社会为一个生产和生活分配单位；四是生产过程实现了全社会的密切联系和相互协作，各个生产环节有机结合；五是消除了个别劳动时间与社会必要的劳动时间的矛盾，每个劳动者的技术水平都达到了社会平均水平；六是耗费在产品上的劳动不表现为这些产品的价值，而是直接地作为社会总劳动的构成部分。

（3）产品经济是一种有计划按比例发展的经济。尽管现代市场经济也是有计划按比例发展的，但是计划程度不高，从而很难实现完全的按比例发展。产品经济条件下则完全实现了有计划按比例发展。同市场经济的计划调节相比，产品经济的计划调节具有以下特征：一是唯一性，即计划调节是唯一的调节手段，不存在市场调节；二是整体性，即不是在局部而是在全社会范围内，通过一个社会中心来实行计划调节；三是直接性，即不是通过市场间接地对企业进行调节，而是通过行政手段进行直接调节；四是自觉性，即不是通过物质利益的诱导来实现生产的比例，而是通过人们高度自觉的行为来按照社会中心所制定的比例进行生产；五是强制性，即社会中心的计划指标不具有弹性，而是必须执行的；六是单一性，即产品经济计划调节的形式，只有指令性一种，而不是多种形式并存的。

（4）产品经济是一种按需分配的经济。在产品经济条件下，消灭了生产资料私有制，不可能实行按资分配；在产品经济条件下，人们的劳动既不是谋生的手段，又没有质的差别，所以也不可能实行按劳分配。在产品经济条件下，一方面物质财富的丰富程度达到了充分满足社会成员需要的程度，另一方面社会成员的需要因年龄、性别、职业的不同而存在着差别，因此只能实行按照社会成员自然需要的原则（年龄、性别、职业等）来分配消费品。

（5）产品经济是一种实物经济。在产品经济条件下，商品、价值、价格、利润、利息等经济范畴都已不存在了，也没有了货币。在这里，产品只是单纯的使用价值，而不具有价值，即产品只是物品，而不是商品；生产只是单纯生产使用价值，而不生产价值；生产过程只是劳动过程，而不具有价值与剩余价值的创造过程。我们在这里所说的产品，只是指实物形态的有用物品，不包含一点价值原子。从理论上说，不能把产品混同于商品，商品具有使用价值与价值两个因素，而产品只有使用价值一个因素。在产品经济条件下，整个社会的生产、分配、交换和消费环节，都是通过实物形式进行联系的。产品经济的再生产，实际上是实物的再生产与人们平等互利关系的再生产的统一。

（6）产品经济是一种无偿调拨的经济。在产品经济条件下，虽然也存在着交换，但不存在商品交换的场所——市场。所以，这里的交换不是商品交换，而是一种实物交换。生产者所需要的生产资料与消费资料由社会中心有计划地配给，生产出的产品也无偿地交给社会中心，由社会中心统一分配。

（7）产品经济是一种把企业内部分工社会化的经济。在产品经济条件下，人们把企业内部的分工扩大到整个社会，把整个社会看成是一个"大工厂"，把各个生产单位和生产部门看成是这个大工厂的不同"车间"。这些生产单位和部门的联系，只是实物联系和技术方面的联系，而不是商品货币的联系。由于整个社会是一个大工厂，就把全社会的劳动力当做一个劳动力看待，每个人的劳动都是直接的社会劳动。这样，没有个别劳动与社会劳动的矛盾，不存在通常意义上的商品交换过程。

（8）产品经济是人的个性得到全面发展的经济。产品经济是建立在生产高度社会化基础上的，摆脱了人对物的依赖性，实现了人的彻底解放。因而人的能力得到了充分的发挥，人的个性得到了全面的发展。

（9）产品经济是一种真正人人平等地占有生产资料的经济。在产品经济条件下，将只存在单一的共产主义性质的全社会所有制。这种全社会所有制虽然在本质上同社会主义全民所有制是相同的，但在程度上更加高级，具有了新的特点：一是"一大二公三纯四统"的特征在这里得到了真正的实现；二是国家已经消亡，全社会所有制不再采取国有制的形式，再不会实行"国营"；三是生产资料与劳动产品将在完全意义上归全体社会成员占有；四是建立在这种所有制基础上的经济单位，不再是具有相对独立利益的经济实体。这些新的特点使劳动者成为真正的生产资料的主人，实现了在生产资料占有上的完全平等。

（10）产品经济是一种人与人关系平等化的经济。市场经济虽然也是一种平等经济，但这是就市场经济的等价变换原则而言的，不可能实现事实上的人与人的平等。在产品经济条件下，生产力高度发达，以致一切阶级对立和阶级差别都将消灭，工农、城乡以及脑体劳动者的差别将不复存在，人们的劳动差别也就不再存在。在此基础上，全体社会成员都将融合成为具有各方面能力的、全面发展的共产主义新人。在这里，人们平等地占有生产资料，平等地进行劳动，按照不同职业、年龄、性质等的需要向社会领取消费品，真正实现了人与人关系的平等化。

3.3.3　市场经济的一般特征

市场经济的一般特征就是指各种性质、各种类型的市场经济都具有的特征，是它们的共性。通过前面对自然经济与产品经济特征的研究，在分析对比中我们认为市场经济具有以下特征：

（1）市场经济是一种社会分工经济。市场经济是社会分工的产物，反过来又促进了社会分工的发展，从而使它与社会分工按相同的程度向前发展，社会分工程度越高，市场经济就越发达。离开社会分工，就不可能有市场经济的存在。

（2）市场经济是一种交换经济。所谓商品，就是用来交换的劳动产品。所谓市场经济，就是直接以交换为目的的经济形式。马克思说："要成为商品，产品必须通过交换。"① 离开交换，产品就不可能成为商品，也就不会有市场经济的存在。

（3）市场经济是一种由市场联结起来运转的经济。列宁指出："商品生产，也就是通过市场而彼此联系起来的单独生产者的生产。"② "哪里有社会分工和商品生产，哪里就有'市场'。"③ 显然，市场经济就是由市场联结起来运转的经济，离开市场这一"中介"，就不可能有市场经济的存在。

（4）市场经济是一种竞争经济。竞争是市场经济所特有的一种社会现象，竞争规律是市场经济的一般规律。只要有市场经济就必然存在竞争，没有竞争就没有真正的市场经济。这是因为"只有通过竞争的波动从而商品价格的波动，商品生产的价值规律才得到贯彻，社会必要劳动时间决定商品价值这一点才能成为现实"。④

（5）市场经济是一种货币经济。货币是商品交换的产物，也是商品交换的媒介物。市场经济是同货币联系在一起的，没有货币就不可能有市场经济。因此，市场经济是一种以货币作为交换媒介的经济，从这种意义上说，它就是货币经济。

（6）市场经济是一种追求价值的经济。商品不仅有使用价值，而且有价值。商品生产者生产的目的不是为了使用价值，而是为了出售商品，实现其价值。价值是由社会必要劳动时间决定的，是商品交换比例的客观基础。因此，商品生产者力求提高劳动生产率，降低单位商品中所包含的个别劳动时间，以便在交换中获得较大利益。

> **案例提示 3-2　中国经济起飞：认知和感悟**

同济大学胡景北教授经过多日努力，和他的朋友计算出了 1952～2005 年中国新增资本与新增人口的比值，并绘出了它的坐标图（图 3-1）。

图 3-1 显示 1952 年以后的 30 多年里，每个中国人拥有的资本几乎没有变化，中国经济竟然延续了几千年来的停滞特征。在 20 世纪 90 年代，彷徨挣扎的中国经济终于像飞机摆脱了地心阻力那样，坚决地离开了地面，起飞了。

资料来源：胡景北．中国经济起飞：认知和感悟．双周夜话，http://www.hujingbei.net，2006 年 11 月 30 日

讨论：（1）中国建立和发展市场经济的意义。

（2）分析市场经济发展对中国经济起飞的作用。

---

① 马克思．马克思恩格斯全集（第 23 卷）．北京：人民出版社，1972.54
② 列宁．列宁全集（第 1 卷）．北京：人民出版社，1972.385
③ 列宁．列宁全集（第 1 卷）．北京：人民出版社，1972.83
④ 马克思．马克思恩格斯全集（第 1 卷）．北京：人民出版社，1972.215

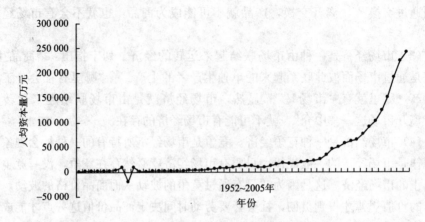

图 3-1   1952～2005 年我国新增资本与新增人口之比

（7）市场经济是一种具有自我利益的经济。商品生产者彼此相对立，各有自己特殊的利益。商品生产者与经营者在商品交换中斤斤计较自己生产商品所耗费的劳动得到怎样的补偿，补偿的数量直接影响着他们生产经营的积极性。

（8）市场经济是一种自主经济。在市场经济条件下，每一个商品生产者与经营者都是一个独立的或相对独立的经济实体，他们具有独立的法人资格。因此，商品生产者具有生产经营的自主权，具有获取财富的合法权益。市场经济的一切活动，都是商品生产者和经营者意志的行为。正如马克思所说的那样，"商品监护人必须作为自己的意志体现在这些物中的人彼此发生关系。因此，一方只有符合另一方的意志，就是说每一方只有通过双方共同一致的意志行为，才能让渡自己的商品，占有别人的商品"①。

（9）市场经济是一种平等经济。市场经济的基本规律是价值规律，价值规律要求商品交换按等价交换的原则进行。商品交换的等价性，也就是交换双方的平等性。马克思指出："就使用价值来看，交换双方都能得到利益，但在交换价值上，双方都不能得到利益。"② 正是在这个意义上，马克思认为"商品是天生的平等派和昔尼克派"③。

（10）市场经济是以人对物的依赖关系为特征的经济。市场经济使人类摆脱了人身依附和等级服从的依赖关系，冲破了血缘的、民族的、地域的和国家的限制，形成了普遍的社会物质交换和全面的社会经济关系。但是，人与人的经济关系是通过物与物的关系，即商品与货币的买卖关系表现出来的。这样一来，人的

① 马克思．马克思恩格斯全集（第 23 卷）．北京：人民出版社，1972. 102
② 马克思．马克思恩格斯全集（第 23 卷）．北京：人民出版社，1972. 180
③ 马克思．马克思恩格斯全集（第 23 卷）．北京：人民出版社，1972. 103

独立性以物的依赖关系为基础，人与人的关系被物与物的外壳所掩盖，必然会产生商品拜物教。

（11）市场经济是一种系统经济。市场经济所反映的是一种以市场为媒体的社会经济关系，具有系统性。首先，生产、分配、交换、消费等四个环节通过市场交换形成了相互联系、相互制约的有机整体；其次，市场经济的运行不仅是个别企业的运动，而且是互相依存、互为条件的商品世界各个企业的整体运动；最后，市场经济反映的不只是个别商品生产者之间的关系，也不只是某一地区、某一国家生产者之间的关系，而是冲破地区、民族和国家限制的整个商品世界的关系。

（12）市场经济是一种开放经济。商品生产者需要的管理知识和生产技术要从外界学习，所需要的生产经营信息要从外界获取，所需要的生产资料和消费资料要由外界提供。同时，又为外界不断提供商品与劳务，与外界不断进行物质与非物质交换。

（13）市场经济是一种动态经济。与自然经济的静态性形成鲜明的对照，市场经济处于发展变化之中，一方面商品生产者和经营者为追求自身的物质利益，必然要不断改善经营管理，提高劳动率；另一方面竞争规律又从外部加以强制，使他们不得不提高生产技术水平，降低商品的成本价格。这样在促进生产力发展的同时，也促进了自身的发展。

（14）市场经济是一种国际经济。市场经济的开放性，使它冲破自然经济的封闭性，扫除小生产方式的严重障碍，超越地区、民族、国家的界限，在世界各地"到处落户，到处创业，到处建立联系"[①]，形成国际性的经济。

本 章 提 要

1. 市场经济是以市场为导向的经济，即一切经济活动都要经过市场这个"中介"才能进行的经济形式叫市场经济。它与自然经济、产品经济相对应，本质上是一种经济形式。它是继自然经济之后、产品经济之前的一种经济形式。市场经济与商品经济是联系在一块的，它们是一个等同的东西，只是用语不同。

2. 从逻辑上看，市场经济是自然经济发展的必然结果。与自然经济相比，市场经济的成本更低、更能创新、活动的空间更大、能更有效的配置资源、更具有制度性、更能发挥人的积极作用。从历史上看，市场经济是生产力发展的必然产物。生产力水平提高，出现了剩余产品，因此出现了交换，交换必然导致市场产生，进而使市场经济的产生成为可能。

---

① 马克思．马克思恩格斯全集（第 1 卷）．北京：人民出版社，1972.254

3. 原始市场经济又称为初始市场经济，是以手工生产力为基础，以单家独户占有生产资料为特征，在自然经济夹缝中存在，并作为自然经济补充形式的一种市场经济。它的典型形式是奴隶社会与封建社会的市场经济（小商品经济）。

4. 古典市场经济又称自由市场经济，是以机器生产力为基础，以单个厂商占有生产资料为基础，以自由放任为特征的市场经济形式。古典市场经济的典型形式是资本主义自由竞争时期的市场经济。

5. 现代市场经济又称计划市场经济，是以现代生产力（电子化、信息化）为基础，以生产资料的集团化、社会化、国家化为特征，采取国家宏观调控的市场经济。它的典型形式是第二次世界大战以后发展起来的市场经济。

6. 市场经济的一般特征表现在：市场经济是一种社会分工经济；是一种交换经济；是一种开放经济；是一种动态经济；是一种国际经济；是一种竞争经济；是一种货币经济；是一种由市场联结起来运转的经济；是一种追求价值的经济；是一种具有自我利益的经济；是一种自主经济；是一种平等经济；是以人对物的依赖关系为特征的经济；是一种系统经济。

➢ 关键概念

市场经济　自然经济　产品经济　经济制度　经济形式
社会经济形态　原始市场经济　古典市场经济　产品市场经济

➢ 复习思考题

1. 市场经济的内涵和本质是什么？
2. 怎样看待市场经济与商品经济的关系？
3. 试述市场经济的起源。
4. 试比较原始市场经济、古典市场经济和现代市场经济。
5. 试比较自然经济、产品经济与市场经济的一般特征。

➢ 材料分析题

据报载，在安徽省阜阳市从 2003 年 3 月份开始相继出现因食用劣质奶粉而导致婴幼儿生病甚至死亡的事件。鲜花般娇嫩的幼小生命，刚来到世间几个月就枯萎、凋谢了。罪魁祸首竟是本应为他们提供充足"养料"的奶粉。为此，国务院做出决定，在全国范围内深入开展食品安全专项整治工作。国家食品药品监督管理局已经把奶制品列为重点检查的品种之一，婴幼儿配方奶粉三项强制性国家标准正式出台并实施。从此，婴幼儿配方奶粉的营养含量指标、标签内容一目了然。自 2004 年 4 月安徽省阜阳市开展伪劣奶粉专项整治以来，公安机关共立案 38 起，摧毁制售劣质奶粉窝点 4 个，抓获犯罪嫌疑人 47 名。

资料来源：周立民．安徽阜阳劣质奶粉事件．新华网合肥，2004 年 4 月 20 日

阅读上述材料分析：

（1）上述材料体现了市场经济发展中哪一阶段的特征？

（2）依据上述材料说明古典市场经济与现代市场经济的区别。

主要参考文献

白永秀．1996．中国现代市场经济理论研究．西安：陕西人民出版社

刘国光，桂世镛．2002．社会主义市场经济概论．北京：人民出版社

刘诗白．2004．社会主义市场经济理论．成都：西南财经大学出版社

热若尔，罗兰．2002．转型与经济学（中译本）．张帆译．北京：北京大学出版社

斯蒂格利茨．2001．社会主义向何处去．周立群译．长春：吉林人民出版社

王毅武．2005．市场经济学——中国市场经济引论．北京：清华大学出版社

王跃生，张德修，李树甘．2006．市场经济发展：国际视角与中国经验．北京：社会科学文献
　　出版社

张素芳．2003．市场经济理论探讨．成都：四川人民出版社

第4章

社会主义现代市场
经济的理论与实践

　　从总体上看，我国不但要发展市场经济，而且要发展现代市场经济；不但要发展现代市场经济，而且要发展社会主义现代市场经济；不但要发展社会主义现代市场经济，而且要发展中国特色的社会主义现代市场经济。本章从这一思路出发，重点研究现代市场理论，包括现代市场经济内涵、现代市场经济一般特征、社会主义现代市场经济的特征、现阶段我国社会主义现代市场经济的特征等问题。

■4.1　现代市场经济的内涵

　　现代市场经济是一种国际经济，形成了国际化体系，每一个国家的经济只是世界市场经济的一个有机组成部分。或者说，每一国家的市场经济只是世界市场经济总系统中的一个子系统。因此，要研究中国特色的社会主义现代市场经济就必须首先考察国际市场经济，了解它的特征和发展动态。总的来说，随着生产力的发展，世界市场经济形式已由古典市场经济发展成为现代市场经济。

4.1.1　现代市场经济的含义

　　从经济运行方式的角度来考察，有两种不同的市场经济：一种是纯粹的市场经济，即完全由市场力量来自发调节的市场经济；一种是有计划调控的市场经济，即计划调节与市场调节有机结合、融为一体的市场经济①。这种市场经济虽然以市场调节为主，但并不排斥计划调节。纯粹的市场经济是 20 世纪之前的古典市场经济，它所采取的调节方式和运行方式是市场和市场机制。有计划的或采取宏观调控的市场经济是高级的、新型的现代市场经济，它所采取的调节方式和运行方式是计划机制和市场机制有机结合。

在市场经济有了一定程度的发展，并成为占经济地位的经济形式，又不十分发达的情况下，计划和计划调节还没有产生，那时国家对经济活动采取自由放任的管理方法，决策高度分散化，一切经济活动均由市场力量来自发调节，我们把这个时期的市场经济称为纯粹的市场经济或古典市场经济、自由市场经济。但是随着生产力的发展，早期的自由市场经济发展为高级的现代市场经济。在现代市场经济条件下，市场不是脱离计划独立存在的，在市场中产生了一种计划因素。这种计划因素通过人们自觉地运用，发展为计划调节。这时的市场调节再也不是一种独立的调节手段了，而是与计划调节融为一体，共同调节着市场经济的运行。当今世界上并不存在着完全不受国家干预的、纯粹由市场力量来自发调节的市场经济。无论是资本主义经济还是社会主义经济，无论是分权式国家的经济还是集权式国家的经济，既不存在纯粹的、凌驾于市场之上的计划调节，也不存在脱离计划的"纯粹的市场调节"。"计划调节与市场调节是有机地结合在一起的，其调节机制是计划与市场一体化的调节机制。"② 当然，计划调节机制与市场调节机制的作用并不是相同的、同样重要的，而是以市场机制调节为主的。

据此，我们认为纯粹的自由市场经济是 20 世纪之前自由竞争资本主义时期的市场经济，作为一个历史范畴，它曾经存在过，并发挥了积极的作用。但随着经济实践的发展，它已被历史所淘汰。在当代经济生活中不再存在着完全依靠市场力量来自发调节经济的行为了。因此，我们发展市场经济，绝不是要发展自由市场经济，而是要发展采取宏观调控的现代市场经济，或称计划市场经济。

现代市场经济，又称现代型市场经济，是指建立在现代生产力水平以及现代科学技术的基础上，以生产资料的高度集团化与国有化为特征，采取宏观调控的市场经济。现代市场经济是市场经济发展的一个高级阶段。我们之所以把当今存在的市场经济称为现代市场经济，是因为它具有特殊的含义。现代市场经济的用语有利于把它与历史上出现的其他形式的市场经济相区别。概括地说，"现代市场经济"的用语具有以下几层特殊含义：

（1）从时间上来看，它是指 20 世纪初期萌芽、第二次世界大战以后逐渐成熟起来的一种市场经济。这种市场经济不是指一般的市场经济，而是特指随着生

---

① 白永秀. 计划市场经济论. 人文杂志，1989，1（29）：56～62
② 白永秀. 市场经济探讨. 理论教育，1990，2：3～38

产力的发展和资本主义国家宏观调控的实行而出现的一种市场经济。具体来说，现代市场经济萌芽于 20 世纪初期，形成于两次世界大战期间，成熟于 20 世纪 50 年代初期，大力发展于 20 世纪 60 年代以后。其成熟标志是：由国家干预经济向国家系统地调控经济迈进；生产主体集团化、公司化；生产资料高度社会化；个人收入分配方式多层次化。

（2）从空间上看，现代市场经济具有国际的通用性。当今世界存在的市场经济，如果撇开其社会属性，那么都是建立在社会化大生产基础上的市场经济。市场经济的发展超越了一国的范围，形成了国际体系。与此相适应，人们在经济活动中逐渐形成和制定了一些各个国家共同遵守的国际准则。任何国家的市场经济都不可能游离于国际市场经济体系之外，不可能不遵守国际准则。我们运用"现代市场经济"的用语，有利于我国经济与国际经济接轨，促进我国经济向国际经济迈进。

（3）从内容上看，它是有别于马克思所论述的古典市场经济的一种新兴的市场经济。马克思在《资本论》中所论述的市场经济是 19 世纪的古典市场经济。当今的市场经济内涵已经发生了极大的变化，是一种新兴的市场经济，它在运行主体、运行机制、调控手段等方面具有自己的特征。为了把两者区别开来，我们运用了"现代市场经济"这一范畴。

（4）从层次上看，它是一种高级市场经济。市场经济已经经历了原始市场经济与古典市场经济两个阶段，作为第三个阶段的市场经济是高度社会化和市场化了的市场经济。它把一切经济活动都纳入市场体系中，各种生产要素都与市场相联系。为了反映这种变化，我们把这第三个阶段的市场经济称为"现代市场经济"。

（5）从运行方式来看，它是采取宏观调控的一种市场经济。当今国际上的市场经济都是受国家宏观调控的，是采取计划调节的，这是同以往各种市场经济的最大区别。为了反映这种区别，我们把这个市场经济称为"现代市场经济"。因此，从这个意义上说，现代市场经济就是计划型的市场经济。

4.1.2 现代市场经济的起源

1. 现代市场经济是古典市场经济矛盾运动的产物

古典市场经济是市场经济发展的第二个阶段，也是它的较为低级的阶段，因此具有自身不可克服的弊端。例如，崇尚市场调节，排斥计划调节；崇尚效率，忽视公平；崇尚企业经济效益，忽视社会经济效益；唯价值独尊，把使用价值降到从属地位；强调自由竞争，反对联合；强调分权，反对集权。古典市场经济发展到 19 世纪中叶，在许多方面暴露出了其固有的弊端，这些弊端集中地表现为个体与社会之间的不协调，从而导致了市场经济发展中的混乱，使资本主义经济危机四伏。

早在 19 世纪中叶，马克思主义政治经济学经典作家就看到了古典市场经济的弊端所带来的问题及矛盾，并研究了这些问题和矛盾。马克思把它集中概括为生产资料的资本主义私有制与生产社会化之间的矛盾，并认为它已成为资本主义古典市场经济的基本矛盾。这一矛盾在经济上表现在以下几个方面：①个别企业生产的有计划和整个社会生产的无政府状态之间的矛盾。②生产能力的不断扩大与劳动者有支付能力的购买力的相对缩小之间的矛盾。这种不协调极大地阻碍了社会主义生产力的发展，给社会经济生产带来了巨大的损失。矛盾发展的结果使有些国家进行了生产关系的革命，从而进入了社会主义社会；有些国家在生产关系方面进行了某些调整，从而进入了垄断资本主义阶段。

与此相适应，市场经济有了新的发展，在古典市场经济内部出现了否定自己的因素。具体表现在：首先，同生产资料的单个厂商所有制相反，生产资料开始社会化，出现了股份公司集资的新方式，股民人数增多，与此相适应，财产的组织方式和结构发生了重大变化，社会化程度极大提高。其次，在单个厂商为主体开展生产经营活动的同时，市场主体向集团化、国家化方向发展，导致了生产经营主体的社会化。再次，在个别企业生产有计划的基础上，将这种计划性渗透和扩充到整个社会生产中，使整个社会生产具有了计划性。这时市场经济具有了宏观调控性，计划与市场趋于一体化，计划调节机制与市场调节机制相结合，从而使社会生产按比例发展。更次，在收入分配方面，出现了收入分配方式的多样化、多层次化。劳动者不是只靠工资生活，工资是其收入的一个重要组成部分，但不是唯一的组成部分。最后，资本家对工人的剥削方式发生了变化，采取了某些福利政策，社会保障制度也建立和完善起来，使工人暂时能够生存下去了。因此，出现了一种新的趋势，即由原来古典市场经济时期尖锐对抗的矛盾向平等化、协调化发展，或者说至少有了这方面的因素。

由于古典市场经济内部新因素的作用，个体与社会之间的矛盾暂时得到了解决，财产的组织方式同生产社会化程度的提高相适应，两者具有了一定程度的协调性，经济发展出现了有序化状态。随着生产力的进一步发展，古典市场经济被淘汰，现代市场经济应运而生。

2. 现代市场经济是现代生产力发展的结果

从理论上说，作为物质资料生产与交换方式的市场经济是由生产力水平决定的，它的具体形态是随着生产力的发展变化而发展变化的，在不同的生产力发展阶段具有不同的具体形态。一般来说，原始市场经济是建立在手工为主体的生产力水平基础上的，即以手工生产力为基础；古典市场经济是建立在以机器为主体的生产力水平基础上的，即以机器生产力为基础；现代市场经济是建立在自动控制系统为特征的生产力基础上的，即以信息生产力为基础。当生产力水平由机器生产力发展为信息生产力时，市场经济的自由竞争形式就不适应生产力的发展了，因此被更加高级的市场经济形式——现代市场经济所代替。因此，现代市场经济是生产力水平进一步提高的产物。

3. 现代市场经济以凯恩斯主义经济学为理论基础

20世纪50年代以后凯恩斯主义经济学进一步兴起，凯恩斯主义经济学家强调有效需求的重要性，认为有效需求是国民收入、产出和就业的直接决定因素。他们认为，总支出由消费、投资、政府支出和净出口构成。有效需求决定经济的实际产出，在某些情况下，实际产出会小于实现充分就业达到的潜在产出水平。认为经济中经常发生循环性的繁荣和萧条，因为计划投资支出水平是反复无常的，投资支出的变化导致国民收入和产出发生变化。

凯恩斯主义经济学家强调政府应该通过适当的财政政策和货币政策来进行积极的干预，以实现充分就业、价格稳定和经济增长。为了应对萧条，政府应该增加支出或者减少税收。政府也应该增加货币供应量，以降低利率，以期推动投资支出的增加。政策上的凯恩斯主义革命主要是用政府干预理论取代古典经济学的自由放任理论。在经济萧条时期，通过政府强制性的降低利率，来刺激私人投资。但是在利率较低时会出现流动性陷阱。在经济萧条时期，可以采取扩张性财政政策，通过增加总支出，国民收入产生多倍的增长。在凯恩斯主义经济学的引导下，世界各国纷纷加强国家对市场经济的宏观调节，以克服自由市场经济的局限性，从而促使了古典市场经济向现代市场经济的转变。

■4.2　现代市场经济的一般特征

现代市场经济具有不同层次的特征。如果从生产力的角度来考察，把原始市场经济与古典经济作为参照系，那么我们所探讨的市场经济可分为社会主义现代市场经济与资本主义现代市场经济，把资本主义现代市场经济作为参照系，那么我们所探讨的是社会主义现代市场经济的特征；如果从不同的国度来考察，把其他社会主义国家的现代市场经济作为参照系，那么我们所探讨的是中国特色的社会主义现代市场经济的特征。这就要求我们在研究社会主义现代市场经济的特征方面具有层次观念，由研究社会主义现代市场经济的一般特征转变为研究具有中国特色的社会主义现代市场经济的特征。但是，在研究我国社会主义现代市场经济特征之前，我们必须运用从一般到具体的方法，首先研究现代市场经济的一般特征以及社会主义市场经济的特征。

在这里，我们考察的是现代市场经济的一般特征，就是从生产力的角度、在抽象层次上考察的现代市场经济的特征，它的参照系是原始市场经济与古典市场经济。至于各社会主义国家的现代市场经济具有哪些共同特征、我国目前的现代市场经济已经具备了哪些特征，在本章不进行专门论述。从抽象层次看，现代市场经济的主要特征是建立在更加发达的生产力水平基础上，因而社会化程度更高，国家进行宏观调控。具体说，它有以下 12 个特征：

(1) 以信息化与高度自动化为特征的生产力为基础。现代市场经济的物质基础，既不是手工生产力，也不是机器生产力，而是以信息化与自动化为特征的高度发达的生产力。这种以信息化与自动化为特征的生产力比机器为主体的生产力水平更高。它是继简单协作、工场手工业、机器大工业之后，生产力发展的第四个阶段。在信息化与高度自动化的生产力水平基础上，物质产品更加丰富，人们的生活更加丰富多彩，生活的质量更高。

(2) 生产社会化程度更高。在现代市场经济条件下，不只是生产资料社会化，而且生产主体与生产组织过程都社会化。具体表现在：①生产资料社会化。由古典市场经济时期的单个私人经济开始向现代市场经济条件下的集团经济和国有经济发展。具有代表性的不再是生产资料的某一资本家私人所有制，而是出现了集团所有制和国家所有制等形式的社会化所有制。现在已经很少有原来意义上纯粹的私人经济存在，占主体地位的是股民为数众多的股份制经济。②生产主体社会化。具有代表性的生产主体不再是单个的人或单个的工厂，而是由许多工厂组成的公司和总厂，继而出现了的是集团公司等巨型生产经营组织。因此，可以说生产主体社会化了。③生产组织过程社会化。生产过程不是无组织的个人行为，而是一系列有组织的社会行为。与此相适应，在生产过程上出现了系统的社会化组织机构和管理机构。

(3) 接受国家的宏观调控。现代市场经济使计划调节与市场调节融为一体，为国家进行宏观调控提供了条件。现代市场经济条件下的市场不是古典市场经济条件下的自由市场，而是有调控的计划市场；计划也不是古典市场经济条件下凌驾于市场之上的计划，更不是产品经济条件下的那种不需要市场的计划，而是市场计划。这种计划的市场与市场的计划融为一体，使二者不可分割。其计划是在市场中引进的计划，市场是具有宏观调控的市场。计划与市场的有机结合，为国家宏观调控提供了条件，因而现代市场经济是国家宏观调控下的市场经济。

(4) 市场体系高度完善。由单纯的物质资料市场和劳动力市场发展为物质资料市场与非物质资料市场相结合的多个市场。例如，有生产资料市场、消费资料市场、资本市场、房地产市场、土地和其他自然资源市场、技术商品市场、劳动力市场等有形市场；也有信息市场、咨询市场等无形市场。在现代市场经济条件下，不但有了完善的商品市场体系，而且有了完善的生产要素（直接要素与间接要素）市场体系。这些市场及其市场子系统，互相渗透，形成了以生产要素市场为主体，各种市场有机结合在一起的庞大的市场总体系。

（5）市场机制健全。由单纯的价值规律自发调节的市场机制，发展为价值规律、计划规律、节约劳动时间规律等多种规律共同调节的计划市场机制。各种调控政策、调控手段在现代计划市场上综合运用与有机结合形成了现代市场经济统一的调节机制。

（6）流通手段信用化。古典市场经济的流通手段是货币，信用只是流通的辅助性手段。现代市场经济的流通手段多样化，并形成了流通手段体系。而信用则是这一体系的主体。现金货币在流通中逐渐减少，而信用货币代替货币在流通中起着重要的作用。大宗的交换不需要现金，只有小额交换才需要现金。信用货币成了流通的主要手段，而货币却成了流通的辅助手段，起着"拾遗补缺"的作用。

（7）以技术劳动为本位。古典市场经济的主要特征是体力劳动创造价值，物质资料生产领域的劳动才是生产劳动。因此，古典市场经济实际上是以体力劳动为本位的经济形式。在现代市场经济条件下，生产力高度发达，生产方法十分先进，生产力以自动化、电子化为主导。与此相适应，生产劳动的含义发生了新的变化，不仅有形的物质资料生产劳动创造价值，而且无形的生产劳动也创造价值。创造价值的劳动的形式多样化，如有形的物质资料生产劳动，无形的劳务、咨询、技术活动等都创造价值。随着生产力的发展，技术劳动创造价值所占的比重越来越大。因此，现代市场经济实际上是以技术劳动为本位的经济形式。

（8）商品和价值的概念发生了变化。在现代市场经济条件下，商品的内涵和外延都扩大了。从外延看，不仅有形劳动产品是商品，而且无形劳务、咨询、技术软件、信息等也是商品，可以买卖。随着现代科学技术的发展，后者的比重在不断增大。从内涵看，商品价值不只是凝结（物化）在物质商品上的人类抽象劳动，而且有些不能凝结（物化）人类抽象劳动的非实物性产品也可以有价值。例如，信息并不能凝结或物化人类抽象劳动，但也有价值。因此，可以说价值的内涵发生了变化。

（9）比古典市场经济的文明程度更高。随着生产力水平的提高和社会物质财富的丰富，社会文明的程度提高，由古典市场经济时期的对抗型的非协调经济向平等型的协调经济发展。在古典市场经济条件下，生产者的目的只是为了利润；在现代市场经济条件下，生产者除追求利润外，还在一定程度要考虑社会问题。因此，它比古典市场经济文明、公平，能较好地处理公平与效率的关系。

（10）产业体系完善，产业结构合理。在现代市场经济条件下，与生产力水平的提高、生产方法的改进相适应，生产领域向广度与深度拓展，一、二、三产业协调发展。因此，产业结构合理，产业体系完善，社会生产的比例恰当，生产与消费比例协调。

（11）更加注意宏观经济效益和社会效益。第一，现代市场经济是社会化和高层次化的市场经济，更加注意宏观经济效益。在现代经济条件下，商品的成本价格不仅包括企业内部的直接消耗，而且包括企业外部的间接消耗，例如，治理环境污染的费用也计入成本价格之中，以便在产品销售后收回该部分用于治理环境污染问题，使生产环境得到较大改善。这样，可以较好地处理企业微观经济效益与社会宏观经济效益的关系。第二，在经济发展中注意社会问题，既考虑经济的发展速度和效益，又注意社会安定和发展，从而使经济效益与社会效益相协调。

（12）国际性更强。现代市场经济是一个更加开放的系统。它是国际化的经济形式，把世界经济联系得更紧，形成了国际市场经济体系，因而更具有国际性。具体表现在：生产的国际化、竞争的国际化、市场体系的国际化、技术应用的国际化、投资的国际化、劳动力流动的国际化等方面。它为各国经济相互联系、相互协作提供了客观基础。在此基础上形成了一整套用于指导各国经济行为的国际经济惯例，加速了各国经济走向世界的进程。

■4.3　社会主义现代市场经济的特征

从生产关系的角度来考察，当今世界上存在着两种不同性质的现代市场经济：社会主义现代市场经济与资本主义现代市场经济。我们把存在于现代生产力水平条件下，由经过无产阶级革命夺取政权，建立社会主义制度的国家所发展的现代市场经济称为社会主义现代市场经济，它是以社会主义生产资料公有制为基础的现代市场经济；把没有经过无产阶级革命夺权，仍是资本主义性质国家所发展的现代市场经济称为资本主义现代市场经济，它是以资本主义私有制为基础的现代市场经济。

4.3.1　社会主义现代市场经济的内在特征

特定的商品货币关系实质上是一种社会经济关系，因此，探讨社会主义市场经济的内涵特征，无非就是探讨社会主义市场经济与资本主义市场经济所反映的社会经济关系的区别。因此，我们的探讨只能从社会主义市场经济所反映的社会经济关系入手，揭示它所反映的社会经济关系与资本主义市场经济所反映的社会经济关系的区别。诚然，作为商品，社会主义商品与资本主义商品都是用来交换的劳动产品，具有使用价值与价值二因素，使用价值是商品的自然属性，价值是商品的社会属性。从商品的自然属性来看，它在任何社会形态都是一样的。但是从商品的社会属性来看，商品价值反映的是特定的社会经济关系。从市场经济角度看，它所具有的特定的社会性质就更加明显了。从社会主义市场经济所反映的社会关系看，它的内在特征只能有一个而非多个，即社会主义市场经济是一种新型的市场经济。其内在特征表现在社会主义现代市场经济与资本主义现代市场经济所反映的社会经济关系不同。资本主义现代市场经济反映的是现代生产力水平下的资本与劳动的关系，这种关系仍然是一种剥削关系，不过其剥削更具有隐蔽性；社会主义现代市场经济反映了一种建立在现代生产力水平基础上的劳动者之间的社会经济关系。其实质上是一种平等互利的人际关系。至于这种共同利益"共同"到什么程度，这种平等互利的关系"平等"到什么程度，这种共同利益与平等关系的表现形式、运行机制和组织体制以及社会主义内在特征的外在表现是什么等问题，都是需要我们认真探讨的。

4.3.2　社会主义现代市场经济的外在特征

（1）在生产资料所有制方面，它与资本主义现代市场经济所具有的基础不同。从现代市场经济的一般特征来看，社会主义现代市场经济和资本主义现代市场经济都是以集团经济和国有经济为基础的，而且它们的组织形式也是相同的。但是由于国家性质的不同，社会主义条件下的集团经济与国有经济是公有制性质的经济，而资本主义条件下的集团经济与国有经济却是私有制性质的经济。据此，我们可以进一步说，社会主义现代市场经济是以公有制为基础的，而资本主义现代市场经济是以私有制为基础的。

（2）在宏观调节方面，它与资本主义现代市场经济调节的范围、程度和侧重点不同，因而效果不同。宏观调节不是社会主义市场经济的专利，"资本主义现代市场经济也实行计划与市场一体化的宏观调节"①。这是现代市场经济与以往各种市场经济的重要区别之一。但是社会主义市场经济的宏观调控与资本主义市场经济的宏观调控是不同的。社会主义现代市场经济宏观调控的特征主要表现在：①宏观调控的范围更加广泛；②具有一定的强制性；③指标体系完善，既包括宏观发展战略规划，又包括一定的微观生产指标；④具有更加系统的调节手段、更加健全的调节机制。因此，较之资本主义现代市场经济的宏观调控，社会主义现代市场的调控效果会更好。

（3）在收入分配方面，它与资本主义现代市场经济采取的具体形式不同。资本主义现代市场经济的分配方式是按资分配与按劳动力价值分配并存的，与古典市场经济相比它有以下特征：①参加按资分配的不止有资本家，而且有持有少量股票的劳动者；②在劳动者的收入中，不仅仅是只有按劳动力价值分配的部分，而且有按资分配的部分。在社会主义现代市场经济中，劳动者收入分配方式是按劳分配、按劳动力价值分配、按资分配三者同时并存。其主要特征是：以按劳分

---

① 白永秀．计划调节不是社会主义的本质特征．社会科学报，1988 年 10 月 2 日

配为主，并不断发展与完善按劳分配的具体形式，但允许按劳动力价值与按资分配存在。

（4）在生产目的方面，社会主义现代市场经济的目的具有二重性。现代市场经济比古典市场经济文明，它的生产具有二重性。一方面，从企业看，它的生产目的是为了赚钱，为了剩余产品价值，它首先考虑的是企业利润；另一方面，社会主义现代市场经济是建立在生产资料公有制基础上的，因此生产经营者必须从全社会的角度考虑问题，其生产的目的是满足全体劳动人民的需要。正确处理企业生产目的与社会生产目的的关系，把微观利益同宏观利益结合起来，这是社会主义现代市场经济学的任务。社会主义市场经济是最高层次的市场经济。因此，社会主义国家的商品生产者不仅要考虑经济利益，而且要考虑社会主义效益；不仅要考虑获取利润，而且要考虑人民群众的安定团结与社会主义进步。这就要求我们禁止那些危害国计民生和人民身心健康与社会进步的产品的交换，禁止那些有害于人民安定团结的产品的交换。例如，应坚决禁止封建迷信用品和毒品的生产，禁止枪支弹药等危害社会安定产品的买卖。

4.4　现阶段我国社会主义现代市场经济的特征

我国处在社会主义的初级阶段，生产力水平较低。因此，我国的现代市场经济是属于现代市场经济的初级阶段。明确地说，我国正处在古典市场经济向现代市场经济的过渡时期，但同时又是现代市场经济的初始阶段。

4.4.1　现阶段我国社会主义市场经济的特征

初始阶段的我国的市场经济，除了具有现代市场经济的一般特征和社会主义现代市场经济的一般属性外，与我国国情相适应，它还具有一些具体特征。

1. 发展不平衡，多层次、多水平的市场经济同时并存

同我国生产力水平低且发展不平衡相适应，我国市场经济的发展也是极不平衡的。可以说，我国目前面临着市场经济"三世同堂"的状况，即既有建立在自动化与半自动化生产力水平基础上的现代市场经济，也有建立在机械化与半机械化生产力水平基础上的古典市场经济，还有建立在以手工工具为特征的生产力水平基础上的原始市场经济。从总体上看，我国现阶段的市场经济就其主导力量来说是现代市场经济，但存在着大量的古典市场经济与原始市场经济。

首先，在我国的大中城市，80%以上的大中型国有工业企业是现代化企业。这些企业的生产力水平发达，采取科学方法管理，并在国家宏观调控下进行生产，它们具备了现代市场经济的基本特征，理应属于现代市场经济的类型。

其次，在一些发达的城郊和地处交通要道的农村地区，虽然农产品的产品率较高，达到了70％以上，但其生产力水平还比较低，只达到了机械化的生产力水平，从发展程度看，明显地处在古典市场经济阶段。

最后，在一部分农村，市场经济与自然经济同时存在，且以自然经济为主体，农产品商品率只达到50％左右。这些地区农民参与市场交换的范围有限，有相当一部分需要是自给自足。还有极个别地区基本上处于自然经济阶段，除煤油、食盐、火柴等少数工业用品外，其余的都是自给自足，还在一定程度上保留着男耕女织的生产方式与经济体制，这些地区农产品的商品率（主要是粮食）达不到20％。就发展水平而言，后两类地区的市场经济仍处于原始市场经济阶段。

在上述情况下，我们既要看到我国市场经济现代型的一面，也要看到其落后的一面，要处理好我们面对的现实基础与目标模式的关系。从现实基础看，我国的市场经济发展不平衡，多种层次、多种水平的市场经济共同并存。在制定经济改革和发展战略时，要考虑到广大农村市场经济发展水平低的状况，任何方针、政策和路线都不能超越这一现实。从发展的目标模式看，我们应当培育和发展社会主义现代市场经济。

2. 我国现阶段的市场经济是在艰难曲折中发展起来的，具有非规范性

从抽象层次来看，社会主义国家的市场经济是在资本主义市场经济的基础上逐渐发展起来的，它的发展过程是一个未间断的自然历史过程。在这个历史发展过程中，尽管由于社会主义市场经济与资本主义市场经济存在的基础不同、所具有的性质和所反映的关系不同，因而社会主义市场经济对资本主义市场经济不可避免地有否定的一面；但是它们之间也有许多共同的属性和特征，要遵守一些共同的规律，因而社会主义市场经济对资本主义市场经济也有继承的一面。从根本上看，社会主义市场经济是在继承资本主义市场经济积极因素、否定其消极因素的基础上发展起来的，因而比资本主义市场经济具有更大的优越性。这些优越性主要表现在以下几个方面：①社会主义市场经济以满足全体劳动者日益增长的物质与文化生活需要为目的；②以按劳分配为原则，能更好地调动劳动者的积极性；③以公有制为基础，劳动者具有主人翁地位；④在生产过程中，人们处于平等地位，是同志式的互相合作关系，消灭了剥削与被剥削的关系；⑤发展社会主义市场经济以共同利益为原则，以劳动者共同富裕为目标，限制和克服以贫富悬殊为特征的两极分化。

但是，实际情况与此有较大出入。由于我国没有经过典型的资本主义发展阶段，我国的市场经济也没有经过充分发展的古典市场经济阶段。因此，我国现阶段的市场经济不是由古典市场经济逐渐发展起来的，而是在国家政策的催化下，由带有自然经济与产品经济因素的混合经济形式转化而来的。之所以这样说，是

因为我国改革之前的农村经济在很大程度上带有自然经济的因素，人们的生活方式及其思想观念，基本上没有摆脱自然经济模式的影响；改革之前的城市经济在很大程度上带有产品经济的因素，并把产品经济作为目标模式来发展。新中国60多年几经曲折，国家时而允许市场经济的发展，时而禁止其发展。因此，它不是按照自然规律自然而然地生长起来的，而是伴随着中断和间歇无规则地发展起来的，中间出现了断层。其断层就在于没有经过古典市场经济的充分发展，古典市场经济成熟时期的某些优良秩序没有被保留下来，却保留了它早期的某些弊端。可以说，在改革之前我国的经济秩序不是市场经济的秩序，而基本上是带有产品经济与自然经济因素的混合经济的秩序。经过30多年来的经济体制改革，我国的市场经济虽然得到了一定程度的发展，但却是非规范的发展起来的，这就决定了我国的市场经济是非规范的市场经济。30多年的改革我们破坏了产品经济的秩序，但还没有建立起完善市场经济的秩序。例如，我们破坏了产品经济单一的计划调节体制，还没有建立起完善的市场经济的计划与市场相结合的调节机制；我们破坏了产品经济体制下单纯说教式的思想政治工作体制及其观念，还没有建立起与市场经济相适应的生动活泼的思想政治工作体制及其观念；我们破坏了产品经济的干部管理体制和人事管理制度，还没有建立起完善、高效的市场经济的干部管理体制和人事管理制度，致使领导干部违法乱纪现象严重。近几年经济生活存在的一些"无序"现象严重，影响了改革的进程。就其经济方面来说，是由于我国市场经济的非规范性所致。由于我国的市场经济具有市场的非规范性、竞争的非规范性、交换的非规范性，就有可能会出现经济秩序混乱、消极现象严重的局面。

3. 完善的市场经济体制尚未确立，在一定程度上仍具有非市场经济的外部环境

像其他社会主义国家一样，我国在取得社会主义革命胜利以后的很长一段时间里，曾企图按照马克思、恩格斯等政治经济学经典作家"社会主义非商品经济"的设想，消灭市场经济，发展商品经济，建立产品经济体制。与建立产品经济体制相适应，建立了一套高度集中的产品经济的政治体制、文化体制、法律体制等非市场经济的外部环境以及与此相适应的思想意识形态及其管理体制。虽然30多年的改革使这些非市场经济的外部环境受到了一定的冲击，从而或多或少地发生了一些变化，但从整体上看政治体制、户籍制度、社会保障体系、教育制度、医疗卫生体制等这些非市场经济的外部环境因素还没有根本变革，仍在一定程度上制约着我国市场经济体制的改革。因此，我国的市场经济所处的外部环境是非市场经济的外部环境。

4.4.2　现阶段我国社会主义市场经济发展程度的界定

在这里需要进一步讨论的是对我国市场经济发展程度的估计问题。经济理论界有不少同志毫无怀疑地认为，我国目前的市场经济是不发达的市场经济，并把它视为我国社会主义初级阶段的基本经济特征之一，进而以此作为我国经济体制改革的立足点和出发点。在这种情况下，笔者提出现代市场经济的概念，并提出我国现阶段所要发展的市场经济是现代市场经济，就会受到一些人的反对。例如，有人会说我国的市场经济不发达，还不到发展社会主义现代市场经济的时候，也有人会说我国是以自然经济、产品经济为主导的经济形式，要发展市场经济也只能发展低级的市场经济，不能超越市场经济的发展阶段而去发展现代市场经济。但是，在笔者看来事情并不这样。

1. 具有古典市场经济的某些特征

市场经济的"发达"与"不发达"是相对的，关键在于参照系。由于参照系不同，衡量的标准就不同，其结果也会不同。笔者认为，如果我们把原始市场经济、古典市场经济作为参照系，以此为标准来衡量我国现阶段的市场经济，那么很明显，我国目前的市场经济的发展程度远比它们高。即使19世纪古典市场经济最发达的西欧，其市场经济的发展程度也不能与我国目前的市场相比。因此，相对来说，我国目前的市场经济并不是不发达的。如果把发达资本主义国家的现代市场经济作为参照系，用资本主义现代市场经济作为标准来衡量我国现阶段的市场经济，那么很明显，我国市场经济的发展程度远不及于这种市场经济。因此，可以说是不发达的，但这只是相对的不发达，不能把它与19世纪的古典市场经济相提并论。尽管我国现阶段的市场经济带有古典市场经济的特征和因素，但它毕竟经历了现代化生产的洗礼，因此应当划入现代市场经济的范畴，只是在这个范畴中它不是高水平的，而是处于下等水平。即使这样，它也不能算是落后的原始市场经济或古典市场经济。因为它与20世纪之前的市场经济是处于不同的生产力发展阶段的，是属于不同层次的东西。原始市场经济与古典市场经济是属于低层次的市场经济，即使发达也是落后之中的发达；而我国现阶段的市场经济则是属于高层次的市场经济，即使落后也是发达中的落后。落后之中的发达是属于落后的范畴，而发达之中的落后是属于发达的范畴。

➢ **案例提示 4-1　欧盟称中国市场经济需要进一步努力**

欧盟关于中国市场经济国家地位的初步评估对中国近几年来经济发展取得的进步表示认可，此次评估的结论在 2005 年 6 月底已提交给中国政府。然而，中国目前在若干领域尚需改进，因此，目前不可能承认中国市场经济国家的地位。

实际上，一旦中国履行以下四个方面的义务，即政府干预、公司管理、财产与破产法，还有金融领域，欧盟即会给予中国市场经济地位。这次初步评估意见不是对中国经济发展的政治声明，而只是技术问题，仅仅涉及反倾销调查过程中进行公司成本和价格的评估。

　　资料来源：欧盟驻华代表团．http://www.ceua.org，2005 年 9 月 6 日

　　讨论：如何评价我国当前的市场化进程，我国在推进市场化方面还需要做出哪些努力？

2. 我国的市场经济比较发达

　　衡量市场经济发达与否的标准是什么？是市场经济质的变化（如调节手段的改进、市场的发育程度、文明积蓄）还是产品的商品率？笔者认为只能是前者而不是后者。产品的商品率，是指商品交换对社会经济生活的覆盖度，它只能说明产品成为商品的比例，说明商品的数量，而不能全面说明市场经济的发展程度，不能全面说明市场经济在整个国民经济生活中的地位。而市场经济的发展，不仅意味着商品交换的数量的增加，而且意味着许多方面质的变化。这些质变包括市场经济调节手段的变化，市场发育程度和文明程度的提高等。基于这种思路，我们认为我国现阶段的市场经济不是不发达的。具体表现在：①它不是无计划的市场调节，而是具有宏观计划调节职能；②它的市场体系比较完善，市场机制比较健全；③它的文明程度比较高；等等。

3. 我国现阶段多种市场经济形式并存

　　与我国生产力发展不平衡相适应，我国现阶段的市场经济也极不平衡，既有现代市场经济，也有古典市场经济和原始市场经济。虽然这种多种市场经济并存的情况是客观存在的，但不能成为我国市场经济不发达的佐证。其一，发展不平衡的问题，在很大程度上是由我国特殊的历史条件与全国各地自然条件不平衡所决定的。这种情况是一个永远存在的问题，不能以此说明我国市场经济是不发达的、低层次的。其二，没有纯而又纯的现代市场经济，多种市场经济形式并存是不可避免的。即使在发达的资本主义国家，也不是纯粹的现代市场经济，更何况我国市场经济不及这些国家发达。因此，我们绝不能用多种市场经济类型的存在来否定我国市场经济的现代性质。

4. 我们可以越过古典市场经济的发展阶段发展现代市场经济

　　这是因为，市场经济在世界上已经存在了几千年，它已有了自己的一套规则。因此，我国发展市场经济用不着从头去摸索，用不着走弯路，可以借鉴其他国家的经验教训直接发展现代市场经济。实践证明，后进国家只有吸取先进国家

的最新成果，才不必重复先进国家走过的漫长道路。我们在培育和发展市场经济方面，也完全可以而且必须这样做。

笔者提出"现阶段应当大力发展社会主义现代市场经济"这样一个命题，还基于以下思路：虽然在我国的市场经济中的确存在着原始市场经济与古典市场经济，甚至还存在着自然经济因素；虽然在我们的工作中确实不时地反映出原始市场经济与古典市场经济观念，甚至自然经济与产品经济观念也不时露头，但是，这并不等于说，在理论上应确立"社会主义市场经济是古典市场经济"的观念。相反，作为理论研究，它具有自己的特征：一是具有抽象性；二是具有超前性。这就要求我们概括出我国现阶段多种市场经济形式中最具有代表性的东西，抽象出一般，并且要有预见性地选择我国所要发展的市场经济形式。从理论研究的抽象性和超前性出发考虑问题，笔者认为我国现阶段大力发展现代市场经济是客观必然的。

本 章 提 要

1. 现代市场经济，是建立在现代生产力基础上，以生产资料的高度集团化、社会化和国有化为特征，采取宏观调控的市场经济。它是古典市场经济矛盾的产物，其特征主要体现在生产资料社会化、宏观调控以及以智力劳动为本位等几个方面。

2. 社会主义现代市场经济与资本主义现代市场经济相比其生产资料社会化程度更高，具有更好的宏观调控效果。实行以按劳分配为主，多种分配方式并存的分配方式。能较好地实现微观利益与宏观利益的结合。

3. 发展现代市场经济是我国经济发展的必然选择。但是我国现阶段的社会主义市场经济是发展不平衡，多层次、多水平的市场经济同时并存；是在艰难曲折中发展起来的，具有非规范性，完善的市场经济体制尚未确立，在一定程度上仍具有非市场经济的外部环境。

4. 从总体上看，尽管我国存在着大量的古典经济，但我国目前的市场经济并不是落后的古典市场经济，只是具有古典市场经济的某些特征。市场经济的发展阶段是可以逾越的，我们可以越过古典市场经济的发展阶段，而直接发展现代市场经济。

➢ 关键概念

现代市场经济　社会主义现代市场经济　资本主义现代市场经济
我国现阶段的市场经济

➤ **复习思考题**

 1. 如何理解现代市场经济是古典市场经济矛盾的产物？

 2. 试论述现代市场经济的特征。

 3. 社会主义现代市场经济与资本主义现代市场经济的异同？

 4. 怎样评价我国现阶段的市场经济？

➤ **材料分析题**

 2000 年中国改革开放基金会国民经济研究所的樊纲、王小鲁对中国各地区市场化进程指数进行了核算，分析了中国市场化进程的区域差异。

 中国与欧盟在中国市场经济地位上的争论由来已久。2003 年 6 月，中国首次提交市场经济地位的申请，并于同年 9 月提供有关经济准则的详细资料，让欧盟当局进行评估。但后来，欧盟决定暂时不给予中国在反倾销调查中的市场经济地位。2006 年 9 月，在芬兰赫尔辛基举行的中欧峰会上，欧盟再次拒绝承认中国市场经济地位。

 请阅读樊纲、王小鲁、张立文的《中国各地区市场化进程相对指数 2000 年报告》，以及欧盟关于中国市场经济地位评估的相关材料，分析以下问题：

 （1）如何评价中国市场化进程？

 （2）中国市场化进程中面临的问题有哪些？

 （3）如何加快中国的市场化进程？

主要参考文献

白永秀. 1996. 中国现代市场经济理论研究. 西安：陕西人民出版社

白永秀，王军旗. 2004. 市场经济教程. 北京：中国人民大学出版社

樊纲，王小鲁，张立文. 2001. 中国各地区市场化进程相对指数 2000 年报告. 北京：经济科学出版社

刘国光，桂世镛. 2002. 社会主义市场经济概论. 北京：人民出版社

刘诗白. 2004. 社会主义市场经济理论. 成都：西南财经大学出版社

张素芳. 2003. 市场经济理论探讨. 成都：四川人民出版社

第 **5** 章

社会主义市场
经济的宏观体制

市场经济的宏观体制是市场经济的总体宏观架构，是社会主义市场经济体制建设的重要方面。本章首先从理论上论述了市场经济的宏观体制的内涵与结构、我国社会主义市场经济宏观体制的基本框架，然后对市场经济宏观体制与计划经济宏观体制进行比较分析，在此基础上从实践角度研究我国市场经济宏观体制的建立。

■ 5.1　市场经济的宏观体制的内涵与结构

社会主义市场经济宏观体制，就是现代市场经济条件下，国民经济运行的总体方式和宏观管理制度的总称。从结构上看，其包括生产资料所有制结构、收入分配体制、宏观调节机制与经济运行机制四个部分。

5.1.1　生产资料所有制结构

生产资料所有制作为经济范畴，是指人们在生产过程中对生产资料的关系体系[1]，它包括人们对生产资料的所有、占有、支配和使用诸方面关系的总和。生产资料所有制内涵中的所有、占有、支配、使用诸方面的经济关系，是辩证统一的关系。其中，所有是所有制关系的主要内容，因而通常都是根据所有者主体的不同来区分各种所有制的性质。可是，所有并不是所有制的全部内容，虽然从广

---

① 谷书堂，宋则行. 政治经济学（社会主义部分）. 西安：陕西人民出版社，1998.25

义上说，所有有时可以包括占有、支配和使用，它们可以统一于一个主体，但是从狭义上看，占有、支配和使用，在所有制关系体系中，也可以同所有相分离，并具有相对独立的经济意义。

生产资料所有制的结构是指不同所有制关系之间质的组合与量的比例关系。一般来讲，在市场经济中存在着多种不同的所有制关系，这些不同所有制关系之间的质的组合与量的比例关系构成了一个社会的所有制结构，所有制结构不同，市场经济的社会制度性质不同。生产资料所有制的结构一般分为生产资料所有制的内在结构和外在结构。内在结构是指在相同所有制性质内部不同形式的组合和量的比例关系，外在结构是指在一个社会的所有制结构中不同所有制关系之间的组合关系和量的比例关系。

在计划经济体制下，我国的所有制结构是单一的，全社会采取单一的所有制关系，使社会经济发展失去了动力。改革开放以来，我们进行了所有制关系的调整，实现了由单一所有制向多种所有制结构的调整，建立起了以公有制为主体、国有经济为主导，非公有制经济大量发展的所有制结构。整个社会的所有制结构分为公有制经济和非公有制经济。公有制经济中包括全民所有制（国有经济）、集体经济和混合所有制经济。非公有制经济包括私营经济、个体经济和外资经济。

5.1.2　收入分配体制

市场经济下运行的目标是实现公平和效率的结合，效率是通过资源配置来实现的，公平是通过一定的收入分配体制来实现的。

在市场经济的一般意义上，为了实现社会公平，收入分配领域采取按生产要素贡献和市场效率分配。各种不同的生产要素都具有一定的要素价格，它是由生产要素在经济活动中的贡献决定的。由于各种生产要素的供求状况或稀缺程度不同，运用过程中的市场效率不同，所以，要素价格是不断变化的。生产要素所有者的收入水平，取决于要素价格水平。它的具体表现形式主要包括劳动工资收入、资本利息收入、土地（房产）租金收入和企业利润（狭义的）收入。按生产要素贡献和市场效率进行收入分配，也就是按它们的市场成果进行分配，可以刺激经济主体实现生产要素最佳组合、有效利用、努力在市场竞争中提高自己的市场效率，以实现受益的最大化，从而保证资源配置效率。在社会主义市场经济条件下，由于生产资料所有制结构的多元化，收入分配体制采取按劳分配、按生产要素贡献分配和市场效率分配相结合的分配体制。

按劳分配、按生产要素贡献和市场效率分配是在初次分配中实现的。为了实现社会公平，保证社会稳定，还要通过税收、社会保障制度进行收入再分配。初次分配遵循要素贡献和市场效率原则，再次分配遵循社会公平和社会稳定原则。

5.1.3　宏观调节机制

在现代社会化生产中，资源配置一般有两种运作方式：一种是市场方式；另一种是计划方式。计划方式是按照行政指令，由政府来配置资源；市场方式是按照市场的供求变动引起价格的变动自动地配置资源。由于市场机制在资源配置中具有微观性和滞后性等局限性，虽然能够实现微观经济效率的最大化，但是难以保证宏观重大比例关系的平衡和全社会福利的最大化。因此，在市场配置资源的基础上，需要发挥宏观调节机制的功能，来实现宏观重大比例关系的平衡和全社会福利的最大化。

宏观调节机制是现代市场经济的重要特征，它是指在市场配置资源的基础上，通过计划、法律等手段，以宏观重大比例关系的平衡和全社会福利的最大化为目标，对市场经济的运行进行调节、管理的机制。宏观调节机制的目标一般包括经济增长、充分就业、社会福利最大化、国际收支平衡。宏观调节机制的一般手段包括行政手段、经济手段、法律手段和伦理道德的手段，在四大手段中，以经济手段为主，采取必要的行政手段、法律手段和伦理道德的手段。

5.1.4　宏观经济运行机制

市场经济运行的核心问题是如何把有限的或者说稀缺的资源配置到最需要的地方，即配置到稀缺程度最大的产品的生产上，从而使资源得到最有效的利用，满足社会生产和消费的需求。而资源配置一般是通过市场经济的宏观运行机制来实现的。市场经济的宏观运行机制就是市场机制，一般包括竞争机制、动力机制、决策机制、约束机制。

➢ **案例提示 5-1　价格机制的作用——以农产品的供应为例**

我国在经济体制改革之前基本上实行的是计划经济，绝大部分商品价格由各级政府相关部门制定，实行严格的价格限制。据统计，1978 年年初各级政府相关部门定价的商品占社会商品零售总额的 97%，占农民所出售农产品总额的92.6%。占生产资料销售收入总额的近 100%。由于这种行政定价不可能及时、正确地反映市场供求关系，无法有效地配置资源，因而导致经济关系的严重扭曲。当时对大部分商品实行价格限制，而定价又往往低于均衡水平，这样就使供给和销售被人为压抑，从而导致我国经济在改革开放以前处于长期而普遍的短缺状态，有价无市、供不应求成为经济生活的常态。以农产品为例，由于农产品价格统得过死，而价格又严重偏低，工农产品"剪刀差"过大，加上农村生产体制方面的制约，打击了广大农民的生产经营积极性，农产品长期处于供求紧张的局面。

从 1978 年开始，我国实行逐步推进的渐进式改革，坚持"市场取向"的改革方向，对许多重要商品采取了计划调节和市场调节、计划价格和市场价格并存的双轨过渡办法。经过近 20 年的改革，我国的价格体系就已经产生了重大变化。据统计，1997 年，在市场竞争中形成价格的商品，占社会零售商品额的 93.2%，占农民出售农产品总额的 80.5%，占生产资料销售收入的 81.6%。以农产品为例，其低价状态得到了根本扭转（图 5-1），以 1978 年为基数核算的农产品生产价格指数创纪录地达到 525.3 的历史新高。

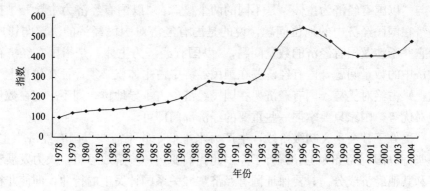

图 5-1 农产品生产价格指数（假设 1978 年为 100）

注：①由于统计口径的差异，2000 年前均采用农产品收购价格指数。②2001年和2002年定基价格指数统计年鉴未收录，根据环比价格指数折算。

资料来源：相关年份中国统计年鉴（北京：中国统计出版社）

资料来源：蔡荣鑫，王晓刚，王则柯. 中大经济论坛——市场经济中国案例. 广州：中山大学出版社，1999（有改动）

讨论：价格机制在资源配置中是如何发挥作用的，如何发挥价格机制在资源配置中的作用？

5.2 我国社会主义市场经济宏观体制的基本框架

我国社会主义市场经济体制绝不是社会主义制度与市场经济的简单相加，不是在原有的社会主义计划经济体制中塞进一些商品货币关系，而是把两者有机结合起来。这就要求我们从我国国情出发，尽快建立健全我国社会主义现代化市场经济宏观体制。在商品货币关系基础上重新认识社会主义，按照市场经济规律建立社会主义市场经济宏观体制。这种社会主义现代市场经济宏观体制的基本点有以下三点。

5.2.1 建立所有制结构新格局

在所有制结构方面，建立以国有经济为主导、集团经济①为主体、私营经济②大量存在的所有制结构新格局，即"主导—主体—大量存在"③ 的格局。

(1)"国有经济为主导"。国有制在整个国民经济中只占主导地位，不占主体。也就是说，国家只掌握一些关系国计民生的重要部门以及与此相关的一些大型、特大型企业，而在国民经济中可以不占多数。这是因为"以国有经济为主导"与"以国有经济为主体"是不同的两个概念。"以国有经济为主导"是指国有经济在国民经济中的地位问题，说的是国有经济对国民经济的决定与影响作用，它并不涉及国有经济的数量问题；"以国有经济为主体"是指国有经济在国民经济中的数量问题，国有经济要在国民经济中占主体就必须保证在数量上（即比重上）占绝对优势。国有经济要在国民经济中占主导地位，则不一定在数量上占绝对优势，国家只要掌握一些重要的经济部门即可。

我国处于社会主义初级阶段，生产力水平低，并不需要以国有经济为主体，只要坚持以国有经济为主导就行了。因此我们要进一步解放思想，大力发展私人经济和其他经济成分。只要保证国有经济掌握关系国计民生的行业，即使非社会主义经济成分占的比重大一些，国有经济仍可以起决定与影响作用。这样既发展了生产，活跃了市场，又保证了社会主义经济的性质不变，还能保证国民经济重大比例关系的协调发展。但是，"主体论"认为即使在社会主义初级阶段国有经济也必须占主体，非国有经济和非社会主义经济成分只能是极少量的。与"主体论"一样，"补充说"在数量上也把国有经济看成是占绝对优势（主体），私人经济只能是少量的补充。因此，这一提法必然脱离社会主义初级阶段的实际，强调国有经济的绝对优势，限制私人经济和其他经济成分的大力发展。

20多年经济体制改革的实践证明，要保持国民经济的协调发展，国家就必须具有对个别特殊行业的生产经营垄断权，否则国家调节只能是一句不能兑现的空话。当前我们必须加强国家的生产经营垄断观念上的公有制经济，是一种社会主义现代市场经济条件下的联合经济。因此，不能用国有经济、集体经济的观念来对号入座，它们是独立的法人经济，是一种新型的经济成分。在我国国有企业

---

① 这里所说的集团经济是由三部分组成的：一部分是由原来的集体经济通过股份制改造转化来的；另一部分是由个体经济、私营经济等非社会主义经济成分联合而形成的股份制企业；还有一部分是由国有企业和其他经济成分以及个人合资组建的股份公司。

② 这里的私营经济是指由自然人投资设立或由自然人控股，以雇佣劳动为基础的营利性经济组织。其包括按照《中华人民共和国公司法》、《中华人民共和国合伙企业法》、《中华人民共和国私营企业暂行条例》规定登记注册的私营有限责任公司、私营股份有限公司、私营合伙企业和私营独资企业。

③ 白永秀．中国现代市场经济研究．西安：陕西人民出版社，2001. 185

股份制改造中，应把大量一般竞争性企业改造为国家不控股的集团经济，这样有利于我国经济的发展。这是因为，有国有经济的主导作用与保证作用，我们首先不必担心一般竞争性行业的国有企业改组为股份制企业以后会导致公有制性质的改变；其次不必担心会产生太多的损害社会主义经济的消极现象。虽然会有一定的消极现象，但不会影响社会主义经济的发展方向与国计民生。

在这里需要说明的一个问题是：衡量少数关系国计民生重要部门的国有企业运营好坏的标准，不是经济效益，而是看它对国民经济的保证作用，对整个经济发展的协调、引导作用。当然这一标准不适用于绝大多数一般竞争性企业，一般性竞争行业的国有企业也应当是以经济效益为标准的。

（2）"集团经济为主体"。在整个国民经济中，集团经济不占主导地位，但占主体。也就是说，它们不掌握那些极少数关系国计民生的重要部门，但在企业数量上和生产产值上占多数。这样一来，即使集团经济占主体，也不会改变公有制的性质。因为集团经济不掌握关系国计民生的企业，它必然会接受国有经济的支配与领导。这里所说的集团经济由三个部分组成：一部分是由原来的集体经济通过股份合作制转化来的；另一部分是由个体经济、私人经济等非社会主义经济成分联合而成的股份制企业；还有一部分是由国有企业和其他经济成分以及个人合资组建的股份公司。由上述三部分组成的集团经济，既不是私营经济，也不是传统观念上的公有制经济，而是一种社会主义现代市场条件下的联合经济。因此，不能用国有经济、集体经济的观念来对号入座，它们是独立的法人经济，是一种新型的经济成分。

（3）"私营经济大量存在"。这是指个体经济和私营经济的产值在整个国民经济中占相当的数量，从而繁荣社会主义经济。

在这里，有一个如何科学地看待生产资料所有制结构的问题。在这个问题上理论界的误区是，长期以来把所有制结构看成是静态的，认为国有经济与非国有经济的比例是凝固不定的，二者不能互相转化。实际上，它们是一种动态结构，随着经济形势的发展，两种所有制的数量比重在不断变化，国有经济与非国有经济是可以互相转化的。例如，市场经济发达的国家，在经济繁荣的时候将国有经济出售给社会团体或个人，从而支持非国有经济的发展；在经济不景气的时候，政府通过购买私人企业、向企业投资、补贴等形式，将非国有经济变为国有经济，从而促进经济的发展。这种做法说明：①所有制结构是动态的，各种经济成分的比重是不断发展变化的；②通过产权市场和货币的媒介作用，各种经济成分之间是可以互相转入的。对我国生产资料所有制结构权，在一些个别重要产品的生产经营上应设立国家专营公司，由国家垄断生产经营，即使实行股份制，国家也必须控股，以便保证国计民生。这是因为，只有在国家掌握少数关系国计民生行业的所有权与经营的条件下，才有可能在国有经济比重小的情况下仍在国民经济中起主导作用，否则国家经济的主导作用无从谈起。笔者认为，这些关系国计民生的企业，它们的改革的基本方向不在于所有权的变动，而在于企业内部经营机制的变革。通过对这些企业的改革，要提高劳动者在政治上与经济上的地位，建立起激励劳动者努力工作的收入分配机制。至于大多数一般竞争性企业，国家可以不去掌握其经营权，采取股份有限公司的形式。

5.2.2　建立计划与市场一体化的调节机制

现代市场经济条件下的计划调节，不是独立的一种调节手段，而是与市场调节融为一体的。计划不是原来意义上凌驾于市场之上、由国家行政机构来制订的产品经济的计划，而是在市场上生发出来年市场计划；市场也不是原来意义上的自由市场，而是具有计划职能的市场。现代市场经济条件下的计划与市场具有同一性。这种同一性表现在：①计划是一种生产和市场交换的比例，它来源于市场供求信号，通过国家经济信息部门的加工，使之精确化，然后又实现于市场之中。②计划调节不是政府计划部门主观意志的行为，而是从市场上产生、并带有市场调节的特征与因素。计划机制与市场机制是融为一体的。计划是通过市场机制来实现的，它是通过市场机制发生作用的客观经济行为，而不是人为的行为。③计划与市场是通过价值规律这一中间环节融为一体的，价值规律是它们的融合点。因此，两者可以合二为一、融为一体，形成一个新的调节手段：计划市场调节手段。

与此相适应，我们应建立计划与市场一体化的调节机制。建立这种一体化的调节机制应从以下几方面着手：①减少调节机制中行政手段方面的因素，增加经济手段方面的因素，完善国家宏观调控体系，把国家宏观调控职能逐渐变为经济行为。②在观念上破除产品经济所特有的脱离市场的计划调节观念，树立市场经济的计划调节观念。③改变计划存在的形式，逐渐把计划由国家的指令、计划机构的图表和本本等形式变为现实经济行为中的全同形式，并加强合同的约束力，以便适应现代市场经济的"契约化"发展趋势。

提出建立计划与市场一体化的调节机制的理论基础是：①有两种不同的计划调节，一种是马克思所设想的、存在于产品经济中的计划调节；一种是存在于发达国家的现代市场经济中的计划调节。前者是脱离和排斥市场的；后者是以市场体系的高度完善为基础的，并与市场融为一体的。我国所要发展的市场经济是现代市场经济，因此应当建立计划与市场一体化的调节机制。②有两种不同的市场，一种是自由市场，另一种是计划市场。自由市场是早期古典市场经济条件下的市场，它是自发的市场，排斥计划与计划调节，因此，在这种市场中不存在计划和计划调节；计划市场是现代市场经济条件下的市场，这种市场中包含着计划因素，是市场趋于计划化的表现。计划市场条件下的调节手段，就是计划市场调节手段，它是融计划与市场于一体的调节手段。③计划与市场经济的关系是一体化的关系，即计划是现代市场经济所具有的一个内在属性，计划并不是离开市场经济而独立存在的东西，而是与市场经济不可分割的一个东西。市场与市场经济更是不可分割的，离开市场就不会有市场经济。因此，计划与市场融于市场经济之中。

5.2.3　完善按劳分配为主体、多种分配方式并存的分配制度

1. 确认劳动在生产中的重要地位

确立劳动在生产中的重要地位，一是充分体现了在生产力中，劳动者是首要的、起主导作用的因素。生产力发展过程，在本质上就是劳动的创造性和劳动者的创造能力不断提高的过程。二是在生产过程中，人的因素与物的因素的作用是不一样的。劳动或者说劳动力，不是一般的生产要素，而是主导的、起决定作用的生产要素。三是把劳动放在第一位，也是基于劳动特别是简单劳动在与资本、技术、管理的博弈过程中，经常处于相对弱势地位这一客观事实考虑的。因此，国家有责任利用法律的、政策的手段，充分保障劳动者的正当权益，包括对各种劳动权益的法律保护和覆盖社会低收入者在内的社会保障制度。

2. 为保护资本市场投资者的权益提供了更加明确的理论支撑

要保护劳动权，同样也要保护非劳动生产要素所有权："①依法保护非劳动要素所有权；②依法保护非劳动要素所有权的所得权；③依法保护非劳动要素所得的支配权，非劳动要素是生产过程的必要条件，是财富之母，是人类在任何历史阶段的经济活动都离不开的基本条件，在社会主义社会，要给予其充分保障。"[①] 根据马克思的理论，资本是自行增值的，在平均利润形成后，资本是生产平均利润的能力，每个资本在正常的情况下被利用，就能带来平均利润。因此，每个资本都有权在总利润中按照自己在社会资本中所占的份额来分享平均利润。这就是资本参与分配的理论依据。

改革开放以来，我国城市居民的收入构成也发生了较大变化。财产性收入比重逐渐上升，摆脱"无产"状态。在社会主义初级阶段，与以公有制为主体，多种所有制经济共同发展的基本经济制度相适应，资本有国家资本、集体资本、私人资本和外来资本等。推进深度的市场化进程，就必须构建发达的资本市场，积极创造条件，逐步实现上市公司国有股权的流通，鼓励各种生产要素资本化，以促进资本的合理流动和有效配置。一是多种所有制经济的深化。私人资本既可以

---

① 李铁映. 关于劳动价值论的读书笔记. 经济研究，2003，2（38）：1～11

被用于创办私营企业，也可以进入现有的公有企业取得股权，还可以进入资本市场购买股票。这样私人经济发展有了多种载体。二是公有制企业的市场化改革的深化。国有资本吸收私人资本，国有资本和私人资本相互融合，国有资本与外来资本的合作和合资。企业结构的调整和整合，各类公有资本与各类非公有资本之间的相互参股，企业之间收购和兼并，企业内控股者的变化，将是市场经济发展的必然结果。三是对公有制为主体认识的深化。过去公有制的实现形式为国有企业和集体企业，公有制为主体被界定在公有制企业的数量上。改革实践突破了这个界定。公有制经济不是指公有制企业而是指国有资本和集体资本，公有制的实现形式有多种形式，特别是包含了私人产权和各种类型的混合所有制企业也可以成为公有制的实现形式。公有制为主体不再体现在公有制企业数量上，而是体现在公有资本的数量上。资本是可以流动的，是一种以市场为导向、获取收益为目标的自由流动，达到优化配置资源。总之，随着居民收入水平的不断提高，私人资本投资倾向会逐步增强，国有资本由低效益的占用向高效益的占用流动，资本市场也将日趋活跃。随着资本市场的逐步规范，投资环境得到进一步改善。我们可以预见，一个更加发达的资本市场将为实现全面建设小康社会的目标提供有力支持。

3. 肯定了科技人员的价值

要充分调动广大科技工作者的积极性，必须充分肯定科技人员的地位、作用，使得广大科技人员的收入与他们劳动创造的价值和贡献相符。随着市场经济的深化，科技进步对经济增长的贡献率越来越大。在新的历史条件下，一是应该明确创造价值的是包括科技工作者在内的劳动者。科学技术是人的复杂劳动和创造性劳动的凝结。科技的迅猛发展极大地增强了人的劳动能力，促进了生产力的发展。二是深化对科技工作者的劳动的认识。马克思十分重视科学技术工作和脑力劳动，做出了关于简单劳动和复杂劳动的划分，认为复杂劳动是"自乘的或不如说多倍的简单劳动"，"少量的复杂劳动等于多量的简单劳动"。科学技术性劳动当它处于流动状态时，本身就是劳动的运动形式，直接创造价值；当它作为发明、发现、专利或专有新技术时，它是转化形式中的劳动，这种劳动成果作为无形产品，本身已具有了价值；当它转化为物质技术产品时，它已是物化形式的复杂劳动。但不论是处于运动、转化，还是凝结状态，它们都是巨大价值的源泉或其本身，有时这种价值甚至是不可估量的。但是这种劳动的贡献，却经常被低估。马克思曾指出："对脑力劳动的产物——科学的估价，总是比它的价值低得多，因为再生产科学所必要的劳动时间，同最初生产科学所需要的劳动时间是无法比的，例如，学生在一小时之内就能学会的二项式。"① 当代经济、科技的发展，要求我们把科学技术工作作为创造价值的最重要的劳动加以研究，对科技工作者的价值给予充分肯定。三是科学技术按贡献参与分配，是对保护知识产权，保护发明、专利和科技成果作价参与分配的一系列激励，这个原则的贯彻和落实将会极大地调动广大科技人员创新、创业的积极性、主动性和创造性，使得蕴藏在他们中的巨大潜能充分迸发出来，从而促进科技事业的蓬勃发展，促进科技成果向现实生产力的转化，促进经济和社会的可持续发展。

4. 肯定了企业家可以通过管理的要素投入来获得分配的权利

管理劳动是生产劳动的有机构成部分，管理人员成为总体工人的一部分。同时，管理劳动是能够创造价值的劳动。与物化劳动不同，管理劳动作为一种活劳动可分为具体劳动和抽象劳动。其具体劳动表现为在特定生产条件下，对社会再生产过程进行计划、组织、协调、指挥和监督等活动；抽象劳动则表现为管理者与其他个体生产成员一道作为生产过程中人的总体要素，利用物化劳动要素，创造出物质产品，并使自己的劳动凝结于新商品之中，即其管理劳动与生产工人的直接劳动一起形成新价值，实现价值增值。

管理劳动是一种更为复杂的高智力劳动，能更高效率地实现价值增值。这是因为：①商品的价值是由生产劳动所创造，而生产劳动分为简单劳动和复杂劳动，对于价值创造的贡献，复杂劳动等于倍加的简单劳动。而以高知识、高智力为基础的科学管理劳动，决定了它是一种较一般复杂劳动更为复杂的"超级劳动"过程。②管理劳动是一种回避风险，获取高收益的生产活动。现代生产过程，充满着风险与机遇，管理劳动的一个重要职责，就是在承担高风险的同时，动用自己的全部智慧，迎接挑战，把握机遇，享有高收益回报。③管理创新能实现更多的价值增值。管理劳动的实质和中心环节在于管理创新。为了在市场上赢得竞争优势，获得更好的经济效益，管理者必须将创新性贯穿于管理活动的全过程。管理者是企业生产活动的灵魂，创新性管理劳动是企业实现价值增值、提高经济效益的关键环节。

管理劳动所实现的价值增值，除了它作为一般性生产劳动获得正常的社会平均利润外，还包括超乎一般社会正常平均利润的增加额，这一增加额主要由三个部分构成：一是来源于由管理创新而引起的预付资本的节约。管理者通过科学管理创新活动，对经济组织既有的生产要素，从时间和空间相互结合上，从生产要素的相互替代上，合乎规律地组合和配置，避免资源的闲置和浪费，达到以最少资本投入，获得最大产出。二是来源于科学管理劳动对活劳动潜力的充分挖掘和

---

① 马克思. 马克思恩格斯全集（第 26 卷）. 北京：人民出版社，1975.377

对自然资源的高效无偿利用。科学的管理方法和恰当的激励手段,能极大地调动生产者的积极性、主动性和创造性,从而实现更多的价值增值。同时对部分资源无偿地为人所用,不仅可以生产出更多的使用价值,使得单位商品的价值降低,从而使之所分摊的成本大大降低,并获得更多的价值增值。三是来源于管理劳动创新所形成的超额(垄断)利润。

总之,管理劳动是社会化大生产的必然产物,是一种高级的复杂劳动,管理者必须有特殊素质,要有经济、政治、技术等各方面的综合才能方可胜任。根据报酬与贡献对等的原则,对这种劳动应当给予相应的高报酬,实行年薪制、持股制、期权制和补充保险等奖励制度,因为这种特殊的人力资本具有非激励难以调动的特征。只有这样才能充分发挥企业家人力资本的作用,才能在最大程度上克服由此造成的企业家激励的"短期效应",从而实现企业价值的最大化。

■5.3　计划经济宏观体制与市场经济宏观体制的比较

要发展市场经济,建立社会主义现代市场经济宏观体制,就必须了解市场经济宏观体制与计划经济宏观体制的区别。由于我们把计划经济与产品经济看成是一个等同的概念,因此,具体表现在以下四个方面。

5.3.1　存在的基础不同

有两种不同的公有制:一是产品经济的公有制,二是市场经济的公有制。产品经济的公有制,是马克思主义创始人所设想的共产主义社会(社会主义社会是它的一个低级阶段)的生产资料所有制形式。由于在理想的共产主义社会不存在国家,不存在不同物质利益的集团,因此公有制采取全社会所有制形式。它的特点是生产资料规模大、地区跨度宽、公有化程度高,容不得半点私有制与之并存。市场经济的公有制是在现代市场经济条件下产生的一种公有制,它的主要形式是集团所有制与国家所有制,其特点是公有制为主导下的多种经济成分并存。社会主义现阶段的市场经济是按照传统的社会主义原则来改造的市场经济,而传统的公有制是以传统社会主义原则来改造的市场经济,且传统的公有制是传统社会主义的主要原则之一,因此这种公有制实际上就是产品经济的公有制。据此,我们认为社会主义现阶段的市场经济是以产品经济的公有制为基础的,它实质上是把马克思的产品经济的公有制与市场经济相结合,这种结合是不科学的,在实践中导致了一系列混乱局面的出现。市场经济的宏观体制则不同,它是以市场经济的公有制为基础的,这种公有制的结构及其具体形式是与市场经济发展的要求相适应的。这就要求我们改革现有的生产资料所有制结构与形式,把传统的计划经济的公有制转变为现代市场经济的公有制,以便使市场经济与公有制达到真正的统一。

5.3.2 调节手段不同

（1）产品经济的计划调节。计划调节是社会化大生产的产物，它是一个一般性的经济范畴。作为一种管理经济的方法，它将长期存在，其本质规定不会改变，但其具体形态却是随着生产力的发展变化而发展变化的，在不同的生产力发展阶段呈现出不同的具体形态。一般来说，它有两种不同的形态：产品经济的计划调节与市场经济的计划调节。产品经济的计划调节，是马克思主义创始人所设想的一种计划调节，它只是作为一种未来社会的设想存在于人们的观念中，在实践中从来没有完全实现过。我们传统观念中的计划调节就是产品经济的计划调节。按照马克思主义政治经济学经典作家的论述，这种产品经济的计划调节是生产社会化与社会中心掌握生产资料的产物，它是产品经济社会所特有的调节手段。因此，不但在资本主义社会不存在，就是在社会主义社会也不存在。

（2）市场经济的计划调节。在现实生活中存在的是市场经济的计划调节，它是生产社会化与集团、国家掌握生产资料的产物，是现代市场经济的共有属性。无论是社会主义现代市场经济，还是资本主义现代市场经济都具有宏观计划调节职能。

（3）市场经济的计划调节职能与产品经济的计划调节的区别。

第一，与市场调节的关系不同。产品经济是作为市场经济的对立物而出现的，在产品经济条件下不存在商品生产与价值规律，也就不存在市场与市场调节。因此产品经济的计划调节必然排斥价值规律，排斥市场与市场调节，它把市场调节看成是同计划与计划调节水火不相容的。产品经济条件下的计划与计划调节，是凌驾于市场之上，脱离市场调节而独立存在的东西。按照这种观念，我们在发展经济中就不能利用市场和发挥市场调节的积极作用，而只能运用计划调节一种手段来调节经济。与此相反，市场经济的计划调节是离不开市场和市场调节的。在市场经济条件下，计划调节与市场调节是共存的，它们互相渗透，融为一体，共同调节着市场经济的运行。按照这种观念，我们在发展市场经济中就必须运用计划调节与市场调节相结合的手段与方式，主要运用市场调节方式，促进社会主义市场经济的发展。

第二，运用计划调节手段的主体不同。产品经济的计划调节是共产主义社会的经济调节形式，而在共产主义社会国家已经消亡，由一个社会中心来代替国家行使对经济的管理职能。因此，行使对产品经济计划调节的主体是社会中心。市场经济的计划调节是资本主义社会与社会主义社会共有的调节形式，而在这两种社会形态中都存在着国家，国家管理经济的主要职能之一，就是有计划地调节经济，协调经济发展中的各种矛盾与比例。因此，行使对市场经济计划调节的主体是国家。

第三，调节经济的具体方法不同。产品经济的计划调节主要是运用社会中心的行政手段来调节经济的，采用行政命令的形式。市场经济的计划调节主要是运用经济手段来调节经济的。具体说，在计划指导下的市场上，国家通过对经济利益的诱导来实现生产中的比例。在这个意义上，我们可以把产品经济的计划调节称为行政协调机制的计划调节，把市场经济的计划调节称为物质利益机制的计划调节。

第四，调节的强度不同。产品经济的计划调节是指令性的计划调节，有着至高无上的权力。它直接约束企业的生产经营活动，具有明显的强制性，计划指标的约束比较硬。市场经济的计划调节是非行政指令性的，它对企业选择生产经营项目、产品数量不具有直接的约束力，主要是通过调整市场态势，影响市场信号来约束企业自主选择生产经营内容的，所以计划调节的约束力是具有弹性的。

第五，调节的方式不同。根据马克思主义经典作家的论述，产品经济计划调节的方式只有一种，即指令性计划。市场经济的计划调节本身分为指令性计划与指导性计划，而且它们又同市场调节有机地结合在一起，共同调节着人们的社会经济活动。因此，市场经济的计划调节形式是多种多样的，并随着生产力的发展变化而不断改变其方式。

第六，调节的效果不同。产品经济计划调节的效果主要取决于计划目标的决策水平，而计划目标的决策正确与否在很大程度上取决于计划者的计划能力。一般来说，由于经济运行的复杂性往往使目标决策失误，从而影响调节效果。市场经济计划调节的效果主要取决于计划目标与市场目标决策的协同程度。在这种情况下，即使计划目标决策失误，也可能被市场目标决策所矫正，所以其调节效果比较好。

5.3.3　收入分配方式不同

社会主义社会有两种不同的个人收入分配方式：一种是马克思所设想的产品经济的个人收入分配方式，另一种是市场经济的个人收入分配方式。

马克思所设想的产品经济的个人收入分配方式，就是按劳分配方式。它是以下列条件为前提的：①实行了单一的全社会所有制，劳动者在全社会范围内平等地占有生产资料；②产品经济代替市场经济，劳动者的劳动表现为直接的社会劳动，不需要"价值"插手其间；③全社会实行了单一的计划调节，必要劳动与剩余劳动的划分由全社会统一决定，全社会在社会总产品中做了各项扣除以后才进行分配。

社会主义现代市场经济条件下的个人收入分配方式，是以按劳分配为主体与按劳动、资本、技术和管理等生产要素的贡献参与分配的多种分配方式并存的"多位一体"的分配制度。其中，市场经济条件下按劳分配具有以下特征：①劳动者的劳动是局部的社会劳动,必须通过商品交换才能把局部社会劳动转化为社会总劳动的一个有机组成部分,因此要实现按劳分配就必须首先把产品卖出去,实现价值。②劳动者支出的劳动不能直接用劳动时间或劳动强度来衡量,只能迂回曲折地通过价值来计量或表现。③按劳分配必须借助于货币形式来实现。④由于多种所有制形式并存,全社会没有实现单一的按劳分配,而是以按劳分配为主体多种分配方式并存。⑤不是以整个社会为一个单位进行分配的,而是以企业为单位进行分配。因此,多劳多得,少劳少得,只能在同一个企业内部得到体现,不同经济单位的等量劳动也可能得不到等量报酬。

5.3.4　体制运行的效果不同

由于计划经济体制是以产品经济的公有制为基础的,它排斥价值规律与市场调节,实行产品经济的按劳分配,不能很好地调动劳动者的积极性,尽管在一定程度上可以实现公平原则,保持高效率,然而不可避免地出现公平与效率的矛盾。由于市场经济体制是以市场经济的公有制为基础的,把计划调节与市场调节相结合,实行市场经济的按劳分配与按资本、技术、管理等要素贡献参与分配,从而充分调动各方面的积极性。在市场经济条件下,坚持效率优先也就是在初次分配领域按生产要素贡献和市场效率分配,兼顾公平也就是在再分配领域按社会公平原则分配,从而促进和谐社会的发展。因此,可以简单地概括为初次分配按效率原则,再次分配按公平原则。

5.4　我国社会主义市场经济宏观体制的完善

经过 30 多年的经济体制改革,我国市场经济宏观体制的基本框架已经初步建立。进入 21 世纪,我们应该加快市场经济宏观体制的完善。

5.4.1　进一步加快所有制结构的调整

所有制结构是我国市场经济体制改革中的关键环节,经过多年的改革,"主导—主体—大量存在"的所有制结构已经基本形成。但是目前仍然面临着进一步完善的问题。从我国所有制结构的现状来看,进一步调整的重点在于以下三个方面。

1. 大力促进混合所有制经济的发展

混合所有制是公有制与非公有制经济在企业内部相结合的所有制形式。其基本特点有三个:一是复合型。它既不是一种纯粹的公有制经济,也不是一种纯粹的非公有制经济,而是一种公有制与非公有制经济相融合的形式。二是内部性。

公有制与非公有制经济在企业内部相结合的经济现象，是对多种所有制经济并存理论的进一步发展和深化。三是开放性。这主要是指它可以吸纳旧的生产关系而组成，也可以从中产生出新的所有制经济形式。

对混合所有制经济的类型，可以从不同角度去加以划分。如果依据公有制与非公有制经济在企业内部相结合的方式，可以把混合所有制经济区分为三种类型：第一种是股份制经济。股份制经济是公有制与非公有制经济以资本为纽带在企业内部相结合的形式，是一种股权式结合。其资产多半是由国有股、集体股、企业法人股、职工个人股、社会公众股组成。其基本特点为公有制与非公有制经济主体共同投资、共同经营、共负盈亏、共担风险。它广泛分布于国民经济各主要领域和部门，是混合所有制经济的主要形式。第二种是混合合作制经济。它是公有制与非公有制经济以生产要素为纽带在企业内部相结合的方式，是一种契约式结合。其基本特点为公有制和非公有制经济主体各提供一定的生产要素，其经营方式、利润分配、风险承担等重大问题按相互之间的协议处理。第三种是股份合作制经济。它是公有制与非公有制经济主体以资本和劳动这两个方面的要素为纽带在企业内部的结合。其基本特点为兼有股份制和合作制的性质，实行按劳分配和按资分配相结合。它目前是我国城乡集体经济的一种非常重要的实现形式。

如果依据公有制与非公有制经济在企业中的地位，可以把混合所有制经济区分为两大类：第一类是以公有制经济为主体的混合所有制企业。其主要形式为以国有经济或集体经济为主体的混合所有制企业和以公有制法人经济为主体的混合所有制企业。以国有经济或集体经济为主体的混合所有制企业，国有、集体企业如果吸收职工个人持股，或者国有、集体企业中有了个人投资（包括技术股），或者国有、集体企业中有了私人资本等，尽管它们基本上还是国有、集体企业，但已不是纯粹意义上的国有、集体企业了，而是混合所有制经济。以公有制法人经济为主体的混合所有制企业是混合所有制经济的主导力量。第二类是以非公有制经济为主体的混合所有制经济。其主要形式为：以私营经济为主体的混合所有制企业；以外资经济为主体的混合所有制企业；以非公有制法人经济为主体的混合所有制企业。这一类混合所有制企业也是混合所有制经济的重要组成部分。

混合所有制经济存在着各种各样的具体情况，其内部结合的方式错综复杂。随着社会主义市场经济的发展，它在整个社会经济体系中将会占有越来越重要的地位。混合所有制经济具备多元性、开放性、相融性、耗散性的结构特征，它打破了单一的封闭式超稳定结构，开放资金融通渠道，使各种生产要素在不同所有制之间产生"融合效应"，促进了社会劳动生产率的提高和规模经济效益的改善。

2. 积极探索公有制的多种有效实现形式

社会主义公有制的实现形式是公有制经济所采取的经营、组织、交换、分配等方式。我国自从改革开放以来，由于各个公有制企业的公有化程度不同、规模不同、产业属性不同、经营管理水平不同、经济效益不同及其他种种条件不同，所以它们选择的实现形式也就不同，出现了公有制实现形式多样化的局面，例如，股份制经营、股份合作制经营、承包经营、资产经营、租赁经营等。

股份制是现代企业的一种资本组织形式。实行股份制，有利于所有权和经营权的分离，有利于提高企业和资本的运作效率。它可以为社会主义服务，成为公有制的一种实现形式。在社会主义初级阶段，对国有企业进行股份制改革是一种制度创新，有助于建立现代企业制度，为社会主义市场经济体制的建立奠定基础。

股份合作制是在改革过程中产生的一种公有制经济的组织形式，兼有股份制和合作制的特点。它实行劳动合作与资本合作相结合，坚持成员共同劳动、共同占有、利益共享、风险共担、一人一票和民主管理的基本原则，是劳动者与生产资料直接结合的一种有中国特色的企业制度，是现阶段中小企业的一种新型的公有制实现形式。

承包经营责任制主要在我国农村实行，有两种形式：一是包产到户，一是包干到户。至于工业企业的承包经营责任制，是在坚持公有制的基础上，按照所有权与经营权分离的原则，以承包经营合同的形式，确定国家与企业的责权利关系，使企业做到自主经营、自负盈亏的经营管理制度。

资产经营责任制是在国家对企业进行资产评估的基础上，通过招标招聘经营者承包经营。它通过国家与企业签订责任书的形式确定企业经营者在责任期内的净资产保值增值指标、利润增长指标以及经营者的奖惩办法等，明确国家与企业的财产关系。它能够促使经营者在经营期间注重资产增值，有较强的约束力。

租赁制是通过签订租赁合同，将企业的经营权在一定期限内让渡给经营者，由其自主经营的一种经济责任制度。它通常要通过公开招标选拔经营者，并根据出租企业的资产价值收取一定数量的租金。

总之，公有制的实现形式可以而且应该多种多样。除上述形式外，还可以探寻其他一些实现形式。由于我国正处于社会主义初级阶段，探索公有制的实现形式将是一个长期的过程。随着改革实践的不断发展，还会不断涌现出新的公有制实现形式。

3. 坚持公有制为主体和促进非公有制经济发展的统一

在以公有制为主体、多种所有制经济共同发展的总体格局中，公有制与非公有制是建立在统一的社会化大生产和社会主义宪法制度基础之上的。在社会主义现代化建设的进程中，它们之间的关系首先是统一的而不是对立的，是相互促进、相互融合、相互渗透与相互制约的协调发展的关系。坚持公有制经济的主体地位，有利于国民经济持续、稳定与协调发展，有利于社会主义基本制度的巩固与完善，也有利于非公有制经济的健康发展。而非公有制经济的健康发展以及与公有制经济的相互促进和相互竞争，既有利于增加就业和税收，有利于提高人民生活水平，又有利于激发公有制经济的活力，促进社会主义市场经济的快速发展。近几年来，浙江、江苏、广东等省的非公有制经济发展得很快，给国有经济带来了好的市场竞争环境，并为国有企业改革创造了有利条件，推动了国有经济的改革和发展，提高了国有经济增长的质量和效益，整个社会经济也获得了迅速发展，说明公有制经济和非公有制经济的发展具有互补性和互动性。这些经验对今后进一步完善以公有制为主体、多种所有制经济共同发展的基本经济制度，有重要的启示作用。今后，应进一步围绕社会主义市场经济建设这一共同点，进一步完善市场经济的法律制度，努力培育多元的市场主体，完善优化配置资源的市场体系，建立和强化公平、公正、公开的市场，创建多种经济成分平等竞争的市场环境，充分发挥市场机制对所有制结构调整的作用。

5.4.2　构建公平与效率相互协调的收入分配机制

改革开放以来，我国的收入分配机制发生了根本性变化，尤其是确立的"效率优先、兼顾公平"方针，为实现公平与效率的良性互动，促进社会生产力的发展开辟了新的道路。但与此同时，我们也应该看到，随着我国收入差距的进一步拉大，"效率优先、兼顾公平"这一提法，存在着一定的局限性："效率优先、兼顾公平"这一提法有一定的时效性，它只适应于社会主义初级阶段的起步时期，不适应于社会主义初级阶段的整个时期[①]；相对于公平而言，效率更重要一些，公平成为附属于效率的第二位的东西，"效率优先、兼顾公平"这一提法暗含着效率与公平的关系是"鱼和熊掌不可兼得"的矛盾关系，当效率与公平发生矛盾时，以牺牲公平来求得效率的提高。由于效率与公平是不同经济主体所追求的目标，因而双方不存在主辅关系，更不存在谁优先谁兼顾的关系。[②]

基于上述考虑，中央及时调整了战略部署，中共十六届四中全会以后中央多次强调"更加注重社会公平"，推动着人们进一步加深对效率与公平关系的认识。我们认为，在社会主义市场经济条件下，正确处理公平与效率的关系，应当用公平-效率协调论来替代"效率优先、兼顾公平"这一旧的提法。按照公平-效率协调论的思路，寻找遏制收入差距扩大、实现公平与效率的双重目标、最终达到共同富裕有效途径，主要从以下方面努力：

（1）综合运用经济手段、法律手段和行政手段，促进区域经济协调发展。对落后的中、西部地区实行包括财政补贴、税收减免、贷款优惠、贷款担保及加大

---

① 刘国光. 把"效率优先"放到该讲的地方去讲. 经济学动态，2005，11（12）：1～9
② 王家新，许成安. 效率与公平并重论及其保障机制. 经济学动态，2005，8：31～35

投资和提供信息服务等在内的政策倾斜和经济扶持,尤其要通过实行规范的财政转移支付制度解决地区差距过大的问题。此外,还要对一些大型开发和建设项目进行直接投资,帮助落后地区进行基础设施建设;制定优惠政策鼓励企业家及社会各界向落后地区投资;加强对落后地区的教育投资,为其经济发展提供必要的人力资本,培育新的经济增长点,不仅使落后地区得到"血液",更着力于增强其"造血"功能。

(2) 提高低收入者收入水平,扩大中等收入比重。对低收入者通过福利和补贴等办法实行转移支付,特别是对生活在贫困线以下的社会弱势群体实施更多的扶贫措施,使其基本生存得到满足。积极壮大中等收入群体,形成"两头小、中间大"的橄榄型社会收入结构。对高收入人群,征收高额的累进税。同时控制非正常收入,提高收入透明度。调节垄断性行业的收入,建立健全个人收入申报制度。坚决取缔各种非法收入。

(3) 进一步改革完善税收制度,加大对个人收入分配的调控力度。一是在全国范围内逐步实现增值税由生产型转为消费型,适当扩大消费税征收范围,合理确定税负水平,在条件成熟时开征燃油税,合理调整营业税征收范围和税目,完善出口退税制度,统一各类企业税负标准。二是改革房地产税收制度,稳步推进物业税,相应取消其他相关收费,并进一步完善城市维护建设税、耕地占用税、印花税。三是实行综合和分类相结合的个人税收征收办法。政府调节个人收入分配的税收手段包括个人所得税、各种财产税和商品税等。对居民收入征收个人所得税,是一种比较简单的缩小居民收入差距的手段,也是市场经济国家通行的消减居民收入差距的手段,采用这种手段,政府不仅可以直接缩小居民之间的收入差距,而且能为政府采取其他调节政策提供物质条件。

5.4.3　完善计划与市场内在结合的运行机制

在社会主义市场经济宏观体制完善的过程中,必须处理好计划与市场的关系。计划和市场作为调节经济活动的两种手段或方法,具有各自的优势和长处,也有自己的局限和短处。

计划调节是通过政府的职能,有意识地自觉利用经济杠杆来作用于经济活动的。它具有自觉性、事先性、宏观性等特点。市场调节是通过价格、供求、竞争等市场要素的相互作用来调节经济活动的。它具有自发性、事后性、微观性等特点。计划和市场作为调节经济活动的两种手段或方法,都有各自的优势和长处,也有自己的局限和短处,只有把二者有机地结合起来,才能取得的优势互补效应。

(1) 在宏观经济领域,计划要发挥更大的作用。市场是计划赖以建立和发挥作用的基础。由于宏观经济活动关系到国民经济总量和重大结构是否平衡,只有有效地实行计划调节才有利于保证国民经济协调发展。计划调节不限于指令性计划，指令性计划和指导性计划都是实行计划调节的具体形式。经济改革中要进一步缩小指令性计划的范围。大体上说，属于总量控制、经济结构和经济布局的调整以及关系全局的重大经济活动，主要发挥计划调节的作用；企业的日常生产经营、一般性技术改造和小型建设等经济活动，主要由市场调节。国家经济管理的主要任务，是合理确定国民经济的发展计划、规划和宏观控制目标，制定正确的产业政策、地区政策和其他经济政策，做好综合平衡，协调重大比例关系，综合运用经济、法律和行政手段引导和调整经济的运行。国家在制订计划时，宏观总量、结构平衡的计划必须根据市场变化情况来制订，如果不考虑市场的作用，或对市场判断不准，制订出来的宏观计划不仅无益而且还有害于经济运行。在宏观经济中，产业政策是计划发挥作用的一种重要形式，产业结构调整必须在优胜劣汰的市场基础上，通过产业政策的实施来支持新兴产业的发展，这样才能实现一定发展阶段上的产业结构合理化。

（2）在微观经济领域，市场要发挥直接的基础性的调节作用。国家计划的作用主要是通过影响市场环境来实现的，国家通过经济参数的变化来影响价格、工资、利率、汇率等市场信号，通过市场信号变化来影响企业行为。它既不阻碍市场机制的正常运行，也不破坏市场调节手段的正常作用。计划的具体形式主要是指导性计划。企业在国家计划指导下，根据市场信号自行安排组织生产经营活动。市场的作用是直接的和基础性的，价格机制、供求机制、竞争机制成为微观经济运行调节的主要机制。国家除了通过有关经济杠杆对企业发生作用外，还通过法律、工商管理等手段规范企业的市场行为。

本 章 提 要

1. 社会主义市场经济宏观体制是指现代市场经济条件下，国民经济运行的总体方式和宏观管理制度的总称。从内容上看，其包括生产资料所有制结构、收入分配体制、宏观调节机制与宏观经济运行机制。

2. 我国社会主义市场经济的宏观体制的基本框架包括：在所有制结构方面，建立以国有经济为主导，集团经济为主体，私营经济大量存在的所有制结构新格局；在调节机制方面，建立计划与市场一体化的调节机制；在收入分配体制方面，确立劳动、资本、技术和管理等生产要素按贡献参与分配的原则，完善按劳分配为主体、多种分配方式并存的分配制度。

3. 计划经济宏观体制与市场经济宏观体制的区别表现在：存在的基础不同、调节手段不同、收入分配方式不同、体制运行的效果不同。

4. 我国社会主义市场经济宏观体制的基本框架已经初步建立。进入 21 世纪，我们应该加快市场经济宏观体制的完善：进一步加快所有制结构的调整，大力促进混合所有制经济的发展；积极探索公有制的多种有效实现形式，坚持公有制为主体和促进非公有制经济发展的统一；完善计划与市场内在结合的运行机制，实现优势互补。

➤**关键概念**

市场经济宏观体制　国有经济　集团经济　私营经济　计划市场调节
价格机制　竞争机制　所有制结构　混合所有制经济　股份制

➤**复习思考题**

1. 市场经济宏观体制的内涵是什么？
2. 市场经济下的资源配置和经济运行的基本方式是什么以及如何运行？
3. 比较计划经济宏观体制与市场经济宏观体制。
4. 如何理解十六大报告中"放手让一切劳动、知识、技术、管理和资本的活力竞相迸发，让一切创造财富的源泉充分涌流"的论述？

➤**材料分析题**

所有制结构的变化及其绩效

从反映一定时间内工业生产的总规模和总水平的工业产值来看（图 5-2），2000～2004 年，国有及国有控股企业和集体企业的工业产值占全部国有及规模以上非国有企业工业产值的比例分别从 47.34％和 13.90％下降到 35.24％和 5.65％，并从 2003 年开始两者之和低于 50％。同期，股份制企业、外商投资企业和私营企业的比重增长较快。其中，股份制企业总产值所占的比重在 2003 年首次超过国有及国有控股企业，达到 41.64％。

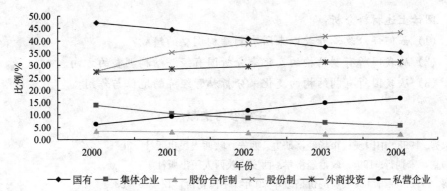

图 5-2　2000～2004 年全部国有及规模以上非国有企业工业产值
资料来源：中国统计年鉴 2004. 北京：中国统计出版社，2005

　　再从工业增加值变化趋势看，2000 年以来国有及国有控股企业和集体企业的工业增加值占全部国有及规模以上非国有企业工业增加值的比例均显著下降（图 5-3），2004 年两者之和为 47.61%，首次低于 50%。股份制和私营企业的增加值比重明显上升，从 2000 年的 28.97% 和 5.19% 增加到 43.89% 和 15.13%。私营企业的比重从 5.19% 增加到 15.13%，而集体企业工业增值所占的比重却从 12.10% 下降到 5.25%。总体来看，在这种所有制结构下，各种经济成分对工业增加值的贡献比例与对工业产值贡献比例的变化趋于一致。尽管公有制经济贡献的工业增加值比重降到 50% 以下，股份制企业和私营经济得到了迅速发展，但私营经济无论是对工业增加值的贡献还是其对工业产值的贡献仍然明显偏低。

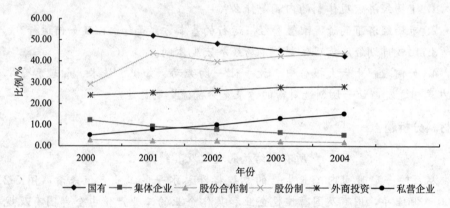

图 5-3　2000~2004 年全部国有及规模以上非国有企业工业增加值

资料来源：中国统计年鉴 2005. 北京：中国统计出版社，2006

　　资料来源：根据中国统计年鉴 2005（北京：中国统计出版社，2006）整理计算

　　阅读上述材料分析：

　　（1）如何评价改革开放以来所有制结构调整的绩效？

　　（2）从我国所有制结构的变化来分析国有经济结构调整的方向。

　　（3）从我国所有制结构的变化来分析私营经济的地位与作用。

主要参考文献

白永秀. 1998. 中国现代市场经济研究. 西安：陕西人民出版社

谷书堂，宋则行. 1998. 政治经济学. 西安：陕西人民出版社

路南. 1998. 取得巨大成就的价格改革 20 年. 中国物价，12：18~23

杨瑞龙，陈秀山，张宇. 1998. 社会主义经济理论. 北京：中国人民大学出版社

姚今观. 1998. 农产品价格改革促进农村经济繁荣. 中国物价，11：35~38

第 **6** 章

社会主义市场
经济的微观体制

现代市场经济的微观体制是现代企业制度，我国社会主义市场经济的目标模式是建立现代市场经济，因此现代企业制度也是社会主义市场经济的微观体制。在我国社会主义市场经济体制的建立过程中，要按照现代企业制度的特征和形式把国有企业改革成为现代企业制度，同时也要按照现代企业制度的要求，加快非公有制企业的发展。所以在本章中我们从现代企业制度的概念入手，分析现代企业制度的内涵、特征及其形式，并依据现代企业制度的基本特征来研究国有企业改革和非公有制企业的发展。

■ 6.1　市场经济微观体制的内涵、特征及其形式

6.1.1　现代企业制度的内涵

1. 国外学术界的看法

现代企业制度，是一个世界性、历史性的概念。所以在研究现代企业制度概念的时候，我们首先要了解国外学术界的看法。在现代市场经济的各国中，总体说来存在着三种基本的企业制度：业主制（proprietorship，也称为 single proprietorship，即个体业主制企业）、合伙制（partnership）和公司制（corporation，也可以译为法人制企业）。[①] 其中，业主制企业和合伙制企业是自古有之

---

① 吴敬琏. 公司制与企业改革. 天津：天津人民出版社，1994.78

的，已经存在了几千年，而公司制企业则产生于 16～17 世纪之交，迄今只有400 年左右的历史。我们所说的西方的现代企业制度是相对于近代公司制企业制度而言的，是在 16～17 世纪初近代企业制度基础上产生的现代企业法人制度。美国经济学家钱德勒对美国现代企业法人制度形成的历史进行了细致的分析。他指出："现代公司源于 19 世纪 80 年代开始的大规模生产和大规模销售的结合。在公司从事多方面的经营活动的情况下，企业经营管理只能交由专业经营人员来负责，于是，公司制企业就从旧时的'企业主企业'（entrepreneurial enterprises）演变为现代的'经理人员企业'（managerial enterprises）了。"① 据此我国经济学界认为，在国外学术界中，他们所说的现代企业制度就是指建立在近代公司制企业制度基础上的现代法人公司制企业制度，而且还把钱得勒看做是西方现代企业制度概念的最早提出者。

2. 我国学术界的不同观点

自从十四届三中全会明确提出建立现代企业制度的任务以来，我国学术界对此展开了热烈的讨论，学术界同仁就现代企业制度的概念、内涵及特征各抒己见。从现代企业制度的概念来说主要有以下几种代表性的观点：第一种观点认为现代企业制度就是现代公司制度。它是在 16 世纪末～17 世纪初诞生的西欧特许贸易公司的基础上，经过数百年的发展逐步形成。第二种观点认为现代企业制度是与现代市场经济相适应的企业组织形式或企业制度。具体说它是适应社会化大生产和现代市场经济发展要求的产权明晰、权责明确、政企分开、组织管理科学的企业制度。第三种观点认为现代企业制度就是法人企业制度，在这种制度下的企业是自主经营、自负盈亏的法人。第四种观点认为现代企业制度是一个时空概念。它首先是一个时间概念，是指处于现阶段的公司制，同时又是一个空间概念，是指世界范围内，符合国际惯例的现代企业制度。第五种观点认为我国所要建立的现代企业制度是适应社会主义市场经济要求的企业制度。它是以社会主义市场经济为环境的产权明晰、责任明确、政企分开、管理科学的一种企业制度。在这种企业制度下，企业自主经营、自负盈亏，面向市场，按市场要求组织生产和从事经营，以追求市场效益最大化为主要目标。

3. 现代企业制度概念的界定

现代企业制度从其实质含义来说，是指企业的内部制度。企业的内部制度有许多，如生产制度、管理制度、设备等级制度、管理用工制度、工资分配制度等，从企业内部机制来说很多方面都可以用制度来表述。我们所讲的"现代企业

---

① 钱德勒．看得见的手——美国企业中的经理革命．重武译．北京：商务印书馆，1987.1～6

制度"，不是对企业现代化程度的要求，一些企业从设备上来看可能是 20 世纪 80~90 年代的机器设备，从管理的手段来看，实行了部分的现代化微机管理，从工厂管理来说可能是现代技术装备的管理，但却不一定是现代企业制度；现代企业制度也不是对企业从效益上的要求，效益好的企业可以搞现代企业制度，效益不好的企业也可以搞现代企业制度。其实，有些企业状况不景气，效益不好，资不抵债，那就破产，企业能生能死并能破产，这正是现代企业制度的内在要求。对现代企业制度概念的界定必须立足于以下几个方面：①现代企业制度是适应社会化大生产和现代市场经济客观要求的，社会化大生产和现代市场经济是现代企业制度赖以存在的外部经济环境。②从其参照系来讲，它是相对于近代公司制企业制度而言，并在其基础上发展而来的现代公司法人制度。③从其内在机制来看，它是由产权关系、企业运行机制、管理体制、政企关系等多层次、多侧面组成的有机统一。

据此，我们就可以这样来界定现代企业制度的概念："现代企业制度就是适应社会化大生产和现代市场经济发展要求的产权明晰、权责明确、政企分开、管理科学、法制约束、相互制衡的企业制度。"①

➤ 案例提示 6-1　中华老字号如何新发展——建立现代企业制度

根据《"中华老字号"认定规范（试行）》的定义，中华老字号是指"历史悠久，拥有世代传承的产品、技艺或服务，具有鲜明的中华民族传统文化背景和深厚的文化底蕴，取得社会广泛认同，形成良好信誉的品牌"。我国拥有众多的老字号企业，如全聚德、同仁堂、胡庆余堂、楼外楼等，这些中华老字号往往都是传承了独特的产品、技艺或服务，具有中华民族特色和鲜明的地域文化特征，具有历史价值和文化价值。同时经过长时间的历史检验，具有良好信誉，得到了广泛的社会认同和赞誉，很多在国内外都享有盛誉。但是，在当今经济全球化的条件下，技术进步日新月异，市场竞争日趋激烈，许多中华老字号由于企业体制、管理经营等多种原因，不能适应市场发展，逐步丧失了可持续发展的能力。我国众多老字号的生存危机的根本原因就在于没有建立起现代企业制度，而向现代企业制度靠近的老字号企业往往都获得了高速发展。现代企业制度是指产权清晰、权责明确、政企分开、管理科学的现代公司制度。它主要由三个部分组成：①法人财产制度；②有限责任制度；③科学的组织和管理制度。现代企业制度使所有权与经营权的分离建立在公司法和公司章程的基础之上，公司各行为主体的权、责、利由法律和章程明确规定，使产权清晰。国家与企业之间产权边界是明确的，这可以真正实现政企分开、两权分离。有限责任制度是人类制度文明的优秀

---

① 白永秀，任保平．中国现代企业制度理论与实践．西安：世界图书出版社，2003.5

成果，它对出资者和经营者都有利，对投资者来说，它减少了投资风险，增大了获利机会；对经营者来说，可以放开手脚，独立自主经营、自负盈亏。老字号要持续发展，就必须逐步建立现代企业制度，把优秀传统与现代企业机制、管理方法结合起来，使老字号变为以先进的现代企业制度基础的老字号品牌企业，以适应市场竞争。例如，1996年，胡庆余堂因种种原因当年亏损700多万元，负债近1亿元。当年10月，胡庆余堂加入青春宝集团使企业制度改变，此后三年，胡庆余堂利润年递增率均超过100%。建立于1938年的新华书店于2004年通过改制引入民营和外国资本也是经典案例之一。新华书店总店与人民出版社等七家国有出版单位、北京博恒投资有限公司等两家国内有限责任公司，以及英国派可多投资有限公司将共同组建新华出版物流通有限公司，投资总额和注册资本3亿元，中方投资占总额的73%。该公司经营范围为国内版的图书、报纸、期刊和电子出版物的批发零售业务（不含港澳台版），经营期限为30年。新华书店因改制成功地获得了新发展。所以，我国老字号要长久持续的发展，和其他企业一样，关键是要确立现代企业制度。从目前的成功经验来看，主要是在产权上实行股份制或者引进新的投资者，在管理经营上引进高级管理人才或者引进管理方法。

资料来源：沈云昌．上海商业网．http://www.commerce.sh.cn，2006年11月23日

讨论：（1）试述现代企业制度取代传统企业制度的必然性。

（2）"中华老字号"如何建立现代企业制度？

6.1.2　现代企业制度的特征

与传统国有企业制度相比较而表现出来的特征，现代企业的特征主要表现在五个方面：

（1）企业产权关系明晰，资产具有增值性。在传统的国有企业制度下，企业产权关系是模糊的和虚置的，产权集中而且僵化，不具有增值性，由此导致了国有企业中的国有资产运营效率低下。现代企业制度是建立在社会化大生产和现代市场经济基础上的，现代企业制度中的产权关系是明晰的而且产权具有增值性。首先，产权边界是明确的，企业拥有法人所有权，国家拥有终极所有权。其次，各种产权主体的责、权、利关系是明确的。国家以终极所有者的身份享受资产收益权，企业依法拥有法人财产权，自主经营、自负盈亏。最后，现代企业制度下的企业产权是具有流动性和增值性的，企业的产权在不断地运动中实现保值增值，从而提高国有资产的运营效率。

（2）企业自主，面向市场。这是现代企业制度的一个重要特征。在传统的国有企业制度下，企业是国家行政部门或企业上级主管部门的行政隶属物。企业的生产经营活动主要是对国家计划负责，因而企业没有任何自主权。既没有生产自

主权，也没有自主的劳动用工权，更没有自主的分配权。虽然在放权让利的改革阶段，给企业赋予了一定程度的自主权，但国家与企业之间的关系没有真正理顺，企业所得到的权利是有限的，这种权力不是企业应该真正享受有的，而是给予的，企业的主体性地位没有真正得到改善。在现代企业制度下，通过明晰产权关系，通过政企分开，企业的主体性才真正地得到了显示。在现代企业制度下，企业享有生产经营全过程的经营自主权，不仅有简单再生产的自主权力，而且有扩大再生产的自主权；不仅有自主的劳动用工权，而且有自主的分配权。在现代企业制度下，企业彻底割断了与政府部门的行政隶属关系，企业的市场主体性地位得到了真正的显示，企业完全面向市场，自主经营，自负盈亏，自我积累，自我约束，自我发展。

（3）企业以市场为导向，以利润为目标。在传统的国有企业制度下，企业生产经营是以政府高度集中的指令性计划为目标，企业生产过程中不是对市场负责，而是对政府计划负责，完全抹杀了企业的商品性。在放权让利的改革阶段，企业拥有了一定程度的自主权，但是企业的生产经营目标是二重经营目标，企业既要对政府的计划负责，又要对市场负责。在二重经营目标之下，企业的运行处于左顾右盼的状况和步履蹒跚的境地，企业难以集中精力，面对市场，组织好生产经营活动。在现代企业制度下，企业的市场性主体地位得到了充分保障，企业在生产经营活动中，其经营目标是一元的，主要是以市场为导向，以利润为目标组织生产经营活动。

（4）具有法人治理机构，形成了制衡机制。在传统的国有企业制度下，国家是一个大工厂，企业是一个小车间，企业是国家大工厂中的一个分子。企业的厂长（经理）是行政干部，是国家计划的传达者，企业中的工人是计划的具体执行者。他们之间的关系是行政隶属关系，企业管理者主要采用行政手段管钱、管物、管人。在现代企业制度下，企业采取适应市场经济客观要求的公司制，在公司制内部采用法人治理的治衡机构。通过代表出资者的董事会，代表企业实行监督的监事会，代表股民的股东大会，三者互相监督，互相制衡。而且在现代企业制度下，厂长（经理）没有行政级别，是企业家，是企业的生产经营者。

（5）企业经营的风险性社会化，出资者承担有限责任。在传统的国有企业制度下，企业在经营过程中是在执行或完成国家计划，是在国家的保护与扶植下运行的，因而不具有任何风险性，而且企业的经营者对企业的亏损与盈利事实上不负任何直接的责任。而在现代企业制度下，企业生产经营活动是以市场为导向，以利润最大化为目标，要参与激烈的市场竞争，所以企业的生产经营活动具有风险性。在企业长期亏损，以至于资不抵债的情况下，要依法破产。企业的经营者和出资者要承担风险责任，而且出资者只以自己的出资额对企业运营负责，所以负责是有限的，不负无限连带责任。

6.1.3　现代企业制度的形式

从世界各国现代企业制度的形式来看，主要有两种形式：有限责任公司和股份有限公司。

（1）有限责任公司。有限责任公司又叫有限公司，是指不通过公开募股，而由两个以上的股东集资组成，股东以其出资额对公司承担有限责任，公司以其全部法人财产对其债务承担有限责任的法人企业。有限责任公司具有以下一些基本特征：一是股东人数具有严格限制。有限责任公司股东人数较少，各国公司法一般对股东人数规定有最高限额，而且各国法律规定的最高限额各不相同，如日本和美国某些州的公司法规定这类公司股东人数不得超过 30 人，英国和法国规定不得超过 50 人。二是有限责任公司的资本无需划分为等额的股份，也不发行股票。三是在有限责任公司中，董事和高层经理人员往往具有股东身份。大股东亲自经营企业，所有权与控制权分离程度不如股份有限公司那样高。四是有限责任公司成立、歇业、解散的程序比较简单，管理机构也较简单，同时公司账目无需向公众公开披露。由于有限责任公司自身所具有的上述特点，许多中小规模的企业往往采取这种公司形式。这样，既可享受政府对法人企业给予的税收优惠和法人制度带来的其他好处，又能保持少数出资人的封闭式经营，所以在一些西方资本主义国家中有限责任公司的数目大大超过股份有限公司。

（2）股份有限公司。股份有限公司是由一定数量的股东组织发起，全部注册资本划分为等额的有价证券——股票来募集资本，公司以其全部法人财产对债务负有限责任的公司制形式。股份有限公司具有以下一些基本特征：一是股份有限公司的股东必须达到法定人数，如法国、日本的法律规定，这类股东的最低人数为七人，德国法律为五人。股东可以是自然人，也可以是法人。二是股份有限公司是典型的资合公司。股份有限公司的总资本是由若干等额的股份所组成的，这是股份有限公司区别于其他公司形式或商业团体的一个重要标志。股份有限公司可以通过向社会发行股票而筹集资本，人们可以通过认购股票而取得相应的股权。股东不能要求退股，但可以通过买卖股票而随时让渡股份。三是股东责任的有限性。股东不论出资额大小，只以认购的股份对公司的债务承担有限责任。四是股份有限公司必须向社会公众公开披露公司的财务状况。为了保护投资者的利益，各国公司法一般都规定股份有限公司必须在每个财务年度终了时公布公司的年度报告，其中包括董事会的年度报告、公司损益表和资产负债表。五是公司实行所有权与经营权的分离。股东不直接参与企业的经营管理，只是通过股东大会表态自己的意愿。

6.2 国有企业的改革

企业是国民经济的微观基础之一，是社会主义公有制经济的重要组成部分，其经营状况不但对国民经济的运行状况具有重要的作用，而且关系到社会主义公有制的活力问题。在市场经济条件下，它的经营状况还关系到市场经济与公有制能否结合的问题，关系到社会主义市场经济微观体制的建立问题。因此，本节我们重点从国有企业改革的角度来分析社会主义市场经济问题。

6.2.1 国有企业改革历史回顾

纵观改革开放 30 多年的历史，国有企业经历了"放权让利"、"两权分离"、"建立现代企业制度"、"国有经济结构调整"四个阶段的改革。

1. 第一阶段——1978～1984 年：以放权让利为主的外围改革阶段

在这个阶段，由于党的十一届三中全会的召开，启动了第一次思想解放的高潮。随之而来的是理论上的拨乱反正和突破，社会主义多样化理论与全民所有制实现形式多样化的思路开始形成；学术界提出了"全民所有制不等于国有制"、"国有企业不等于国有企业"的命题；市场机制、价值规律的调节作用在理论上得到了肯定。这些都为国有企业的改革提供了理论依据。从实际情况看，国家对国有企业管得过多、管得过死，使企业的活力严重不足；而且国有企业技术设备落后，产品老化，同国外企业的差距拉大。这种状况提供了国有企业改革的物质动因。

由于理论与实践两方面的促动，我国从 1978 年 10 月开始，先后在四川、北京、上海、天津等地进行国企改革的试点，进入 20 世纪 80 年代初，国有企业改革在全国普遍铺开。但这一阶段国企改革的内容仅限于四个方面：一是国家下放部分权力，扩大企业的自主权，特别是给企业一部分利润权；二是实行责、权、利相结合的经济责任制，建立健全企业经济核算制；三是出台"两步利改税"的措施，实行以税代利的新政策；四是对投资体制进行改革，将财政拨款制逐渐过渡到银行贷款制，即"拨改贷"。可见这个阶段改革的主要内容是政府对企业的"放权让利"。

这一阶段的改革虽然取得了一定成就，但存在极大的局限性。在改革的目标上，只是对旧的计划经济体制的修补与完善，并没有提出否定计划经济体制的目标在改革内容上，只是在计划经济体制的范围内对政府与企业的权利关系进行调整，政府给企业下放一部分权力，让渡一部分利益（企业留利），在改革的方法上，缺乏配套性、整体性。当然，处于起步阶段的国有企业改革只能如此，这表明这一时期的国有企业改革仅仅只是一种外围改革。

2. 第二阶段——1985～1991 年：以两权分离为主的改革阶段

1984 年 10 月召开的党的十二届三中全会通过了《中共中央关于经济体制改革的决定》。该决定在宏观上确立了社会主义经济"是在公有制基础上的有计划的商品经济"，经济体制改革的目标是建立有计划的商品经济新体制；在微观上提出了生产资料所有权与经营权相分离（即两权分离）的改革思路，确立了增强企业活力是经济体制改革的中心环节。围绕这一中心环节，主要解决好两方面的关系问题：一是处理好国家与企业之间的关系，政企分开，扩大企业自主权；二是处理好企业与职工的关系，保证职工的主人翁地位，这为第二阶段的国有企业改革提供了理论基础，指明了方向。

在十二届三中全会精神指导下，从 1985 年开始加快了国有企业改革的步伐，把它作为中心任务来抓。通过改革试图使政企分开，把国有企业培育成为自主经营、自负盈亏的经济实体。这个阶段改革的主要内容有两项：一是实行两权分离，搞活国有企业；二是把计划调节与市场调节结合起来，让国有企业更多地利用市场机制。前者的具体形式是承包制、股份制、租赁制等；后者的具体形式是 1985 年秋天出台的生产资料价格双轨制，以及"调放"相结合的价格改革。这个阶段的改革取得了巨大成就，到 20 世纪 90 年代初，90%以上的国有企业实行了承包制，3 000 多家国有企业进行了股份制改造。改革促进了企业的发展，使职工的工资收入增加，生活水平提高。

当然，这个阶段的改革也存在一些局限性，出现了某些失误。例如，对国有企业改革的复杂性认识不足，配套措施不力；过多地对承包制寄予厚望，出现了"一包就灵"、"一包就了"的现象，忽视了产权制度改革，冷落了股份制改造；对改革的市场化取向认识不足，没有把国有企业推向市场。

3. 第三阶段——1992～2002 年：以建立现代企业制度为主的配套改革阶段

1992 年邓小平同志的南行讲话以及党的十四大政治报告、十四届三中全会通过的《中共中央关于建立社会主义市场经济体制若干问题的决定》提出了建立现代企业制度的任务。可将这一阶段改革的主要过程与内容概括如下：1992 年以破"三铁"为中心的转换经营机制的改革；1993～1995 年开始建立现代企业制度试点的改革；1995 年以建立现代企业制度为中心的"三改一加强"、"分类指导，分批搞活"、"优化资本结构"、"减员增效"等改革；1996～1997 年出台的"抓大放小"、"资产重组"、"下岗分流"和"再就业工程"等改革措施。通过这一阶段的改革，搞活了一批国有企业，增强了企业的实力。由于这一阶段改革的复杂性，涉及的矛盾多、层次深，因而难度很大，改革的成效并不十分明显，改革的任务远未完成。

4. 2002 年至今：以国有经济结构调整为主的企业改革阶段

十六大提出科学发展，十六届五中全会通过《中共中央关于完善社会主义市场经济体制若干问题的决定》，十六届五中全会通过《中共中央关于建立社会主义和谐社会的决定》，提出了以国有经济结构调整为主的国有企业改革。

（1）建立健全现代产权制度。产权是所有制的核心和主要内容，包括物权、债权、股权和知识产权等各类财产权。建立归属清晰、权责明确、保护严格、流转顺畅的现代产权制度，有利于维护公有财产权，巩固公有制经济的主体地位；有利于保护私有财产权，促进非公有制经济发展；有利于各类资本的流动和重组，推动混合所有制经济发展；有利于增强企业和公众创业创新的动力，形成良好的信用基础和市场秩序。这是完善基本经济制度的内在要求，是构建现代企业制度的重要基础。要依法保护各类产权，健全产权交易规则和监管制度，推动产权有序流转，保障所有市场主体的平等法律地位和发展权利。

（2）完善公司法人治理结构。按照现代企业制度要求，规范公司股东会、董事会、监事会和经营管理者的权责，完善企业领导人员的聘任制度。股东会决定董事会和监事会成员，董事会选择经营管理者，经营管理者行使用人权，并形成权力机构、决策机构、监督机构和经营管理者之间的制衡机制。企业党组织要发挥政治核心作用，并适应公司法人治理结构的要求，改进发挥作用的方式，支持股东会、董事会、监事会和经营管理者依法行使职权，参与企业重大问题的决策。要坚持党管干部原则，并同市场化选聘企业经营管理者的机制相结合。中央和地方党委要加强和改进对国有重要骨干企业领导班子的管理。要全心全意依靠职工群众，探索现代企业制度下职工民主管理的有效途径，维护职工合法权益。继续推进企业转换经营机制，深化劳动用工、人事和收入分配制度改革，分流安置富余人员，分离企业办社会职能，创造企业改革发展的良好环境。

（3）加快调整国有经济布局和结构。要适应经济市场化不断发展的趋势，进一步增强公有制经济的活力，大力发展国有资本、集体资本和非公有资本等参股的混合所有制经济，实现投资主体多元化，使股份制成为公有制的主要实现形式。需要由国有资本控股的企业，应区别不同情况实行绝对控股或相对控股。完善国有资本有进有退、合理流动的机制，进一步推动国有资本更多地投向关系国家安全和国民经济命脉的重要行业和关键领域，增强国有经济的控制力。其他行业和领域的国有企业，通过资产重组和结构调整，在市场公平竞争中优胜劣汰。发展具有国际竞争力的大公司大企业集团。继续放开搞活国有中小企业。以明晰产权为重点深化集体企业改革，发展多种形式的集体经济。

（4）建立健全国有资产管理和监督体制。坚持政府公共管理职能和国有资产出资人职能分开。国有资产管理机构对授权监管的国有资本依法履行出资人职责，维护所有者权益，维护企业作为市场主体依法享有的各项权利，督促企业实现国有资本保值增值，防止国有资产流失。建立国有资本经营预算制度和企业经营业绩考核体系。积极探索国有资产监管和经营的有效形式，完善授权经营制度。建立健全国有金融资产、非经营性资产和自然资源资产等的监管制度。

6.2.2　国有企业改革现状与改革面临的问题与矛盾

随着改革的深入发展，国有企业原有的一些矛盾并未得到彻底解决，反而又产生了一些新的问题和矛盾[①]。因此，目前国有企业面临的问题与矛盾不是少了，而是多了。其中一些矛盾是深层次的，影响到进一步改革与发展，值得引起我们的重视。从总体上看，国有企业面临着以下三个层次的问题与矛盾。

1. 表层问题与矛盾

这方面的主要问题有：①同非国有企业相比，国有企业的发展速度慢，增长率低，面临着"老乡"（乡镇企业）、"老外"（外资企业）、"老私"（私人企业）蓬勃发展与"老国"半死不活的矛盾；②国有企业效益低，亏损面宽，负债率高，甚至资产"空壳化"；③产品的市场占有率低，产成品库存积压严重，面临着"不生产等死，生产找死"的矛盾局面；④互相拖欠货款，三角债问题严重，目前面临着一方面已售产品的货款收不回来，另一方面又求别人继续赊购自己产品的矛盾；⑤技术设备老化，资金严重不足，面临着企业缺乏资金与城乡居民储蓄存款不断增加的矛盾。

2. 深层问题与矛盾

（1）产权方面的问题。在产权制度方面存在着现代企业制度要求产权明晰与国有企业的产权难以明晰的矛盾。例如，"拨改贷"后，由贷款形成的资产归谁所有；"利改税"后，由企业利润形成的资产归谁所有；怎样看待由职工工资转化的资产（国有企业职工长期低工资，把应得的一部分工资上缴国家形成了国有资产）；戴国有"红帽子"企业的资产应该怎样界定。此外，如何解决"人人都是国有企业的所有者，人人又都不关心国有资产保值"的矛盾，提高职工对国有企业资产的关切度。

（2）治理结构方面的问题。在治理结构方面存在着"新三会"与"新四会"的矛盾，以及由此引起的党领导与领导党、党管干部与现代企业家队伍形成的矛盾。现代企业制度的治理结构是"三会制"模式（即股东会、董事会、监事会相互制衡），而国有企业股份制改造后形成了"四会制"模式（即股东会、董事会、

---

① 何炼成，白永秀. 国有企业改革面临的深层矛盾及其出路. 经济学动态，1999，1：6～15

监事会、党委会），这就形成了"三会制"模式与"四会制"模式的矛盾。在党委会入驻国有企业的条件下，"三会制"是否还能继续成为科学的管理模式？从改制实践看，目前至少存在着市场机制形成现代企业家队伍与党管干部的矛盾、董事长（经理）负责制与党委领导的矛盾。

（3）改制方面的矛盾。在改制方面，存在着规范化改制与"翻牌公司"的矛盾。国有企业改制应是一个系统工程，要求人们转变经营观念，明晰产权关系，要求组织制度与组织机制创新，实现科学管理，还要求培育现代企业文化与企业家队伍。但在改制实践中，一些企业的改制只是换一个名称和一块牌子，把厂长改为总经理，把党委书记改为董事长，把工会主席改为监事长，未发生实质性的变化。这种公司实际上是"翻牌公司"。

（4）经营机制方面的矛盾。在经营机制方面，存在着能自主经营而不能自负盈亏的矛盾。自主经营与自负盈亏是密不可分的，只有能自负盈亏，自主经营才有意义。但在改革中的国有企业是只能自主经营，而不能自负盈亏。出现了"盈了归自己，亏了归国家"的局面，企业亏损实际上是国家亏损。

（5）在引进市场竞争机制方面，存在着"三公"原则与实际中难以坚持"三公"原则的矛盾。市场竞争机制最基本的原则是公平、公正、公开。只有坚持这三条原则，才能规范市场主体的行为，实现有序运行。但在国有企业的市场竞争中，难以坚持"三公"原则，例如，股票市场的竞争：不公平——同股不同权，同股不同得；不公开——内幕交易现象大量存在；不公正——特权渗透到公司设立、股票发行、上市等行为。

（6）资产评估方面的矛盾。在国有资产评估中，存在着高估国有资产与低估国有资产的矛盾。评估国有资产是搞好国有企业改革的一项基本内容，无论是实行企业并购，还是进行拍卖、股份制、股份合作制，都需要对国有资产重新进行评估。但目前的评估，一方面存在着低估国有资产（尤其是无形资产评估不足）的现象，造成一定程度的国有资产流失；另一方面也存在着高估国有资产的现象，使其总盘子增大，股息降低，影响合作者或股民的积极性。

（7）企业负担方面矛盾。在剥离企业负担方面，存在着既要减轻企业负担，又要减轻政府负担的矛盾。目前的现状是：国有企业负担仍然过重，苦不堪言；政府的负担也十分沉重，政府既要承担企业投资扩张欲造成的争投资、争项目的负担，又要承担企业亏损的负担，还要承担政府对国有企业的"养育"义务。我国社会保障制度不健全，社会化服务体系不完善，不可能同时既减轻企业负担，又减轻政府负担。在建立现代企业制度中，原有企业和政府的负担，由谁来承担的问题并没有解决。

（8）在工人地位方面，存在着"主人翁"和"主人空"的矛盾。市场经济是民主经济，企业改制的目的之一，就是为了更好地加强企业民主建设和政治建设，增强劳动者的主人翁地位。但在实践中，随着改革的深入进行，似乎工人的地位正在下降，主人翁地位越来越空。因此，市场经济条件下，国有企业或国有控股企业职工的主人翁地位如何体现，值得认真研究。

（9）在资产的归属方面，存在着"化公为私"与"化私为公"的矛盾。一方面，有些人借改革之名，为自己谋取私利，将国有财产据为己有，产生了化公为私的行为；另一方面，存在着化私为公的现象，一些国有企业的经营管理人员把私人财产视为国有资产。例如，在间接融资中，城乡居民将自己的货币财产存入银行，一旦贷给国有企业，其经营管理人员就会把它视为从国有银行贷的，因此这笔货币财产也是国家的，国家的贷款就可以不还，就可以浪费。

（10）在管理方面，存在着管理科学化、现代化的要求与管理人员素质低下的矛盾。政府管理人员与国有企业管理人员素质低下，难以适应现代管理的要求。具体表现在思想素质低、业务素质低、作用素质低。

3. 社会环境方面的问题与矛盾

从社会背景看，国有企业面临的环境发生了重大变化：一是我国由短缺经济转向过剩经济，需求约束是国有企业面临的常态，经济不景气，增长点难形成；二是知识经济时代到来，国有企业要接受知识经济的挑战，进行产业结构、产品结构的调整与制度创新；三是地域经济受全球经济一体化的影响越来越大，生产要素跨国界流动，竞争异常激烈，我国经济正在同国际经济接轨。上述环境的变化，增加了国有企业改革与发展的难度，加剧了其矛盾。

此外，我国经济、社会中存在的一些问题与矛盾也影响到企业的改革与发展。例如，以家庭经营为主体的农业生产经营体制，生产规模狭小，市场容量有限，制约了工业品的销售；城乡居民的收入分配差距拉大，财富向少数人手中集中，制约了日用工业品市场规模的扩大；经济结构不合理，重复上马、重复生产的局面，制约了工业企业的发展；金融机制改革滞后，融资渠道单一，制约了国有企业资金的筹措；政治体制改革滞后、政府宏观调控乏力，不正之风盛行，在一定程度上也影响了国有企业的改革与发展。

6.2.3　深化国有企业改革的方向与途径

党的十五大政治报告指出，建立现代企业制度是国有企业改革的方向。因此，要按照"产权清晰、权责明确、政企分开、管理科学"的要求，对国有大中型企业实行规范的公司制改造，使企业成为适应市场经济发展的法人实体和竞争主体。进一步明确国家和企业的权利和责任。国家按投入企业的资本额享受所有者权益，并对企业的债务承担有限责任；企业依法自主经营、自负盈亏。

按照党的十五大和十五届四中全会制定的加速国有企业改革思路，深化国有企业改革的途径如下：

（1）把国有企业改革同改组、改造、加强管理结合起来。要着眼于搞好整个国有经济，抓好大的，放活小的，对国有企业实施战略性改组。以资本为纽带，通过市场形成具有较强竞争力的跨地区、跨行业、跨所有制和跨国经营的大企业集团。采取改组、联合、兼并、租赁、承包经营和股份合作制、出售等形式，加快放开搞活国有小型企业步伐。要推进企业技术进步，鼓励、引导企业和社会的资金投向技术改造，形成面向市场的新产品开发和技术创新机制。要加强科学管理，探索符合市场经济规律和我国国情的企业领导体制和组织管理制度，建立决策、执行和监督体系，形成有效的激励和制约机制。要建设好企业领导班子，发挥企业党组织的政治核心作用，坚持全心全意依靠工人阶级的方针。

（2）实行鼓励兼并、规范破产、下岗分流、减员增效和再就业工程，形成企业优胜劣汰的竞争机制。随着企业改革深化，技术进步和经济结构调整，人员流动和职工下岗是难以避免的，这会给一些职工带来暂时的困难，但从根本上说，是符合工作阶级的长远利益的。党和政府要采取积极措施，依靠社会各方面的力量，关心和安排好下岗职工的生活，搞好职业培训，拓宽就业门路，推进再就业工程。广大职工要转变就业观念，提高自身素质，努力适应改革和发展的新要求。

（3）积极推进各项配套改革。建立有效的国有资产管理、监督和运营机制，保证国有资产的保值增值，防止国有资产流失。建立社会保障体系，实行社会统筹和个人账户相结合的养老、医疗保险制度，完善失业保险和社会救济制度，提供最基本的社会保障。建立城镇住房公积金，加快住房制度改革。

6.3　非公有制企业的发展

在我国市场经济微观体制的建立过程中，不仅要加快国有企业改革和建立现代企业制度的步伐，而且要促进非公有制企业的进一步发展。

6.3.1　非公有制企业发展的阶段性

在我国非公有制企业是与市场经济同步产生和发展起来的。它在理论上经历了"利用论"→"补充论"→"补充论提升"→"重要组成论"等四个阶段；在实践中，经历了高压下艰难起步→夹缝中求生存→实践中高速发展→新时期跨越式发展等四个阶段。

（1）第一个阶段（1978～1981 年）：理论上的"利用论"与实践中的艰难起步。在这个阶段，人们追求"一大二公三纯四统"的公有制模式，把非公有制与社会主义的关系视为是格格不入的，认为两者此消彼长。但是由于我国生产力水平低，物质产品不丰富，加之所有制结构单一，公有制经济进行独家生产经营，使群众的日常生活很不方便，因而提出要利用非公有制企业这种形式来满足群众的生活需要。在这样的思想指导下，非公有制企业便开始起步。我们把这一阶段关于非公有制企业的理论称为"利用论"。这一阶段，人们没有也不可能把多种经济成分并存视为社会主义初级阶段的基本经济特征，更没有认识到个体经济、私人经济长期存在的必然性。由于理论上的局限，导致了实践中对非公有制企业的种种限制，使其起步相当艰难。

(2) 第二阶段（1982～1991年）：理论上的"补充论"与实践中夹缝中求生存。在这个阶段，人们在理论上把非公有制企业视为公有制经济"必要的、有益的补充"，简称"补充论"。同"利用论"相比，"补充论"有了一定的进步，它承认了个体经济是社会主义公有制经济的必要补充，肯定了它存在的合法性。但是，这一理论把非公有制企业置于补充的地位，只能起"拾遗补缺"的作用，不能大量发展，因此可以说是在夹缝中生存。

(3) 第三阶段（1992～1997年）：理论上的"补充论提升"与实践中高速发展。在这个阶段，非公有制企业的发展先是在实践上有了突破，然后才在理论认识上有了新的提高。1992年以来，随着社会主义市场经济的发展，非公有制企业在实践中得到了重大发展，其数量在不断增加，形成了一定的气候。实践的发展促使人们对非公有制企业进行重新认识，为其重新定位。理论认识上的提高集中反映在邓小平视察南方讲话中，一方面不仅解决了姓"资"姓"社"问题，另一方面，还极其重要地提出了"三个有利于"的科学论断，为非公有制企业的发展扫除了理论上的障碍。

(4) 第四阶段（1997年至今）：理论上的"重要组成论"与实践中的新时期跨越式发展。在这一阶段中，非公有制企业在总量上达到了一定规模，在进入领域方面，垄断被不断破除，非公有制企业进入了传统观念认为不该进入的领域，传统理论已无法进行很好的解释，同时非公有制企业已经成为我国经济不可或缺的一部分，实践的发展要求人们重新对非公有制企业进行定位。理论认识上的提高集中反映在党的十五大报告中，报告把非公有制企业视为"社会主义市场经济的重要组成部分"简称"重要组成论"。理论上的突破，进一步促进了非公有制企业的发展，促使非公有制企业上档次、上规模，进入一个新的跨越式发展阶段。

6.3.2 我国非公有制企业进一步发展的障碍

非公有制企业的主体是中小企业。经过30多年的改革实践，非公有制企业发展很快，在满足市场需要、促进市场繁荣、优化经济结构、推动科技创新、缓解就业压力和维护社会稳定等方面，发挥着越来越重要的作用。但是，非公有制企业发展面临以下几个方面的障碍。

1. 非公有制企业发展的内部障碍

（1）产权制度缺陷。从总体看，我国非公有制企业同国有企业在产权制度方面都存在缺陷，只不过表现形式不同。学术界对国有企业存在的产权问题已谈得很多，而对非公有制企业的产权问题研究不够。当前，我国非公有制企业存在的产权制度缺陷主要表现在产权关系模糊、产权过于集中和产权封闭性强等方面：一是产权关系模糊。在我国经济转轨过程中，受政策等因素制约，有些私人性质企业挂靠政府部门、国有企业或集体企业名下；有些经营者对乡办、村办集体企业投入很大，但在资产归属方面没有予以明确界定；有些非公有制企业是由家庭成员、朋友共同筹资兴办的，但在企业内部没有细化产权归属。这样就造成了这些企业在法律上没有明确的投资主体。二是产权过于集中。我国大多数非公有制企业是在个体、家庭经济基础上形成起来的。投资主体缺乏多元化，使这些企业在本质上保留着很强的业主制特征。三是产权封闭性强。家族血缘观念在我国影响深远，而封闭的产权结构有利于强化这种观念，因而许多非公有制企业不愿意对外开放产权，产权交易行为很少发生。

（2）组织制度不健全。非公有制企业的组织制度总的来讲比较简单，管理缺乏层次，这与其普遍规模小、人数有限、缺乏资金等因素有直接关系，在某些方面是适合非公有制企业实际情况的。其优点是组织、协调、决策迅速，组织管理费用较低。但随着企业发展，这种制度也容易诱发许多问题。当前，我国非公有制企业组织制度的缺陷主要表现为：组织体系不健全；组织内部缺乏协作分工；组织管理随意性大。我国非公有制企业比较普遍地缺乏健全而完善的组织体系，导致内部职权和责任划分不甚明确，造成生产经营信息缺乏规范的流通渠道，企业行为缺乏有效的组织约束与制衡。以亲情、友情关系替代组织行政关系的现象在非公有制企业普遍存在，使其在处理利益关系时难以做到一视同仁，给企业发展留下了隐患，使企业内部不能形成一个高效统一的指挥体系，容易导致决策的低效率或无效率，增加了企业的管理成本和管理难度，降低了企业的经济效益。

（3）经营方式落后。由于历史原因，我国非公有制企业是在"小打小闹"中起家的，而且非公有制企业主小生产观念大都浓厚，受其生产方式和经营方式的影响极深，基本上沿用传统方式开展生产经营活动，生产经营上不了档次和规模。有的企业主对现代经营管理知之甚少，但歪门邪道却懂得不少，甚至靠钻空子、拉关系发财致富。由于缺乏驾驶现代生产经营活动的能力，没有形成具有自己特色的经营方式，因而非公有制企业经常出现大起大落现象，非公有制企业家沉浮事件不断发生。

（4）企业管理落后。企业管理就是要通过合理的制度和方法，充分调动员工积极性，有效发挥各种生产要素在经济发展中的作用，降低企业交易费用，优化企业资源配置。企业管理不是自古就存在的，而是自企业诞生以来，随着企业内部分工协作的出现和细化而产生的，是人类生产力发展到一定程度的结果。人类生产力的不断发展对企业管理提出了越来越高的要求，促使着企业管理复杂程度和难度的不断提高，同时也使企业管理在企业发展中承担着的重大的责任，发挥着日益重要的作用。我国非公有制企业大多采用业主集权管理模式，管理制度残缺，不能满足企业业务扩张的要求，主要表现为：生产经营缺乏明确管理标准；企业计量管理、信息档案管理薄弱；财务管理不正规，缺乏透明度；对企业品牌、商誉的管理欠缺；企业缺乏正规、系统、成文的管理规章制度，或者使制度流于形式成为摆设。残缺的管理制度不利于提升企业管理水平，造成了企业管理理念和战略管理的落后，对非公有制企业的发展构成障碍。

（5）企业文化缺乏。企业文化是指企业在经营管理实践中形成的，以价值观为核心，以实现企业长期发展为目标的一系列指导思想和行为规范。企业文化随着企业的发展变得日益重要，成为企业凝聚力和活力的源泉。没有一种积极的、适应自身发展需要的企业文化，企业对内会缺乏凝聚力，对外无法形成和提升企业形象，因此很难有长久的生命力和竞争力。非公有制企业在我国整个国民经济中已占了相当的比重，出现了"三分天下"的局面，但是有相当一部分非公有制企业忽视企业文化建设，没有形成一套独特的思想观念、价值准则、行为准则、经营理念及职业道德规范。

2. 非公有制企业发展的外部环境障碍

（1）思想观念落后。应该说，随着改革开放的深入进行，我国近年来在解放思想方面取得了很大成绩，尤其是东部地区思想观念转换很快。但不可否认，思想观念的现有水平与我国非公有制企业的发展要求相比还有很大差距，尤其是在思想相对保守的西部地区。由于改变落后思想观念需要社会各界的共同努力和一定的时间，因此，我国尚未在整体上形成全面推动非公有制企业快速发展的强大舆论导向和社会氛围，社会各界对非公有制企业还存在着某些偏见和误解，人们往往将社会上的一些丑陋现象同非公有制企业，尤其是个体、私营企业相联系。部分政府工作人员思想转变不够，尤其是某些政府基层部门对非公有制企业缺乏主动服务的意识，歧视现象普遍存在，这使得非公有制企业在生产经营中遇到了较多的障碍和限制。

（2）政府职能定位不准。随着我国市场经济体制的不断完善，政府职能必须及时做出调整，在促进非公有制企业发展中应该发挥更大作用。我国近年来对政府职能进行了较大力度的改革，为经济发展发挥了重要作用。但也必须承认，我国一些政府部门仍在职能定位方面存在不少问题：一是政府机构设置欠妥。许多政府机构的设置受传统体制影响较深，机构庞大，缺乏相互之间的沟通与支持，缺乏促进非公有制企业快速发展的统一、协调、高效的办事机制。二是管理角色错位。市场经济要求政府对企业的管理由直接管理变为间接管理，管理手段由行政管理为主变为经济手段和法律手段为主。但不少政府部门政企分开工作滞后，管企业具体事务多，抓宏观协调少，依法管理不足，长官意志有余。三是缺乏公共服务意识。由于政府职能定位不准，政府职能的有效转换尚未完成，政府的支持与引导意识、服务意识、协调与控制意识、监督意识淡薄，使政府与非公有制企业的关系不顺，宏观调控乏力，这挫伤了发展非公有制企业的积极性。四是支持和引导非公有制企业不足。政府对非公有制企业的法律、财产保护、政治地位等方面的制度安排滞后，支持不力；对非公有制企业在产业选择、资金筹集等方面的引导不够，使非公有制企业的进入领域不合理，产业结构欠优化。

（3）资本市场发展滞后。我国非公有制企业融资困难，除受制于自身条件所限外，还与其得不到资本市场的帮助密切相关，其中一个重要原因是我国资本市场发展滞后。就股票融资而言，我国股票市场发育很不完善，没能有效发挥优化资源配置的作用，进而增加了非公有制企业通过股票市场融资的难度。此外，我国缺乏区域性场外交易市场，使非公有制企业无法有效利用场外交易进行融资。就债券融资而言，我国目前的企业债券市场发育相比股票市场和银行信贷市场更加滞后。即使是经营情况良好、资信度比较高的非公有制企业在利用债券市场进行融资时也有很大难度。我国资本市场的发展已经滞后于经济发展需要，在客观上限制了非公有制企业的直接融资渠道和融资能力，对非公有制企业构成障碍。

（4）社会服务体系不配套。非公有制企业大多属于中小企业，数目多，涉及面广，对社会稳定影响大，但就个体而言大多资本实力薄弱，抗风险能力较差，在市场中处于相对弱势地位，单靠自身力量很难发展壮大，因而是急需要帮扶的一个群体，帮扶的办法之一就是建立一个健全的社会服务体系为之服务。我国近年来加快了建立中小企业社会化服务体系的步伐，但力度仍然不够，中小企业发展滞后的问题与此关系不小。首先，市场体系不健全，企业信息渠道尚不畅通，这就使得中小企业服务体系建设不配套，难以为中小企业提供完善的服务和创造良好的环境。其次，缺乏为中小企业服务的机构。为中小企业服务，面向全社会开放的信息服务系统尚未开通，为中小企业提供创业辅导、企业诊断、投资融资、产权交易、人员培训等各种服务的中介机构数量还非常少，服务水平较低。最后，为中小企业提供社会服务的力度较小。当前，我国已开始为中小企业提供一些社会服务，但提供服务的力度还比较小，提供担保服务的担保机构不多，担保数量十分有限，对广大中小企业而言只能是杯水车薪，无法从根本上解决融资难问题。

（5）信用担保体系不健全。我国非公有制企业大多自有资本金较少，又缺乏有效的资产抵押物和质押物，严重限制了银行等金融机构对非公有制企业的融资力度：一是企业征信体系落后。当前这项工作的进展仍较缓慢，各部门之间缺乏有效的协调与沟通，难以提供公正的企业信用资历和信用证明，使相关市场主体难以准确把握企业的资产、风险、发展前景等重要情况。二是缺乏高水平的信用担保机构。我国在担保机构的准入制度、资金资助制度、信用评估制度和风险控制制度、行业协调与自律制度等方面还很不健全，企业信用评级的科学性、准确性有待提高。信用担保机构的多元化程度较低，信用担保市场的细分程度不够，可为非公有制企业提供的服务十分有限。三是政府指导规范力度不够。一个健全的信用担保体系需要政府部门、行业组织和信用担保机构的通力合作，以解决企业财务信息失真和经济交易行为失信等问题。我国不少地方在这方面的工作还比较欠缺，行业组织和信用担保机构本身也存在一些信用问题，使我国在建立健全信用担保体系中面临着一定的障碍。

6.3.3 优化非公有制企业发展的环境

相对于国有企业，非公有制企业在发展中所面临的种种不公平待遇，直接导致了非公有制企业发展相对滞后。针对非公有制企业发展环境存在的问题，在优化非公有制企业发展环境方面应采取以下措施：

（1）优化文化环境。长期以来，由于受传统观念的影响，社会舆论对非公有制企业缺乏客观公正评价，特别在成绩方面宣传不够。各级新闻媒体要正确理解党和国家发展非公有制企业的方针政策，调整工作思路，全面、客观、公正地评价其地位和作用。要加强对社会舆论的引导，一方面对待非公有制企业经营者要坚持公平原则，另一方面又要倡导守法经营、勤劳致富。同时，还要加强对非公有制企业的舆论监督，对违法违规者及时曝光、批评，切实使非公有制企业健康发展。

（2）优化服务环境。提供非公有制企业发展的制度保证。发挥政府的特有功能，出台有关非公有制企业的法规、方针政策，健全行为规范，完善制度安排，为非公有制企业发展提供财产、社会地位、市场准入、资本筹措等方面的制度保证，加大政策支持力度，要疏通流通渠道，解决非公有制企业产品的销路问题。应采取积极措施，克服当前出现的"超前消费"、"攀比消费"等不良现象，引导广大个体户、私人企业主和广大消费者积极投资，壮大非公有制企业的力量；规范中介机构，为非公有制企业发展构建社会化服务体系。这条经验已被发达国家经济发展的实践所证明。其主要服务内容为：为企业提供工商管理培训和职业培训；为企业提供信息服务；为企业提供咨询、诊断，帮助企业实现制度和技术创新；为企业提供跨行业、跨地区、跨国的企业"联姻"和企业外贸服务等。

（3）优化政策环境。在准入政策方面，放宽市场准入条件，简化注册手续。对开办个体工商户、私营企业，取消法人设立审批制，实行注册制，降低注册资本的"门槛"；减少有关收费，提高注册办事效率。给予非公有制与公有制企业相同的行业准入政策，尤其在一些基础设施和服务领域，打破国家垄断，允许民间资本进入；在融资政策方面，要争取国家的优惠政策，例如，低息贷款、专项贴息贷款、税收减免等。设立非公有制企业创业基金和风险投资基金，建立非公有制企业的贷款担保体系，改善其金融投资环境。建立直接和间接相结合的融资体系，按照效益原则配置资金，安排非公有制企业在国民经济所占份额相一致的信贷规模，国有商业银行对符合产业政策、具有还贷能力的非公有制企业应发放贷款，允许一些实力雄厚的非公有制企业通过发行债券、股票等向社会直接筹资，扩大非公有制企业的筹资范围。鼓励非公有制企业自我积累，增强企业在资金筹措上的"自我造血"功能。在平等政策方面，政府应给予非公有制企业同公有制企业相同的户籍管理政策，承认非公有制企业职工的工龄，鼓励非公有制企业职工与公有制企业职工双向流动。给予非公有制企业高中层管理人员在公务员招聘、领导干部公开招考、企业专业技术人员职称评定、各种奖励评定方面同公有制企业相同的政策。给予非公有制企业职工在住房、医疗、失业、养老等社会保障方面与公有制企业职工相同的政策。在改革户籍管理制度方面，对户口不在企业所在地的职工子女入托、入学应采取同当地居民子女相同的政策。给予非公有制企业同公有制企业在信贷、股票上市、企业债券发行方面相同的政策。积极发展中小金融机构，组建中小企业信贷担保组织，为非公有制企业融资创造条件。

（4）优化法制环境。第一，加强立法。应加快对现有不利于多种所有制经济共同发展的市场准入、资金投入、经营管理、税收政策等方面的经济政策法规进行全面清理，认真加以修改和废止，彻底清除对不同所有制的歧视和限制。抓紧制定包括非公有制企业在内的统一的产业政策，通过立法形式明确无论什么类型的经济都是社会主义经济的组成部分，都受法律保护，都能平等竞争、共同发展。第二，严肃执法。无论司法或行政执法部门，都要严格履行宪法和法律赋予的各项职责，重视保护非公有制企业的合法权益，确保非公有制企业的合法权益不受侵害；对于个体、私营企业在生产、经营中发生的纠纷，无论对象是国有企业、集体企业、混合所有制企业还是公民个人，都要平等保护，不得因歧视非公有制企业而做出不公正裁判；任何司法与执法活动都应从各自的职责出发，积极扶持、正确引导非公有制企业的发展，要结合办案过程中发现的个体、私营企业在生产、经营、管理等环节中存在的问题，及时提出建议，帮助其建章立制，加强管理，促进发展。第三，改善服务。在为非公有制企业服务方面，要积极探索新途径、新方法，依法促进和保护非公有制企业的健康发展。面对大力发展非公有制企业的新形势，司法部门和行政执法部门要积极研究制定服务非公有制企业的具体措施，并狠抓落实。加强对非公有制企业的法制宣传和教育，使其充分认识到法律在建立社会主义市场经济体制、促进非公有制企业发展方面的重要作用，提高非公有制企业自我约束和自我发展的能力，并促使其自觉学法、懂法、守法，并在受到侵害时能运用法律武器保护自己的合法权益。

本章提要

1. 现代企业制度也是社会主义市场经济的微观体制。现代企业制度就是适应社会化大生产和现代市场经济发展要求的产权明晰、权责明确、政企分开、管理科学、法制约束、相互制衡的企业制度。现代企业制度特征表现在：企业产权关系明晰，资产具有增值性。企业自主，面向市场。企业以市场为导向，以利润为目标。具有法人治理机构，形成了制衡机制。企业经营的风险性社会化，出资者承担有限责任。现代企业制度主要有两种形式：有限责任公司和股份有限公司。

2. 国有企业改革是完善社会主义市场经济微观体制的主要方面，国有企业改革经历了以放权让利为主的外围改革阶段、以两权分离为主的改革阶段、以建立现代企业制度为主的配套改革阶段和以国有经济结构调整为主的企业改革阶段。随着改革的深入发展，国有企业原有的一些矛盾并未得到彻底解决，反而又产生了一些新问题和矛盾。建立现代企业制度是国有企业改革的方向，要按照"产权清晰、权责明确、政企分开、管理科学"的要求，对国有大中型企业实行规范的公司制改造，使有企业成为适应市场经济发展的法人实体和竞争主体。

3. 在我国市场经济微观体制的建立过程中，不仅要加快国有企业改革和建立现代企业制度的步伐，而且要促进非公有制企业的进一步发展。非公有制企业的主体是中小企业，针对非公有制企业发展环境存在的问题，要在优化非公有制企业发展环境方面做出积极努力。

➤ 关键概念

现代企业制度　产权明晰　有限责任公司　股份有限公司
法人治理结构　非公有制企业

➤ 复习思考题

1. 简述现代企业制度的内涵与特征。
2. 当前国有企业改革面临的矛盾和问题是什么？
3. 非公有制企业发展的障碍有哪些，如何克服这些障碍？

➤ 材料分析题

国企改革案例：广州摩托负重前进

广州摩托集团公司的前身，是广东省摩托车工业联合公司广州公司，为广州市轻工业局直属的国有企业，始建于 1986 年。经过多次合并、兼并，广州摩托集团不仅企业规模全面扩大，同时也进行了公司制改造。目前的广州摩托集团公司属全民所有制股份企业，全部资产由国家股和八个国有法人股共九个股东组成。在总股本中，国家股占 92%，国家股的控股者就是广州五羊企业集团；国有法人股占 8%。摩托集团公司的主导产品是五羊牌摩托车及五羊-本田牌摩托车。除摩托车外的主要产品是五羊牌自行车和华南牌缝纫机。此外，该集团公司的生产经营还涉及房地产开发、普通机械、糖业、发电、纤维板、制衣、金属家具等产品加工制造及摩托车、汽车维修和多种第三产业服务等领域。集团公司现有下属各类企业共 30 户。其中，核心企业 5 户，全资企业 1 户，控股企业 12 户，参股企业 12 户。集团公司（从严格意义上讲是具有行政职能的广州五羊企业集团）还管理着 10 户集体企业。集团公司与这 10 户集体企业没有直接的资产关系，集团公司既未对其控股、参股，也没有明确的资产投入。但集团公司却对这些集体企业有管理责任。从经济关系上看，集体企业的厂房、土地等多是集团公司资产，集体企业按租赁方式使用。集体企业的生产经营活动基本也是围绕集团公司的主业提供配套服务。就像许多国有企业一样，广州摩托集团公司也面临着一些严重影响企业发展的问题，三大问题影响企业发展。

（1）人员负担沉重。人员负担主要是离退休职工负担和富余人员负担。目前集团公司在册（在职）职工 15 535 人，离退休职工 10 065 人，离退休职工与在职职工之比高达近 65%。虽然通过参加养老保险社会统筹大大缓解了企业养老金负担，但其他有关负担仍十分沉重。

（2）经营方面遗留的包袱沉重。第一，固定资产负担。摩托集团公司现有的生产部门中相当一部分都有很长的历史，特别像自行车、缝纫机等，其原来规模已远远不适应近年来市场形势的变化。虽然集团公司已根据市场变化进行了大的生产结构调整，如缝纫机已基本不生产，避免了生产亏损问题，但原有固定资产，特别是专用生产设备却成为一个包袱。第二，负债及资金不足问题。该集团公司目前的资产负债率高达 81%，高负债导致还本付息负担十分沉重，仅原广州市五羊自行车企业集团公司和华南缝制设备集团公司两部分，今后连续七年每年的还贷数额就高达 1.8 亿元。在目前主业生产经营形势并不乐观的情况下，如此巨大的还贷负担已使企业不堪重负。三角债问题对企业发展的困扰也十分突出。全集团公司现有 2 亿多元应收账款无法收回，其债务人主要是商业企业。

（3）市场竞争问题。对目前面临的供大于求的市场竞争格局，该集团公司有关人士虽然也提出国家产业政策存在问题，但总体上还是认为这是正常的，是应该正确面对的。无法与其他类型企业，特别是与乡镇企业、私营企业等进行平等竞争，是该企业高层人士深感忧虑的问题。不平等竞争既有国有企业人员负担、社会负担远远高于其他类型企业所导致的竞争条件问题，也有严重的市场竞争无序问题。在这方面，该企业有关人士认为有关政府部门的管理责任相当突出，例如，在税收方面，私营企业、乡镇企业逃避缴纳增值税、消费税及所得税等问题极为突出，其结果是国有企业实际税赋负担大大高于其他类型企业。不仅如此，在摩托车生产行业，各种假冒伪劣问题也十分严重，甚至还有不少走私问题，市场竞争秩序相当混乱。如果这些问题不能迅速有效解决，国有企业很快就将被淘汰出局。

资料来源：中国经济学教育科研网. http://old. cenet. ccer. edu. cn/mba/an-lisudi/mbaanli12. htm，2007 年 10 月 8 日

阅读上述材料分析：

（1）影响国有企业改革的基本因素有哪些？

（2）如何减轻国有企业的负担？

主要参考文献

白永秀，任保平. 2003. 中国现代企业制度的理论与实践. 西安：世界图书出版社公司

李维安. 2001. 中国公司治理原则与国际比较. 北京：中国财政经济出版社

钱德勒. 1987. 看得见的手——美国企业中的经理革命. 重武译. 北京：商务印书馆

史正富. 1993. 现代企业的结构与管理. 上海：上海人民出版社

吴敬琏. 1997. 公司制与国有企业改革. 天津：天津人民出版社

张维迎. 1999. 企业理论与中国企业改革. 北京：北京大学出版社

第7章

市场经济运行的一般
机制与规则

市场经济运行是在市场机制的作用和市场规则的约束下有效运行的。要实现市场经济的有效运行，一方面要健全市场机制，另一方面要完善市场规则。本章从这一思路出发，在市场经济运行的理论界定基础上，来研究市场机制的健全和市场规则的完善。

■ 7.1 市场经济运行的理论界定

7.1.1 市场经济运行的内涵

市场经济运行是指在一定的运行场所和制度环境中，在价值规律、竞争规律、供求规律的支配下的市场经济的现实运作过程。具体来说，市场经济的运行是指通过市场体系中市场价格信号来传递供求信息，引导追求利益最大化的经济主体调整其消费与生产行为，实现供给与需求的数量与结构相吻合（资源合理配置）的过程，这一过程受到各国（地区）具体制度环境的影响。该定义包括四层含义：

（1）市场经济的运行是市场经济中的供求、价格、信息、竞争、利益等因素在现实中的相互作用，相互制约，从而不断地使供给与需求的数量与结构相吻合，实现资源合理配置的过程。

（2）市场经济的运行是在一定的场所中运行的。这里的场所是指市场体系，包括产品（服务）市场和要素市场，市场体系的发育程度，尤其是要素市场的完善程度决定着资源能否顺利的、低成本地流动，对市场经济的运作有着非常重要的影响。

（3）市场经济总是在具体的制度环境下运行的，这些制度环境（包括政治制度、历史文化）不可避免地会对市场经济运作的具体方式产生影响，从而使市场经济在不同的国家和地区表现出不同的具体特征。

（4）市场经济的运行受到市场经济基本规律的支配，是价值规律、竞争规律、供求规律的具体体现。

➤ 案例提示 7-1　谁妨碍了我们的经济发展

2005 年春天的一个周六上午，北京丰台区某居民小区，蔡晓娥（化名）重复着她干了两年多的活：清运小区的生活垃圾。她随手捡起一个居民扔在垃圾桶边的可乐瓶，对她而言，这意味着额外增加了两毛钱收入。

小蔡 21 岁，来自河南驻马店农村，是托了老乡才找到这份工作的。每月工资 450 元，另由物业管理公司提供住宿，三人一间房，小蔡挺满意。吃饭单位不管，得自己做，小蔡花钱很省，两年下来，居然攒了 5 000 多元。"比种地强多了！"她说。小蔡并不关心同样的活如果让北京人来干，单位会付多少钱，因为对她来说，这机会来之不易。但小蔡也从没想过有一天会在北京安家落户，因为她在老家还有地，在她心里，还是种地踏实，回去只是早晚的事。"其实我觉得北京挺好的，我喜欢北京，可是北京不喜欢我！"初中文化的小蔡居然能说出这么一句意味深长的话。

在北京，像小蔡这样的外来务工人员有 300 多万人。小蔡不知道，作为农民工，同城里人相比，她的付出是不是要多于回报；她也没有细想过，户籍制度对于她城市梦的实现究竟产生了多大障碍；她更没想过，自己与户籍相关的个人境遇与整个国家经济发展是否有着某种内在联系。绝大多数相关问题研究者都将户籍制度的弊病集中在两个方面：一是阻碍劳动力资源的市场化配置，从而从总体上降低了生产效率，影响了经济增长；二是通过对农民经济利益的剥夺，加剧了城乡二元结构的矛盾。

专家称，户籍制度是计划经济条件下，中央政府为了推行重工业优先发展战略而制定的，以保护城里人就业机会为基本目的的一种管理手段。改革开放前，我国政府推行重工业优先发展战略，相应地把城乡经济关系变成了计划控制的组成部分。城乡之间劳动力流动被人为阻断。与此同时，重工业的资本密集程度高，劳动吸纳能力较弱，因而推行重工业优先发展战略，意味着牺牲掉大量的就业机会，因此国家要针对就业问题，做出相应的制度安排。为了进一步控制劳动力从农村流出，同时保障城市居民充分就业以及其他福利的不外溢，户籍制度应运而生。专家认为，户籍制度的本质就是将农村人口排斥在城市之外，从而相应地建立排他性的城市住房、教育、医疗、养老等一整套福利体制。

经过 30 多年的改革，劳动力和资本在农村内部和城乡之间流动越来越自由，城市福利体制也相应进行了大幅度变革，劳动力市场化及福利社会化等方面取得了明显进展。但是，现实中依然存在着诸多不利于农村劳动力转移的政策和做法，城乡二元结构矛盾虽有所缓解，但并未从根本上得到解决。

从事过大量相关研究的中国社会科学院人口与劳动经济研究所学者都阳，在接受中国经济时报记者采访时说，户籍制度影响经济发展首先体现在其阻碍了劳动力流动和国内统一劳动力市场的形成。他说，由于户籍制度的存在，不仅城乡之间一体化的劳动力市场难以形成，而且一些发达地区的农村也开始以户籍的方式排斥外地劳动力。由于作为生产要素中最重要组成部分的劳动力不能自由和有效地流动，从而加剧了部门、城乡和地区之间的经济发展差距。

都阳说："发达国家的经验已经告诉我们，缩小差距的重要方式就是通过人口的自由迁移实现地区间的平衡发展。而任何劳动力流动的障碍都会加剧部门、城乡和地区之间的经济发展差距。但由于户籍制度的存在，农村劳动力无法有效地从生产率低的农业部门真正融入到城市化过程中去，导致农业部门的生产效率无法根本提高，并扩大了和其他经济部门的差距；同样，由于农村劳动力无法在城市永久居住，城乡间的人口比例一直无法迅速地提高，这样也无法从根本上提高农民收入。由于户籍制度的存在，农民数量长期不能下降，是城乡差距的根本原因。"

他认为，户籍制度已经成为一些社会不公平的根源。只要与户籍制度相联系的补贴（无论是明补还是暗补）、福利措施和制度安排（如社会保障措施）没有和户籍相剥离，户籍制度就会成为一些社会不公平的根源。这些政策的剥离也将成为户籍制度下一步改革的核心。

资料来源：陈宏伟. 谁妨碍了我们经济发展. 中国经济时报，2005 年 4 月 30 日
讨论：市场经济有效运行的制度条件包括哪些？

7.1.2　市场经济的基本运行机制

市场经济的基本运行机制是市场机制，市场机制是指供求、价格、竞争等因素相互作用的机制。具体来说，市场机制包括价格机制、动力机制、竞争机制、信息传导机制、决策机制、约束机制等六个机制。

（1）市场经济运行的价格机制。在市场机制中，能够使供给和需求恰好一致的价格形成均衡价格。然而，在非价格因素的影响下，供给和需求会发生变动，产生短缺或剩余。如果存在短缺，需求方为产品或服务，会竞相给予生产者高价，于是，市场价格将持续上升，在此过程中，需求方的需求量会减少，供给方的供给量会增加，短缺会逐渐消失，直至供给和需求重新相等，市场均

衡重新形成。如果存在剩余，供给者为了出售积压的商品，会竞相降低价格，于是，市场价格会持续下降，在此过程中，需求者的需求数量会增加，供给者的供给数量会减少，剩余会逐渐消失，直至供给和需求重新相等，市场均衡重新形成。在这一过程中，市场机制通过市场价格变化及时、准确，并且是低成本地向供给者和需求者传递了产品和服务的供给和需求状况的信息，使需求者和供给者及时地调整自己的行为，最终使生产和消费的数量相吻合。市场经济中多种产品形成多个市场，各个市场的产品之间存在互相替代或互相补充的关系，所以当一个市场的供求发生变化引起价格变化时，会引起另一个市场供求关系的变化，从而引起其市场价格的变化。经过反复调整当所有的市场实现出清时，就实现了经济体的一般均衡。

（2）市场经济运行的动力机制。市场经济的动力机制分为两种：内在驱动力和竞争形成的外在压力。追求利润是市场经济运行的内在驱动力，市场经济运行的动力是人们追求经济利益增加的愿望，市场机制的优越之处正在于它能将人们的利己动机和社会福利的增加统一起来，使人们追求自身利益最大化的动机成为经济发展永不枯竭的内在驱动力。在市场经济的运行中，厂商部门提供的产品和劳务越多，成本水平越低，越能获得更高的利润。生产者为了实现利润的增加，一方面必然要努力提供尽可能多的产品，另一方面要合理配置各种生产要素，努力降低成本。这样，在利润最大化动机的驱使下，生产者就用尽可能低的耗费生产出尽可能多的产品。家庭部门的收入水平越高，消费决策越合理，其效用水平就越高。为了实现效用最大化，家庭部门一方面必然尽可能多地为生产过程提供生产要素，另一方面要根据产品价格的变动，合理调整消费组合。总之，在市场经济的运作中，正是经济主体追求利益增加的动机，使整个经济用有限的资源生产出尽可能多的产品和劳务，促进了经济的增长和发展。竞争是市场经济运行的外在压力，由于市场竞争的结果是优胜劣汰，在市场经济的运行中，经济主体为了在激烈的市场经济竞争中立于不败之地，纷纷采取技术进步、加强管理、降低成本等措施，提高竞争力，从而在竞争中获胜。可见，市场经济的运行是在追求利润内在驱动和市场竞争外在压力的双重动力推动下来运行的。

（3）市场经济运行的竞争机制。市场经济运行中的竞争包括厂商在产业之间的竞争和在产业内部的竞争。通过在产业之间的竞争，厂商竞相将其资源转移到需求较高，从而价格水平和利润率较高的产业，结果使资源得到合理配置。通过产业内部的竞争，技术水平高、管理水平高的厂商获得超额利润，能够不断发展壮大；技术水平低、管理水平低的厂商会亏损、破产，最终退出市场。这样，资源实现了产业内部的合理配置，同时也促进了社会生产效率的提高。竞争机制要能充分发挥作用，要求经济主体平等地进入市场，公平地展开竞争。平等竞争规则的本质是要求市场主体靠自己的劳动技能和经营才干，靠对市场信息的捕捉，靠提高效率和成本的节约,获得竞争优势,反对任何人利用行政权力、社会限制和暴力资源来获取竞争中的优势地位。显然,通过平等的市场竞争,最终会使技术先进、管理水平高的经济主体获得竞争优势,不断扩大生产规模;而那些技术落后、管理水平低的企业将被淘汰。反之,如果市场上存在超经济强制,具有竞争优势,能够不断扩大规模的往往是那些拥有特权或暴力资源的经济主体,这种情况显然不利于全社会生产效率的提高。

(4) 市场经济运行的信息传导机制。为了实现资源进行合理配置,经济运行中的供求变化信息必须使其能够及时、准确传导。在计划经济中,由于信息通过行政体系来传导,不可避免地会出现信息的迟滞和失真问题,难以实现资源的合理配置。在市场经济的运行过程中,供给和需求方面的各种信息集中地体现为市场价格的变化。市场价格的上升,传递着产品短缺的信息;市场价格的下降,传递着产品过剩的信息。这样,"用简化的方式,通过一种符号,就能传递最必要的信息并且只传送给那些有关的人"。这就使生产者能够及时地、低成本地获得信息,"就像一个工程师只看一些仪表的指针一样",从而能够"调整他们的行动来适应变化"[①]。

(5) 市场经济运行的决策机制。市场经济的运行要求由分散的经济主体自主决策。正如哈耶克所指出的,"特殊时间和地点的知识"在经济决策中非常重要。但是这些特殊的知识是分布于各个经济主体中的,只有通过各个经济主体不受外部干预的自主决策,才能有效使用这些特殊知识,实现资源的合理配置。政府作为一个外部人,难以准确、及时地了解经济体系内部的各种信息,从而难以帮助经济主体进行正确决策。所以,市场经济运行中,应当充分尊重经济主体的自主决策权利,尽可能减少政府干预和政府管制。实现自主决策的基础是产权明晰,明晰的产权制度能够保护资产的所有者,使其不受外部干扰地自由运用其资产,并创造出一个产权所有者享有自由的领域[②]。但是,自主决策不是无边界的,经济主体的自主决策权利应当以不妨碍其他经济主体的自主决策权利为界限。

(6) 市场经济运行的约束机制。在现实的市场经济运作过程中,垄断、信息不完全、外部性、公共产品供给等问题,都使市场机制对资源的配置会在一定程度上偏离帕累托最优的状态,使市场机制的正常运作受到约束。在存在垄断的情况下,垄断者会利用其垄断地位减少供给数量,抬高产品价格,结果,均衡在价格大于边际成本的情况下形成,产生了无谓损失,无法实现资源最优配置。信息不完全的典型情况是信息不对称,由于信息不对称,市场经济的运作可能会出现

①　李兴耕.当代国外经济学家论市场经济.北京:中共中央党校出版社,1994.10
②　柯武刚,史漫飞.制度经济学.韩朝华译.北京:商务印书馆,2002.142

逆向选择问题和道德风险问题，在一定程度上降低了市场机制的运作效率。外部性问题的存在意味着经济主体的生产活动的成本不完全由自己承受，在经济主体按照自身利益决策的情况下，这必然会导致实际的资源配置与实现社会福利最大所要求的资源配置不一致，出现市场经济的无序运行。为了保证市场经济运行的有序性和资源配置的有效性，在市场经济的运行中必然要建立相应的约束机制。这些约束机制包括：①硬约束机制。硬约束机制是通过相关的法律和法规来约束市场经济主体的行为，使市场经济主体在追求自身利润最大化的过程中，不损害社会福利水平的提高。硬约束机制包括法律约束、规则约束、市场约束等，硬约束机制是市场经济的"他律"过程。②软约束机制。市场经济运行的软约束机制主要是指伦理道德的约束机制，通过倡导为全社会所接受的共同遵守的伦理道德和社会规范，调动经济主体的内心法则，形成对经济主体的"自我约束"，所以在一定意义上，软约束机制是市场经济运行的"自律"过程。

■ 7.2 市场经济的运行秩序

7.2.1 市场经济运行秩序的含义与层次

（1）市场经济运行秩序的含义与特点。秩序是一个综合性的概念，是指有条理、不紊乱的状态。所谓的市场经济的运行秩序，就是指在经济活动的内在机制的推动下和在一定的外在社会规范（包括行政的、法律的、道德的）制约和协调下的有条不紊的市场经济运行状态。它有以下几个特点：一是具有客观性，存在于一定的物质与精神条件之上，不以人的主观意志为转移；二是具有约束性，要遵守一定的规则和要求；三是综合性，是经济生活诸多因素综合运行的状态；四是协调性，经济生活诸多因素按照一定的规则运行，并与政治的、法律的、文化的、思想的和道德的各种因素相协调，有机融合，按一定的秩序运行。市场经济秩序有广义和狭义之分。从狭义上说，市场秩序是指市场经济本身运行的状态，特别是市场运行的规则；从广义上说，既包括市场经济本身的运行状态，也包括市场经济发展的外部环境。

（2）市场经济运行秩序的层次性。市场经济运行秩序表现为两种状态：一是市场经济运行的有序性，这是市场经济健康发展的标志；二是市场经济运行的无序性，这是市场经济运行中矛盾和摩擦的表现。市场经济秩序的形成表现为四个层次：一是微观层次上的秩序性。在微观层次上，作为市场经济运行主体的企业、作为消费主体的家庭居民户、作为调节主体的政府遵守利润最大化和效用最大化的原则，遵守市场竞争的行为规范所表现出来的有序运行状态。二是宏观层次上的秩序性。国家运用各种宏观经济政策、市场参数和各种经济手段引导市场机制作用的方向，规范市场行为，调节市场供求，保持宏观经济总量的结构平衡和价值平衡。三是中观层次上的秩序性。表现为市场经济运行中各个行业、各个部门和不同产业、不同层次上经济运行的协调与规范。四是思想观念层次上的秩序性。各类经济主体的思想观念和意识形态能适应市场经济的要求，从制度层面上来看，观念上的秩序性是指非正式制度层面上的秩序性，包括价值观念、道德观念和思想意识①。

7.2.2 市场经济运行失序的原因和影响

新古典经济学在研究市场经济的运行问题时，往往只是假定人们出于自利的目的来到市场上进行交易，然后论证市场交换能在自利双方之间实现互利，使双方的满足程度都有所提高。这种简单的理论模型忽视了一个重要的事实：在现实的交易中，信息是不充分的，人们在利己动机的支配下，可能会利用对方的信息不足损害他人的利益，为自己谋取利益。在现实世界中，一笔买卖或一项经济活动通常都是事先签订"合同"，在一定时期后"交货"，完成一笔交易（当然，在零星的交易中，这个过程被大大简化了）。在这一过程中，"损人利己者"就可能利用交易对手的无知或轻信（信息不足），在签订合同时信誓旦旦，对方付款之后却不老老实实地照合同上的条款，保质保量地提供产品和服务，结果使对方的利益受到损害。这种利用他人轻信的机会损人利己的行为，被称为经济中的"机会主义"行为。机会主义在经济学中被定义为这样一种行为，即"用虚假的或空洞的，也就是非真实的威胁或承诺"来谋取个人利益的行为②。

既然有人随时想利用各种可能的机会损人利己，别的人就要设法防范，以保护自己的利益不受损害。在交易中，卖者总是想夸大商品的优点，掩盖商品的不足，买者就要花时间作一番市场调查，货比三家，看看所要买的货物的质量究竟如何，是否与价格相符合，在一笔较复杂的买卖中，还要进行商品检验，进行市场调查等。所有这些都是要花费时间和金钱的，都是达成交易之前所必须支付的成本。经济生活的一个重要特点就是未来具有不确定性，因此在交易中要事先想到各种可能的情况。要想防止交易双方中任何一方利用这些不确定的但是可能发生的变故，违反交易合同，损害另一方的利益，就要事先把各种可能的情况都想到，事先确定出各种情况下双方的权利和义务，确定交易合同的执行办法，所有这些都会使合同的起草更加复杂，更加费时费力。在签订了交易合同之后，交易没有最后完成，就还不可"掉以轻心"，因为还要监视和检查合同的执行情况，防止合同执行人的任何可能的违约行为（这种违约行为，被称为"事后的机会主

---

① 任保平，钞小静.经济转型时期市场秩序建设的信用制度供给.思想战线，2006，1：122~128
② 樊纲.市场机制与经济效率.上海：上海三联书店，1995.121

义"),这也引起成本的加大。可见,在机会主义行为盛行的情况下,人们不得不花费成本来保护自己的利益,防止受到损害①。在这种情况下,市场经济的运作是成本高昂的;另外,交易成本过高会使市场缩小甚至消失,妨碍了市场经济的正常运行。

7.2.3 维护市场经济运行秩序的基本途径

抑制机会主义行为所引起的市场失序现象的基本途径是加强制度供给,通过适当的制度来约束人们追求自身利益增加的过程中所产生的损人利己行为。制度供给主要包括正式制度供给和非正式制度供给。在这里,前者主要是指法律制度,后者主要是指诚实守信的伦理观念。

(1)通过法律调整来规范市场秩序。法律的调整是从第三者的角度为市场经济秩序的形成提供外在的约束和规范,良好的法制体系通过对人的行为的约束,减少了经济主体的机会主义行为,使其行为更加可以预见,从而使复杂的经济交往过程更加容易理解和预见,这是市场经济体系高效率运行的基本前提。要通过法律调整来规范市场秩序,不仅需要完整和明晰的法律体系,而且需要形成严格公正的执法秩序。有法可依,执法严格,才能提高机会主义行为的成本,有效约束市场上不良行为,维护正常的市场运行秩序。

(2)建立诚实守信的市场经济伦理。信用制度是为经济主体之间提供约束和规范,与法律制度相比较,信用制度执行成本较低,灵活性较强,因而是法律制度的必要补充,在减少机会主义行为方面也起着重要作用。信用制度一般来说没有正式的惩罚机制,主要通过舆论谴责和社会排斥来实施惩罚,所以,信息传递在信用制度实施惩罚的机制中起着非常重要的作用。传统社会的信息传递主要依靠社会网络,但是,随着经济交往范围的扩大,社会网络内的信息传递不足以对失信行为实施惩罚,必须建立社会化的信息传递机制。

➤ **案例提示 7-2 个人信用信息全国联网 3.4 亿人信用数据被收录**

今后,借钱不还、信用卡恶意透支、担保贷款后难找到担保人,甚至是未偿还助学贷款等信息在全国都可联网被查到。昨日,央行副行长苏宁宣布,个人信用信息基础数据库正式运行,3.4亿人信用数据已被收录进数据库中,个人信用信息可以自己查询。

3.4亿人信用数据被收录

现在,任何自然人无论在国内任何地方,也无论在哪一家商业银行留下的借款和还款记录,或开立结算账户时填报的基本信息,商业银行的基层信贷审查人

---

① 樊纲.市场机制与经济效率.上海:上海三联书店,1995.121

员均可在经当事人书面授权后，进行查询、实现共享。

许多商业银行已经将查询个人信用信息基础数据库作为贷前审查的固定程序。"目前已有 10% 左右的自然人在申请贷款时，由于有不良信用记录而被银行拒绝。"苏宁说。据介绍，目前个人信用信息基础数据库收录的自然人数已达到 3.4 亿人，其中，有信贷记录的人数约为 3 500 万人。截至 2005 年年底，收录个人信贷余额 2.2 万亿元，约占全国个人消费信贷余额的 96.5%。个人信用信息基础数据库已在全国商业银行各分支机构开启了 5.2 万个查询用户终端。

信息包括水电杂费缴纳

央行征信管理局局长戴根有告诉记者，只要发生结算行为，就会被记录到信用数据库里。数据的采集除了包括来自银行房贷、车贷的数据，还有公安部、社会保障部门、公积金管理部门等有关方面的部分个人基本信息，包括学历、工作单位等，采集个人缴纳电话、水、电、燃气等公用事业费用以及法院民事判决和个人欠税等公共信息，以便更全面地反映一个人的信用状况。

工资卡上的基本信息也会被纳入系统。他举例说，如果助学贷款的学生未按时还贷，只要该学生的工作单位为其办理了工资卡，即可全国联网查询到该学生的信息。这样，可以有效防止恶意逃贷的行为发生。

个人查询暂不收费

个人如果想知道自己个人信用信息，可以通过申请查询，目前对个人查询信用记录暂时不收费。但苏宁同时表示，为了维持系统的可持续发展，今后会考虑适当收取一定费用。

记者了解到，银行内部也出台了严格的权限制度，一家网点拥有权限的也许只有 1～2 人，而且每次查看都将留下记录，这些规章意在轻易地锁定责任人，保证资料的私密性。

负面记录一般保存七年

戴根有还强调，虽然目前国内还没有出台相关规定，但不良信用记录不会跟着一个人一辈子。据了解，在国外，一般负面记录保留七年，破产记录一般保留十年，正面记录保留的时间更长，查询记录一般保留两年。我国也将尽快出台相关规定。

但不从银行借钱不等于信用就好。央行有关人士表示，没有历史信用记录，银行就没有判断借款人信用状况的便捷方法。"如要有可能，应该尽早建立自己的信用记录。简单的方法就是与银行发生借贷关系，比如申请一张信用卡或者申请贷款，借款人的信息就会通过银行自动报送给央行数据库。"

资料来源：新京报，2006 年 1 月 17 日

讨论：信用制度对市场秩序的影响。

7.3 市场经济的运行规则

7.3.1 市场经济运行规则及其类型

市场经济所要求的自由竞争、自主经营，绝不是无序的、没有规则的。竞争者只有遵守一定的规范，市场经济才能有序运行并有效率。不同的理论范式对市场规则有不同的要求。竞争范式要求市场规则以竞争为中心，就是说市场规则的设计目标是形成充分竞争，让竞争机制充分发挥作用。制度范式则是要求通过制度安排对竞争行为进行规范和约束，保证契约的执行，同时降低市场交易的成本。与此相应，市场规则有两种类型：一种是保障有效竞争的市场规则，这是新古典经济学的；另一种是保障契约执行的市场规则，这是新制度经济学的。不同的理论范式给市场规则赋予了不同的功能。新古典范式的市场规则强调充分竞争，新制度范式的市场规则强调规范市场的制度。这两个范式所作关于市场规则的界定，反映市场经济发展的阶段，只有在充分竞争市场形成后才会进一步提出规范市场的制度安排问题。我国目前的市场经济正处于发育之中。这意味着我国现阶段建立市场规则需要综合这两个理论范式的规定，市场规则设计中这两种理论范式和相应的市场规则都是有意义的。

就新古典范式的市场规则来说，我国正在发展的市场经济是从计划经济脱胎而来的，自然经济的残余也很严重。各种保护和垄断严重压抑市场经济的发展，在许多方面不存在竞争。在这种情况下，必须要从创造竞争入手来发展市场经济。因此建立市场规则的首要目标是实现市场的有效竞争，市场上必须有创造和保护竞争的规则，否则我国就建立不起市场经济。从一定意义上说，建立竞争性市场规则是针对原有的压抑市场经济发展的体制而言的。

就制度范式的市场规则来说，不仅是因为交易成本的存在会降低市场效率，更为突出的问题是信息不完全会导致信用缺失、假冒伪劣和"劣货驱逐良货"等市场秩序的混乱状况。市场经济要求在人们追求最大利益的过程中实现全社会资源的合理配置，但在没有市场规则的约束条件下，人们的行为往往会发生变异，如"回扣"、行贿等非正当的竞争手段盛行，对稀缺资源进行以权谋利等。所有这些扭曲的市场行为和混乱的市场秩序会直接破坏市场制度的基础——契约和产权。因此建立制度范式的市场规则显得越来越紧迫。

7.3.2 竞争范式的市场规则

(1) 市场准入和退出规则。市场准入和退出的规则的实质不仅是强化市场竞争、真正体现优胜劣汰，还要体现公平原则。不仅如此，准入和退出的过程必须是有序的。就企业的市场准入来说，从竞争的角度讲，进入某个部门不应该有体制和政策的障碍。过去我国的市场准入主要以经济成分为门槛，非公有制经济在许多市场上被限制进入。现在转向市场经济体制特别是加入了 WTO，这种经济成分门槛应该拆除，但不意味着不能再有市场准入门槛。在市场经济运行中，各类市场都有自身的客观要求，并非任何企业都可以无差别的进入任何市场。一般说来，市场竞争规则自然形成市场准入门槛，不同的企业会依自己的经营能力上的差异和承担风险能力的不同进入不同的市场，经营不同的项目。从竞争角度讲，有进就有出。企业在资不抵债时会被强制破产而退出市场，也有企业会因被兼并而退出市场。退出市场需要有一套特定的法律程序来进行规范。

（2）市场定价的规则。市场经济运行中价格决定的重要特征是价格由市场形成。但是，价格放开不等于定价可以随心所欲。定价中的垄断性行为、倾销性行为和牟取暴利的行为都应得到限制，以免价格的暴涨暴跌。充分竞争是市场定价的必要条件。只有在充分竞争条件下才会形成不以每个人意志为转移的由市场决定的价格。市场定价并不意味着政府在价格形成过程中置身事外，而是要求规范政府对价格的干预范围、方式和手段。即使在成熟的市场经济国家，政府仍然通过各种方式对价格施以影响。国家对价格的干预以不妨碍市场调节正常发挥为限。而政府对价格的干预又主要通过立法和执法的途径，规范和监督定价行为，维护定价秩序。

（3）市场竞争规则。竞争规则实际上是在不完全竞争市场上的有效市场规则，其中包括针对欺诈、虚假广告、合谋、倾销等不正当竞争行为所实施的有效的市场规则。这里主要涉及两个方面的规则：一是有区别地反垄断，市场经济的有效运行需要充分竞争，没有竞争就没有市场经济，特别是在由计划经济转向市场经济的过程中，创造充分竞争的环境是转向市场经济的必要条件。最为重要的是把完全垄断市场限制在最低限度。二是规范竞争行为，竞争有效率也有成本，降低竞争费用（交易成本的主要部分）是竞争规则的核心内容。优胜劣汰的竞争不等于可以不惜手段不计成本进行恶性竞争。竞争中出现的欺诈、串谋、虚假广告等不正当竞争行为都可能造成过高的竞争费用和交易成本，并导致低效率。企业相互之间轮番降价进行恶性竞争，过度广告宣传等行为都在无形中极大地增加了市场竞争成本，使整个社会的交易费用增大，甚至超过竞争所获得的效率提高。因而要求适当的规则来规范竞争行为，降低竞争费用，在充分竞争的要求下实行适度竞争，防止恶性竞争的发生，对于旨在规定垄断高价和控制供给的相互勾结的行为毫不宽容。

（4）政府干预市场的规则。按照竞争方式建立市场秩序，首先要求破除政府对竞争的行政限制，消除政策倾斜，使所有的企业都处于竞争的同一起跑线上，不因所有制、地区、部门的差异受到不公正的待遇。针对竞争不充分的现状，强化竞争的主要途径是调整政府行为：一是打破地方政府的保护；二是取消各种倾斜和歧视政策，使各个企业在国家的统一政策条件下唯一地依靠自己的竞争力争得利益。只有破除这些竞争的行政性限制才能产生有效竞争的环境。在竞争范式的市场经济理论中，市场在公共产品、外部性和维持市场秩序方面失灵，因此政府主要在这些市场失灵的领域介入。针对经济生活中的各种无序现象，如不正当竞争、假冒伪劣产品、暴利等，政府干预一方面有助于增强对不法行为的打击力度，保障现有市场体系下的市场秩序；而另一方面，也是更重要的，是通过政府的干预，依靠政府的力量，积极培育市场力量，完善市场组织，增强市场协调能力。

7.3.3　制度范式的市场规则

（1）降低交易费用的规则。传统的市场经济理论把人们在市场上的交易过程归结为单纯的市场机制的操作，市场的运行被假定为无成本的过程，收集市场信息和通过市场配置资源均是无成本的。人们在市场调节下的调整也是无摩擦的，因此，市场这只看不见的手协调和组织经济是无成本的。所有的变化都可以通过市场的完全运行来实现。事实上，市场经济的运行也是有交易成本的。交易成本包括寻找市场、寻找真实价格的信息成本、谈判成本、签约成本和监督合约执行的成本。这种实行市场运行的成本，不可能靠市场本身来降低。在交易成本为正时，需要进行某种制度安排来克服。这表明市场规则是降低交易成本的制度安排。降低竞争费用是降低交易成本的主要部分。竞争中出现的欺诈、串谋、虚假广告等不正当竞争行为都可能造成过高的竞争费用和交易成本，并导致低效率。整个社会的交易费用增大，超过竞争所获得的效率。这就需要有一定的规则来规范竞争行为，在充分竞争的要求下实行适度竞争，防止恶性竞争的发生。

（2）遵守契约规则。在市场经济的运作中，由于各个经济主体是平等的利益主体，经济联系的纽带是合同（契约），正因为如此，市场经济被称为契约经济。现代信息经济学发现，现实的市场是信息不完全的市场。理想中的完全竞争市场之所以能达到资源的最优配置是因为在那里信息是完备的，但现实中的经济总是处于信息不完备状态。不仅如此，市场信息还可能被故意隐瞒。在信息不完全的市场上，市场交易的结果是不确定的，不可避免会产生有限理性和投机。在这种背景下，必须通过契约来对人们的机会主义行为进行约束，解决不确定性和信息不完备所带来的效率损失问题。现代经济学将所有的市场交易，无论是否直接签订合同，都看做是一种契约关系。市场秩序的混乱都是对契约的破坏。交易成本也与契约相关，其中包括契约签订前的交易成本和契约签订后的交易成本。可见，遵守契约对于维护市场正常运行、降低交易费用具有重要的作用，是市场经济运行不可缺少的基本规则。

（3）政府监管的规则。竞争的市场需要"裁判"和"警察"来维持秩序。政府就承担这种"裁判"和"警察"的职能。政府提供的规则有两个目的：一是界定和保护产权，"界定形成产权结构的竞争与合作的基本规则，这能使统治者的租金最大化"。二是降低交易成本，"降低交易费用以使社会产出最大，从而使国家税收增加"。政府监管主要方式包括法制和政府调控。法律制度是克服交易成本的重要途径。市场经济在一定意义上说是分散化的经济，市场经济运作中的无序造成的摩擦会产生高昂的交易成本。因此，市场经济必须是法制经济，只有这样，才可能有市场经济的存在和发展。政府调控可以解决市场失灵和宏观经济波动等问题，但是，政府的调控机制本身也需要制度化。针对政府承担调节功能并介入公共产品分配后难以克服的腐败和寻租现象，克服政府失灵，还需要建立政府干预的规范。"其中包括约束政府干预经济的权力，规范政府干预经济的行为，推进民主政治。"①

本 章 提 要

1. 市场经济的运行就是市场经济的现实运作过程，是市场机制作用的结果，是在一定的场所和具体制度环境中来进行的。

2. 市场经济的运行机制包括价格机制、动力机制、竞争机制、信息传递机制、决策机制、约束机制等六个方面，其核心是价格机制。

3. 人们利己动机所引致的机会主义行为会导致市场经济运行秩序的混乱，为了使市场经济有序运作，必须建立市场经济运行的规则。市场经济规则包括竞争范式的市场规则与制度范式的市场规则。

➤关键概念

市场经济运行　市场运行机制　市场运行秩序　市场运行规则
竞争范式的市场规则　制度范式的市场规则

➤复习思考题

1. 我国市场经济运行具有哪些特点？
2. 请比较计划经济和市场经济运行中的信息传到机制。
3. 维持市场经济运作秩序的基本途径是什么？
4. 请比较古典范式的市场规则和制度范式的市场规则。

---

① 洪银兴. 论市场规则及相关的制度安排. 西北大学学报，2005，3：1~8

➤ 材料分析题

铅笔的故事

我，铅笔，尽管看起来平平凡凡，但是也值得你探索和敬畏，我会证明给你看的。我可以教给你们一些深刻的启示。而且我给你的启示，要比汽车、飞机或者是洗碗机还要深刻——这恰恰是因为，我看起来是这么地简单。

数不清的来源

你不能把你的家族追溯到很遥远的时代，同样，我也不大可能叫得出我的所有前身的名字，并对其做出解释。不过，我想尽可能地列出来，让你对我的背景的丰富性和复杂性好有个认识。

我的家谱得从一棵树算起，一棵生长在加利福尼亚北部和俄勒冈州的挺拔的雪松。现在，你可以想象一下，锯子、卡车、绳子，以及无数用于砍伐和把雪松圆木搬运到铁道旁的各种设备。再想想制造砍伐和运输工具的形形色色的人和数不胜数的技能：开采矿石，冶炼钢铁，再将其加工成锯子、轴、发动机；要种植大麻，经过复杂的工序将其加工成粗壮的绳子；伐木场要有床铺、有帐篷、要做饭、要消耗各种食物。哎呀，忘了说了，在伐木工喝的每杯咖啡背后，也有成千上万的人的劳作！

想想圣莱安德罗的木材加工厂。雪松圆木被切割成铅笔那么长的薄板条，只有1/4英寸（1英寸＝2.54厘米）厚。要在烘干炉内将这些板条烘干，然而，涂上颜色，就像妇女们往脸上涂脂抹粉一个道理。人们喜欢我看起来漂漂亮亮的，不喜欢我煞白的模样。板条上蜡，然后再烘干。制造颜料，烘干需要的热量，照明，电力，传动带，电动机，一家工厂所需要的一切设备等，所有这一切需要多少技能？工厂里的清洁工也算我的前身吗？不错，还应该包括那些向太平洋天然气与电力公司的电站大坝浇铸水泥的人！因为，正是这些发电站向工厂供应了电力。

现在，到了铅笔制造厂——这样的工厂在机械设备和厂房建筑上要投入400万美元，这一切资本，都是我的生身父母们通过省吃俭用才积累下来的。一台很复杂的机器在每根板条上开出八条细槽，之后，再由一台机器在另外的板条上铺设笔芯，用胶水粘住，然后，放到其他的板条上面——可以说，做成了一块笔芯三明治。再由机器切割这"牢牢粘在一起的木头"三明治，我跟七位兄弟就诞生了。

我的"铅笔芯"本身——它其实根本就不含铅——就相当复杂。石墨开采自锡兰。想想那些矿工和制造他们所用的工具的人，以及那些制作用轮船运输石墨的纸袋子的工人，还有那些装船的人、造船的人。甚至，守护沿途灯塔的人也为我的诞生出了一把力——还有港口的领航员们。

石墨要与产自密西西比河床的黏土混合，在精炼过程中，还要用到氢氧化铵。然后，要添加增湿剂，如经过磺酸盐处理的油脂——这是用动物脂肪与硫磺酸进行化学反应制造出来的。经过一道又一道机器，这些混合物最后看起来是在源源不断地挤出来——好像是从一台香肠研磨机中挤出来似的——按尺寸切断，晾干，再在华氏1 850度的温度下烘烤数个小时。为了提高其强度和顺滑性，还要用一种滚热的混合物处理铅笔芯，其中包括固体石蜡、经过氢化处理的天然脂肪和产自墨西哥的大戟石蜡。

我的雪松木杆上涂了六层漆。你知道油漆的全部成分吗？谁能想到蓖麻子的种植者和蓖麻油的加工者也是我的前身的一个组成部分？他们确实都是。啊，仅仅是把油漆调制成一种美丽的黄颜色的工序，所涉及的各种各样的人们的技巧，就数不胜数了。

我身上的那点金属——金属箍——是黄铜的。想想那些开采锌矿石和铜矿石的人们吧，还有那些运用自己的技能，把这些自然的赐予物制作成闪闪发光的薄薄的黄铜片的人们。金属箍上的黑圈是黑镍。黑镍是什么东西，又有什么用途？为什么在我的金属箍的中间部分没有黑镍，光这个问题，就得用上好多页纸才能回答清楚。

然后就是我那至高无上的王冠，在该行业中被人很粗俗地称之"塞子"，就是人们用来擦除用我犯下的错误的那个东西。起擦除作用的那种成分叫做"硫化油胶"。看起来像橡胶一样的东西，是由荷兰东印度群岛出产的菜籽油跟氯化硫进行化学反应制造出来的。与一般人想象的相反，橡胶则仅仅起黏合的作用。在这儿，需要各种各样的硫化剂和催化剂。浮石产自意大利，给"塞子"上色的颜料则是硫化铬。

无人主宰

伐木工人、化工工人，或石墨、黏土开采工，或者是操纵机器生产金属箍上的滚花的工人，或者是铅笔制造公司的总裁，所有这些人，都不是由于本人需要我而干自己的那份工作的。很可能，他们每个人对我的需求都不如一年级小学生更殷切，事实上，在这无数的人中，有的人可能从来就没有见过铅笔，也根本不知道怎样使用铅笔。他们根本就没有想到过我。他们的动机也许是这样的：这成百万人中的每个人都明白，他可以因此而用自己那微不足道的实际知识来换取自己需要或短缺的物品和服务。在这些需要中，可能包括我，也可能不包括我。

在这个过程中，并没有一个主宰者来发号施令，或强制性地指挥生产我的这无数的生产活动。一点都没有存在这种人物的迹象。相反，我们发现，看不见的手在发挥作用。这就是我在前面提过的神秘的东西。

我，铅笔，是种种奇迹的复杂的结合：树、锌、铜、石墨等。然而，在这些大自然所显现的种种奇迹之外，还有一个更为非凡的奇迹：人的种种创造精神的聚合——成百上千万微不足道的实际知识，自然地、自发地整合到一起，从而对人的需求和欲望做出反应，在这个过程中，竟然没有任何人来主宰！只有上帝才能造树，因此我也坚持，正是上帝，才造出了我。人是不可能指挥这成百上千万的实际知识聚集到一起造出我来的，就像他不可能把分子聚合到一起造出一棵树一样。

　　资料来源：柯武刚，史漫飞．制度经济学．北京：商务印书馆，2002.23～27

　　阅读上述材料分析：

　　（1）通过"铅笔的故事"来分析市场经济运行中"看不见的手"的作用。

　　（2）通过"铅笔的故事"来分析一个有效运行的市场经济需要的条件。

主要参考文献

白永秀. 2000. 中国现代市场经济研究. 西安：陕西人民出版社

白永秀，王军旗. 2003. 市场经济教程. 北京：中国人民大学出版社

樊纲. 1996. 市场机制与市场效率. 上海：上海三联书店，上海人民出版社

顾钰民. 2004. 社会主义市场经济论. 上海：复旦大学出版社

洪银兴. 2005. 论市场规则及相关的制度安排. 西北大学学报，1：1～8

黄亚均. 2000. 微观经济学. 北京：高等教育出版社

伍柏麟. 1996. 社会主义市场经济学教程. 上海：复旦大学出版社

第 8 章

社会主义市场经济的运行场所

市场体系是社会主义市场经济运行的场所和载体，培育完善的市场体系是建立和完善社会主义市场经济的一个重要内容。本章围绕市场体系的建立和完善，在介绍市场体系的内涵、结构、特征以及现代市场体系发育过程的基础上，重点讨论我国市场体系的培育与发展。

■ 8.1 市场体系的内涵与结构

8.1.1 市场体系的内涵

从狭义上来讲，市场是商品（劳务）交换的领域和场所，是连接市场主体的桥梁，也是市场主体之间进行各种商品交换的领域。从广义上来看，市场是人们交换关系的总和。随着社会生产力水平的提高，社会分工的进一步发展，商品交换发展到较高的阶段，交换成为社会经济活动的普遍的形式，于是形成了许多不同层次、不同形态、不同范围、不同类型的市场，各种类型与各种形态的市场相互联系就构成了一种反映错综复杂经济关系的市场体系。所谓市场体系就是指这些相互联系、相互依存、相互制约的各种市场结合而形成的有机系统或整体，也就是用系统的观点来考察的各种层次、各种形态、各种类型的市场关系总和。[①]

---

① 白永秀. 中国现代市场经济研究. 西安：陕西人民出版社，2001. 308

8.1.2　市场体系的结构

一个完善的市场体系结构是由市场的主体结构、客体结构、时间结构、空间结构和形态结构等要素复合而成的，是这些要素的有机结合。对于这些要素的统一体进行深入的结构分析，有利于探究其最佳组合方式和发挥其整体功能。

1. 市场体系的主体结构

所谓市场主体，就是指监护交换客体进入市场，并按一定的规则参与市场活动、发生市场交换关系的当事人。市场活动首先是人的行为，因而主体结构是市场体系的基础结构。作为市场主体都必须是经济利益主体，就是在一定生产关系下从事市场活动以满足自身需要的个人或群体。一般而言，市场主体包括个人、企业和国家。

个人或家庭作为市场主体，其参与市场活动的表现是：购买消费品和劳务、个人投资。在现代市场经济活动中，"个人"是以多重身份出现的，作为个人集合体的"家庭"与"个人"在整个经济循环过程中所发挥出的功能密切相关。由于个人或家庭的消费行为是发生在市场交换之后的，因而它是市场体系的消费主体。

企业作为市场主体，在市场活动中的表现是：形成市场供给、形成市场需求、接受市场引导、影响市场运行。由于企业的行为发生在市场运行的过程中，并形成市场运行的推动力量，因而企业是市场体系的运行主体。

政府作为特殊的市场行为主体的表现是：在微观经济领域，直接参与种类有限的"公共产品"的生产。以投资者和投资品购买者的身份，将其掌握的资金，直接投放于生产资料市场。以消费品购买者身份，影响消费品市场的供给和需求。在宏观经济领域，采取经济的、法律的、行政的手段，创造良好经济环境，维持正常经济秩序。由于政府行为是凌驾在市场之上发生作用的，因而政府是市场体系调节主体。

2. 市场体系的客体结构

所谓市场体系的客体结构是指加入市场交换活动的各种交易对象所形成的各种交易总量及其构成。交易对象在市场交换中体现着一定经济关系，是各种经济利益关系的物质承担者。据此，我们可以将一个完备的市场体系的客体结构分为两大市场：一般商品（生产资料、生活资料和服务）市场和要素（金融市场、劳动力市场、房地产市场、技术市场、信息市场等）市场。

3. 市场体系的时间结构

市场体系的时间结构是指市场交易的时间范围和形态，按照市场交易的时间范围和形态，市场体系的时间结构分为：

（1）现货交易市场。这是指即时实现交易行为并就交易对象进行交割的交易市场。在这种交易方式中，市场主体和交易对象的权利让渡和空间易位同时进行。其特点是：进行现货交易的双方是单纯的买卖关系；双方都只能根据当时供求状况的商品质量情况，确定成交价格和交易数量，并立即结束交易；不会出现由于延期执行而造成的某些虚假。

（2）期货交易市场。这是指交易行为在前，实物和货款交割在后的进行期货合约买卖的市场。在这种市场交易方式中，市场主体权利让渡和交易对象的实际换位在时间上分离。买进期货者到期务必接受所买货物，卖出期货者到期有交付所卖货物的义务。因此成交时，不要求买卖双方现场交割实物和货款，未到交割期限以前，还允许买卖双方转卖或买回，因此尽管从事期货交易者需具有一定资格和遵守有关规则，但由于买进卖出均无实物和货款也会形成投机行为。

4. 市场体系的空间结构

所谓市场体系的空间结构，是指各种市场活动范围等级所占的比重及其相互关系。一般来说，市场体系的空间结构可以分为四个层次：以地方分工为基础形成的地方市场；以经济活动地域专业化分工为基础的区域市场；在各具特色、互为供求关系的区域市场融合基础上形成的国内统一市场；在各国经济之间互相开放基础上形成的国际市场。四个层次市场空间结构，是经济资源依照比较利益原则和地域分工原则高效流动与合理配置的基础。

5. 市场体系的形态结构

市场体系的形态结构是指市场体系中各种交易场所的存在形式及构成（各种市场形态之间的比例）。市场总是在一定的具体形态下运行的，离开存在的具体形态就不可能有市场的存在。市场的空间形态是随着商品交换的发展而不断完善的，市场体系按存在的形态可划分为有形商品市场和无形商品市场，其中，有形商品市场可分为农产品市场、工业品市场、消费品市场、生产资料市场和房地产市场，而无形市场可分为产权市场、服务市场和文化市场。

8.2　现代市场体系的一般特征

市场体系是市场主体交易行为的基础，是市场经济中经济利益实现的地点，集中体现了市场主体之间的经济关系。同时，各类市场的相互作用、制约，是实现市场一般均衡的基础。市场体系的特征集中反映在以下四个方面。

（1）统一性。在一个完整的市场体系中，各类市场在其运行中虽有各自的特点，但各类市场在结构上，在运行的基本要素以及功能优化的目标等方面又是统一的。市场体系的统一性具体表现在：市场体系是一个结构完整、层次合理的统一体。市场体系是由商品市场和要素市场构成的，只注重商品市场的运行而忽略要素市场的存在及其功能，社会资源就无法实现优化配置。从市场体系的内部结构上看它也应该是统一的。以劳动力市场为例，不但要建立普通职工的劳务市场，而且要建立科技人员和管理人员的人才交流市场；从其内部的每一个空间组成部分看，市场体系在规模、结构、布局等方面均有区别，从而形成合理的多层次市场系统。市场体系是市场要素共同作用的统一体，市场体系的运行，取决于各类市场的形成和发展，而各类市场的形成和发展，又取决于市场主体、市场客体、竞争、供求和价格等要素的存在及作用状况。

（2）开放性。市场体系不应是封闭式的市场体系，而应是合乎生产社会化、国际化潮流，符合现代市场经济要求的市场体系。社会化大生产和商品经济的发展，要求市场体系是一个开放性的系统。这不仅是指各地市场对内开放，即随着生产社会化和商品经济发展，各地方市场不断发展和完善，成为相互联系、相互渗透、相互开放的整体系统，而且还指国内市场的对外开放。市场体系的开放性表现为：它不是自我封闭的，而是内外全方位开放的；不是独家垄断的，而是充满竞争的；不是相互割裂的，而是相互补充、相互联系的有机统一体；不是完全自发的分散性开放系统，而是由国家宏观调控指导的。市场经济的正常运行与发展，没有一个竞争的、统一的、开放的市场体系是不可能实现的。市场体系的开放性也是市场经济的内在要求与商品流通的属性决定的，它对合理配置社会经济资源，增强国民经济活力具有重要意义。

（3）竞争性。竞争是市场机制的一个要素，具有健全的市场机制的市场体系必然具有竞争性。竞争是追求各自利益的经济活动当事人之间的复杂的相互作用过程，是市场体系有效运作的必要条件。竞争的主要功能表现在：一方面，竞争作用于市场价值的形成。市场价值的形成，包括个别价值向社会价值转化及市场价值的确定。前者借助于卖者之间的竞争来实现，后者决定于市场类型，而市场类型又取决于竞争。由于需求量大于供给量因而售卖者处于优势地位的市场即为卖方市场；反之，由于供给量大于需求量因而商品购买者处于优势地位的市场即是买方市场。卖方市场和买方市场两种市场形态之间存在着相互转化的可能性。这种转化的重要前提就是竞争。另一方面，竞争作用于市场价格的运行。市场价格围绕市场价值的波动，是由供求关系的变动而引起的。但供求变动仅仅为市场价格变化提供动因，还必须有来自竞争的压力促使其实现。而市场价格使得各个卖者互相施加足够大的压力，从而把社会需要所要求的商品量，也就是社会能够按市场价值支付的商品量提供到市场上来。

（4）有序性。有序性是相对于无序性而言的，即市场体系运行的规范化、秩序化。市场体系运行的有序性是以价值规律为核心的客观经济规律所要求的。价值规律要求商品交换按等价的原则进行。商品交换的等价性能否实现或实现多少，又取决于交换过程中的竞争状况。而平等竞争有利于实现等价交换，因此等价交换和平等竞争要求市场运作过程的有序性。市场运作的有序性又主要表现为市场主体的经济行为的合理化、有序化。为此一切经济活动，不论是市场主体的进入和市场交易行为，还是市场内部的管理和市场外部的环境，都需要平等的原则和公正交易的规则，需要在法律的规范下有序地进行。

8.3　现代市场体系的发育过程

人类社会经济发展的历史表明，市场的产生、发展以及现代市场体系的形成过程基本上是一个自然历史过程。它不能凭借人们的主观意志凭空建立，而必须依赖于客观经济条件而逐步地发育成熟起来。从简单商品交换市场到市场体系的形成是在原始市场经济向古典市场经济的转化过程中完成的；而从市场体系的完善到现代市场体系的形成是在古典市场经济向现代市场经济的转化过程中完成的。如果从市场经济发展的历史过程来考察，市场的形成和市场体系的发育、完善大体经历了以下四个阶段[1][2]：

（1）市场的萌芽阶段。在原始社会末期，随着生产力水平的提高，产品开始有了少量剩余，于是出现了简单或偶然的物物交换，与此相适应，出现了萌芽状态的市场。其特点是有"市"而无"场"，即有了交换活动，但没有固定的交换场所。稍后，随着商品交换的进一步发展，以货币为媒介的交换出现，社会分工有了进一步的发展，市场经济的基础初步建立，这就为市场的形成和市场体系的萌芽提供了基本条件。

（2）市场的形成和市场体系雏形的出现阶段。在奴隶社会和封建社会初中期，市场已经形成。但总的来说，这时的市场经济仍以原始市场经济为主。由于受到商品交换的广度和深度的制约，市场还不成熟、不发达，市场的类型少，结构单一，时空差异不大。因此，市场体系仅仅开始萌芽，尚未形成。到封建社会后期，随着市场经济的发展，商品交换的领域和空间进一步扩展，各类市场也得到了一定的发展，市场成为人们生活中不可缺少的一个组成部分。于是，市场管理便提到议事日程上来。一些重要的市场交易规则、交易制度被制定出来，并出现了专门维护市场秩序的合法组织。人们在市场上的行为便逐渐规范化，并作为

---

① 白永秀. 中国现代市场经济研究. 西安：陕西人民出版社，1996.312～314
② 唐骑龙. 浅论资本主义世界市场体系的形成、影响及启示. 湖南经济管理干部学院学报，2005，2：91～93

习惯慢慢地固定下来。

（3）市场体系的形成阶段。进入资本主义社会以后，由于生产力的发展以及社会分工的进一步细化，商品生产与商品交换越来越发达。在资本主义商品生产与商品交换的推动下，世界市场体系已初步形成。这表现在：一方面，劳动力市场和资本市场的形成以及生产要素市场的出现使原有的市场体系得到了进一步完善。另一方面，市场主体的形成，政府、企业和家庭居民户作为市场运行的三大主体在市场竞争中自行确定商品的市场价格，促进了供求关系、竞争关系的完善，从而使市场体系形成，市场机制开始成熟。

（4）市场体系的完善和现代市场体系的形成阶段。第二次世界大战以后，资本主义世界市场体系的初步形成为市场体系的完善和现代市场体系的形成创造了极为有利的条件，到20世纪初，市场体系的发育进入完善阶段，同时现代市场体系开始形成。这表现在：一方面，从市场的结构看，市场的客体结构由单纯的物质资料市场（生产资料市场和消费资料市场）和劳动力市场、资本市场等，发展为物质产品与非物质产品相结合的多种市场，不但有了全部产品成为商品的一般商品市场，而且有了各种生产要素市场。与此同时，市场的主体结构、空间结构、时间结构等也逐步趋于合理，各种类型的市场同时并存，互相渗透，形成了以生产要素市场为主体、各种市场有机结合的庞大、完备的市场体系。另一方面，从市场机制看，由单纯的价值规律发生作用的市场机制发展为价值规律、计划规律等多种手段共同调节、共同发挥作用的现代市场机制。各种调节手段在现代市场上的综合运用与有机结合形成了现代市场体系的统一调节机制。

8.4　我国社会主义市场体系的培育与发展

8.4.1　我国市场体系发育的现状

十四届三中全会明确提出了培育和发展市场体系的任务，即"发挥市场机制在资源配置中的基础性作用，必须培育和发展市场体系"[①]。总体来看，经过十几年的努力，我国市场体系发育主要在以下几方面取得了重大的进展。

1. 商品市场体系基本建成，有形商品的市场交易载体发挥着越来越大的作用

商品市场是现代市场体系的重要基础。经过30多年改革开放，特别是随着社会主义市场经济体制的初步建立，我国商品市场快速成长，在国民经济发展中发挥着越来越重要的作用。多层次的商品市场体系已基本建成，包括生产资料市场和生

---

① 勒系林. 关于健全我国市场体系问题的思考. 南昌高专学报，2005，4：89～92

活资料市场、有形市场和无形市场、期货市场和现货市场、批发市场与零售市场、城市市场与农村市场、国内市场和国际市场。市场的培育和发展，适应了消费者消费行为、消费结构的变化，不断满足着市场的即期消费需求。据统计，目前我国消费品市场达到 5 万多个，年成交额近 50%，其中，综合性市场 1 194 个，专业市场 1 728 个。农产品批发市场达到 4 000 多个，70% 以上的农产品流通依靠这个渠道，城市现代流通企业和流通方式在加快向农村延伸，新建和改造标准化农村连锁店 7 万家。目前国内贸易主体达到 1 700 万个，限额以上连锁零售法人发展到 1 055 家，51.5% 的批发零售额是由小企业和个体经营户实现的，私营商业企业占经营单位总数比重高达 93%。我国已经形成了多种经济成分、多种市场流通渠道、多种经营方式并存的商品市场格局，形成了遍布城乡的商品流通网络体系，形成了比较完备的商业网点基础设施。商品市场的现代化步伐明显加快，发达国家探索了一二百年形成的现代流通组织形式和经营业态，我国不到 20 年都发展起来了。电子商务、连锁经营和现代物流配送日益受到重视和推广，商品的单品管理、条形码的普及、自动销售管理系统（POS）的应用、现代物流配送设施建设都取得了较快发展。

2. 各类要素加快发展，要素市场初具规模

（1）基本形成了多层次金融市场体系。包括主板市场、中小板块、股份代办转让系统、债券等的多层次资本市场体系正在形成。股票发行上市的市场化约束机制得到加强，市场产品结构、上市公司结构和投资者结构不断改善。

（2）技术市场、房地产市场、信息市场、劳动力市场、土地市场、产权市场和土地市场等要素市场体系框架初步确立。近年来，我国技术市场合同市场成交总金额快速增长。劳动力市场改革进一步加快，城乡劳动力市场基本形成体系，市场导向就业的机制在就业和再就业市场对配置劳动力资源开始起主导作用。产权市场逐步发展，交易的规范化程度不断提高，并在促进各类企业产权流动和企业重组中发挥作用。土地市场的市场化定价机制初步建立，政府对土地市场的宏观调控得到加强和完善。更多的生产要素进入市场进行交换，使市场在资源配置中的基础性作用得到更大发挥。

（3）供过于求成为市场常态，供求关系决定价格的价格形成机制已经确立。随着经济的持续快速发展，到 20 世纪末，商品市场的供求关系发生了重大变化，从以商品短缺为主要特征的"卖方市场"转变为绝大多数商品供大于求的"买方市场"。技术、信息、劳动力、产权、房地产市场等商品和服务价格，也有相当部分由市场供求关系调节。在汇率形成方面，从 2005 年 7 月 21 日起，我国实行以市场供求为基础、参考一篮子货币进行统计、有管理的浮动汇率制度，提高了汇率的市场弹性。市场供求关系的变化，使消费需求成为拉动经济增长的主要力量。

(4) 市场微观主体再造已经完成,多元化市场主体空前活跃。我国多种所有制结构日趋多元化,外资企业、国有企业、个体私营企业等多种所有制市场主体共同竞争的格局进一步形成,国民经济的微观活力增强。公司制改造推动了国有企业制度创新和机制转换。国有经济实行战略性调整,虽然在 GDP 中的比重下降,但是效益提高。混合所有制经济迅速壮大,成为经济发展的重要支撑力量。多元化的所有制结构符合社会主义初级阶段生产力发展的内在要求,成为支撑现代市场生存和发展的主体,日益显现出旺盛的生命力。

(5) 要素市场开放程度大大提高,国内市场与国际市场全面接轨。在商品市场对外开放的基础上,国内要素市场与国际要素市场已经形成内外贸一体化格局。随着加入 WTO 承诺的入世过渡期基本结束,我国将进一步融入世界贸易的多边体制,国内要素市场将与国际要素市场全面对接。

8.4.2 我国市场体系发育中存在的问题

虽然我国市场体系发育取得了很大的进展,但与真正完善、成熟的现代市场体系相比较,仍然存在不少问题[①],主要表现在以下几个方面。

1. 全国统一市场仍未真正形成

统一性是市场体系发展的内在要求。然而,不同地区、部门之间的市场分割和封锁始终是困扰我国市场体系健康发育的突出问题。这种分割和封锁的表现形式也随着市场环境的变化在不断变换。与 20 世纪 80 年代中后期相比,当前地方保护表现得更加隐蔽和多样化,呈现出以下三个突出特点:

(1) 保护的内容发生变化。改革初期,在商品和要素普遍短缺的情况下,地方保护的主要内容是阻止本地资源的外流。随着经济的发展和商品买方市场的基本形成,地方保护的内容发生了明显变化,从以保护当地资源为主转向保护当地市场为主,采取各种办法保护本地产品在当地的销售,限制外地产品进入当地市场。

(2) 保护手段更加隐秘。过去,地方保护常常采取直截了当的办法,例如,通过在道路上设关设卡直接限制,通过颁布"红头文件"等措施硬性规定等。在中央政府三令五申、明文规定禁止地方保护后,地方保护的方式变得越来越隐秘,越来越难以识别和对付。

(3) 保护范围不断扩大。由产品市场扩大到要素市场。例如,有些地方政府利用对户籍、劳动力管理等措施,限制外地及农村劳动力进入本地就业,保护当

---

① 阳天寿. 我国市场体系发育中存在的主要问题及对策. 湖南经济管理干部学院学报,2004,7:9～
11

地的劳动力市场；有些地方政府利用投资项目和国有资产管理的审批权力，干预企业重组和资本自由流动；有些地方通过给予本地企业减免税费，提供信贷资金、廉价批地等政策支持。

2. 市场运行秩序混乱

目前我国信用缺失和市场无序问题相当严重，无论是商品市场还是要素市场，都存在交易无序和信用问题。在商品市场上假冒伪劣商品屡禁不止，企业之间三角债非常严重；期货市场上欺诈、人为造市等问题不乏其例，证券市场上虚假信息层出不穷，这些已严重地威胁到市场经济的健康发展。

3. 公平竞争的市场环境尚未形成

一是仍存在行业垄断问题。表现在强买强卖和拒绝开放市场引入竞争。例如，电力、电信、铁路等领域的行业主管部门作为行业利益的代表，以其属于自然垄断行业为借口，拒绝开放市场，引入竞争。二是各类市场主体之间平等使用生产要素的环境尚未完全形成，国内很多市场的对内开放度仍很低，对一些商品和服务仍然实行严格的专营制度和审批制度，限制非国有成分经营；在银行信贷、股票上市、直接融资等方面，对大、中、小企业、对国有和民营企业仍有不同的待遇和限制。保险市场、金融市场等服务贸易领域的市场化程度仍然较低，不适应我国加入 WTO 后的市场竞争要求。

> **案例提示 8-1　民营航空降价事件**

2006 年 5 月，在武汉，由于东星航空首航期间推出 "买机票赠港澳游"、"999 元港澳双飞 5 日游" 等活动，报价比市场价要低 700～800 元，结果遭到八大航空公司的联合封杀。2005 年春秋航空 "超低票价" 事件中，民航总局又明言 "机票不得低于 4.5 折"，以维护老牌航空公司的利益。

资料来源：新浪新闻中心.http://www.sina.com.cn，2006 年 6 月 25 日
讨论：（1）垄断行业市场化进程缓慢的症结何在？
（2）你认为如何推动垄断行业市场化改革？

4. 法律法规体系不健全

客观地看，十四届三中全会以来，商品市场和要素市场的各种规章制度、运行机制已逐步建立起来。但从法制建设来看，还存在着不少问题：一是各类市场在法律、法规方面仍存在一些空白。二是与已出台的相关法律、法规相配套的实施细则仍然缺乏，使得很多法律法规出台后缺乏实施的可操作性，使法律法规的作用大打折扣。三是有法不依、执法不严的问题比较严重地存在，特别是涉及一

些地方和部门的重要利益时，法律的约束力往往不足。四是随着我国加入WTO，一些原有法律法规和部分条款不再适用的问题凸显出来。

8.4.3　进一步完善我国现代市场体系的主要措施

在经济全球化趋势加速发展的形势下，要想更多地分享经济全球化的好处，就必须加快建立现代市场体系，提高我国的竞争力和参与国际市场竞争的能力。"进一步完善现代市场体系，是今后一定时期内重要而迫切的任务"[①]，需要在以下几个方面着力推进工作。

1. 加快建设并健全全国统一开放市场

建设现代市场体系的首要任务是加快形成统一开放的全国大市场，促进商品和要素实现跨地区自由流动。这是进一步完善社会主义市场经济体制、提升市场资源配置功能和提高经济运行效率的内在要求。

（1）打破垄断，增强市场的统一性。必须废止妨碍公平竞争、设置行政壁垒、排斥外地产品和服务的各种分割市场的规定，打破行政性垄断、行业垄断、经济垄断和地区封锁，增强市场的统一性。应加快反垄断法的实施工作，应用新出台的反垄断法，将行政性垄断、行业垄断和经济性垄断纳入规制范围，加大反垄断力度。

（2）完善市场法规，消除市场分割性。加快制定或修订保护和促进公平竞争的法律法规和政府规制，保障各类经济主体获得公平的市场准入机会；依法规范政府行为，界定政府在市场准入和市场运营方面的权限和行为，提高市场准入程序的公开化和透明度；针对国内市场的分割问题，强化打破地区封锁的协调工作机制，消除行政壁垒、地方保护等分割市场的行为。

（3）推进流通现代化，促进要素自由流动。推进现代流通进程，积极发展电子商务、连锁经营、物流配送等现代流通方式，促进商品和各种要素在全国范围自由流动和充分竞争。

2. 进一步完善和提升商品市场

完善商品市场体系的目标应当是：按照建立统一开放竞争有序的现代市场体系的要求，在优化结构的基础上，努力扩大市场规模，完善市场功能，建立现代化的商品流通网络体系，初步形成布局合理、结构优化、功能齐备、制度完善、现代化水平较高的商品市场体系。

---

① 陈文玲. 进一步完善我国现代市场体系是"十一五"时期的战略任务. 宏观经济研究，2006，4：53～57

（1）进一步完善日用消费品市场。以增强和完善城市商业功能为核心，对中心商业区、区域商业中心、社区商业及专业特色街进行科学规划布局，形成功能明确、分工合理的多层次的城市商业格局。一是调整优化零售业态结构。应下大力气改造和调整传统零售业务，促进大型百货企业的改造与整合，引导中小型百货商场进行业态调整，推动小商品市场、日用工业品零售交易市场转型升级。有序发展仓储式商场、专业店、专卖店等新的业态形式，适度发展大型综合超市，控制发展大型购物中心。二是大力发展社区商业服务体系。把方便居民日常生活的社区商业作为发展重点，不断增强社区商业服务功能，重视社区商业设施配套，建设集购物、餐饮、生活服务和休闲等多功能的社区商业体系。三是继续实施"万村千乡"工程。解决农村消费品流通渠道不畅的问题，加快城市流通网络和现代流通方式向农村延伸。四是实施"品牌振兴"计划。实现由目前以培育产品品牌为主，向产品品牌、企业品牌、区域品牌和国际品牌等品牌竞争战略转变。五是构建商品循环链条，促进梯次消费。大力发展旧货市场，在一些重要城市和大型城市社区建设一批再生资源回收服务网络平台，初步形成具有现代化水平的回收、加工、集散市场。

（2）加快农产品市场体系建设。围绕社会主义新农村建设，构建顺畅高效、便捷安全的农产品流通体系。抓紧完善农产品流通领域标准体系和监测体系，实行采购、储存、加工、运输、销售等全过程质量安全控制：一是鼓励和引导农产品直接进入零售市场。提高农产品在连锁超市、便利店直接进入零售业态中的经营比重，目前发达国家农产品在新型零售业态中的销售比重在60％以上。二是大力改造和提升农产品批发市场。推进重点农产品批发市场的标准化改造，优化农产品批发市场的地区布局和功能协调，今后应重点培育具有影响力和辐射力的全国性和跨区域的大型号标准化批发市场，一批规范化和现代化的区域和地方性标准化批发市场。三是稳步发展农产品期货市场。逐步推出为生产者和消费者提供价格发现和套期保值功能的大宗农产品期货，研究总结小麦、棉花、大豆和白糖等农产品期货交易的经验，为积极稳妥利用期货市场规避风险和调节供求功能，提高我国农产品在国际市场价格形成中的话语权创造条件。四是加快发展农产品物流体系。加快培育专业化的农产品运销企业和物流配送企业，建立以冷藏和低温仓储、绿色运输通道为主的冷链系统，尽快改变农产品流通环节多、流通成本高、市场秩序混乱的状况。

（3）推进生产资料市场创新。按照现代生产方式要求，发展多样化生产资料经营方式。一是运用信息技术和现代物流技术改造生产资料的流通方式。整合生产资料传统的流通方式，加快组织形式和营销模式创新，发挥其规模、网络、设施和人才等优势。对生产环节集中、标准化程度高的钢材、煤炭、石油等大宗生产资料，鼓励企业采用以直达供货的分销方式，减少流通环节。二是创新营销方式。鼓励生产资料市场建立信息体系，探索网上交易等新型交易模式。推行招标采购制度，对大型工程项目所需原材料和设备，推动大型企业建立集中统一的采购中心。鼓励带有小型批发性质的会员制销售与"限购自运式"连销超市的发展，支持"工业品超市"加快发展。三是促进生产资料市场升级换代。依托大中型城市、交通枢纽和产业集群，调整优化生产资料市场结构，积极探索大宗商品网上交易、票据交易、会员制交易等交易形式，规范大宗生产资料交易的中远期交易和票据交易行为。四是完善农业生产资料流通网络。鼓励发展农资连销经营，建立以集中采购、统一配送为核心的新型营销体系，支持有条件的农资企业更多地吸收社会资本建立农资连销经营体系。

3. 培育和发展要素市场，完善价格形成机制

加快培育和发展要素市场，改革要素市场的价格形成机制，是完善现代市场体系的重点。

（1）培育和发展要素市场。一是继续发展土地市场。改进和完善政府管理土地市场的方式，建立市场化的土地交易定价机制，经营性土地使用权一律通过招标拍卖挂牌出让，由市场确定土地使用者和土地转让价格，进一步发挥市场在土地资源配置中的基础性作用。完善土地税制和土地二级市场的管理，建立资源占用的约束机制，综合运用经济、法律和行政手段，切实保护农民土地财产权。二是积极发展劳动力市场。重点是建立健全市场化的用工机制，合理引导劳动力流向，建立与我国经济社会发展相适应、与市场需求相匹配的劳动力队伍。消除各种阻碍劳动力合理流动的不合理制度，创造平等竞争的就业环境，建立健全社会保障体系，建立多样化劳动就业和专业技能培育的社会服务。三是进一步健全技术市场。促进技术成果向现实生产力高效转化，放活技术市场主体，放开技术市场要素，拓宽技术市场范围，扩大技术市场功能。鼓励科研院所、高等院校、大中型企业、农村技术经济合作组织等市场主体，进入技术市场进行技术交易。加强技术市场建设，规范技术交易行为，提高我国技术市场的国际化程度。四是大力发展资本市场。建立多层次资本市场体系，完善资本市场结构，丰富资本市场产品。加强市场的基础性制度建设，从根本上解决资本市场与市场需求及国民经济发展不适应的矛盾。积极稳妥推进股权分置改革，推进风险投资和创业板市场建设，规范和发展主板市场，积极拓展债券市场，扩大直接融资。

（2）完善要素市场的价格形成机制。加快资源价格改革步伐，进一步减少政府对资源配置和价格形成的干预，切实建立起反映市场供求、资源稀缺程度以及污染损失成本的价格形成机制。今后的重点是五个方面：一是全面推进水价改革。扩大水资源费征收范围，提高征收标准；推进面向农民的终端水价制度，逐步提高农业用水价格；全面开征污水处理费，尽快把污水处理收费标准调整到保

本微利水平；合理提高水利工程和城市供水价格等。二是积极推进电价改革。逐步建立发电售电价格由市场竞争形成、输电配电价格实行政府定价的价格形成机制。将上网电价由政府制定逐步过渡到由市场竞争形成。三是完善石油天然气定定价机制。按照与国际市场价格接轨的原则，建立既反映国际市场石油价格变化，又考虑国内市场供求、生产成本和社会各方面承受力的石油价格形成机制。四是全面实现煤炭价格市场化。减少政府对煤价形成的干预；研究全面反映煤炭资源成本、生产成本和环境成本的核算方式；完善煤电价格联动机制，通过市场化方式实现煤电价格的良性互动。五是完善土地价格形成机制。使土地价格真实反映土地市场供求和土地价值，反映土地资源及其稀缺状况。严格控制行政划拨用地范围，扩大经营性用地招标、拍卖、挂牌出让方式的范围，减少协议出让土地的数量。

4. 加快发展现代服务业，提高社会服务水平

服务业是现代市场体系的重要组成部分，是发展潜力巨大的市场，主要是拓展生产性服务业和消费性服务业，细化深化专业分工，降低社会交易成本，提高资源配置效率和社会服务水平。

（1）优先发展交通运输业和现代物流业。发展交通运输业，合理布局交通基础设施，使各种运输方式有效衔接、有效组合、有效配置，提高共享程度和利用率；发展现代物流业，按照现代物流的理念和技术改造传统的物流方式，建立新型供应链体系，积极发展第三方物流服务，培育专业化的物流企业。

（2）有序发展金融服务业和信息服务业。发展金融服务业，健全金融体系，完善服务功能，创新服务品种，提高服务质量，发展综合类金融服务和网上金融服务，包括融资服务、理财服务、租赁服务和创业投资等。拓宽保险服务领域，积极发展养老保险、医疗保险、农业保险、责任保险等服务。发展信息服务业，改善邮政和电信基础业务，大力发展增值服务，促进普遍服务，发展互联网产业服务。积极发展电子商务，加快推进电子政务，整合网络资源，提高信息资源的利用效率和效益。

（3）积极发展商业服务和公共服务业。规范发展商务服务业，特别是发展围绕发挥市场机制基础性作用提供服务的中介服务业，如咨询服务、投资和资产管理服务、科技服务、法律服务、信息技术服务、会计审计服务、税务资产评估服务、知识产权服务等行业；继续发展和丰富消费性服务业，如商业、餐饮业、养老服务、物业管理等行业；注重发展就业吸纳能力强的社区服务；加快发展公用服务，如医疗、教育、卫生、供水、供气、供热、公共交通、污水处理、垃圾处理、供电、通信、邮政等公用服务业。

5. 继续规范和整顿市场秩序

建立现代市场体系，必须继续整顿和规范市场秩序。"治乱要用重典"，要加大对各类违法犯罪活动的打击力度，净化市场环境和社会环境。强化市场法制，加快推进法制建设、制度建设和社会信用体系建设，特别是加快建立现代社会信用体系，建立失信惩戒机制，提高失信和犯罪、犯错成本，建立维护市场秩序的长效机制。

在全国集中开展治理商业贿赂专项工作，继续抓好直接关系人民群众身体健康和生命安全的食品、药品的专项整治，严厉惩处制售假、商业欺诈、走私贩私、偷逃骗税和金融证券犯罪，严厉打击传销和变相传销活动。加大知识产权保护力度。

本 章 提 要

1. 一个完善、成熟的市场体系结构是由市场的主体结构、客体结构、时间结构、空间结构和形态结构等要素复合而成的，是这些要素的有机统一。市场体系的一般特征包括统一性、开放性、竞争性、有序性。

2. 现代市场体系的发育经历了四个阶段：市场的萌芽阶段、市场的形成和市场体系雏形的出现阶段、市场体系的形成阶段、市场体系的完善和现代市场体系的形成阶段。

3. 我国市场体系发育取得了较大的进展，但是我国市场体系发育仍然存在许多深层次的问题，主要有：全国统一市场仍未真正形成；各类市场间发育不平衡，要素市场发育严重滞后；市场运行秩序混乱；公平竞争的市场环境尚未形成；法律法规体系不健全。

4. 进一步完善现代市场体系的主要措施有：加快建设并健全全国统一开放市场；进一步完善和提升商品市场；培育和发展要素市场，完善价格形成机制；加快发展现代服务业；继续规范和整顿市场经济秩序。

➤关键概念

市场体系　市场体系的主体结构　市场体系的客体结构　市场体系的空间结构
市场体系的形态结构　现货交易市场　期货交易市场　货款交易市场

➤复习思考题

1. 市场体系的特征是什么？
2. 现代市场体系发育经历了哪几个主要阶段？

3. 我国市场体系发育的现状及存在的问题是什么？

4. 进一步完善我国市场体系应采取哪些措施？

➤ 材料分析题

酒类品牌企业受困地方保护

日前，记者随"品牌万里行"推广团途经山东日照与当地品牌企业座谈。当问及企业最需要政府哪方面的支持时，山东日照尧王酒业集团代表口中首先奔出的就是"制止地方保护"几个字。

尽管多年来"地方保护主义者该醒'酒'了"的呼声一浪高过一浪，国家也三令五申禁止地区封锁，然而，地方保护主义者似乎依然横行，特别是烟和酒类产品品牌要进入异地市场，更是"入场无门"。

也许人们对"会议指定用酒"的说法并不陌生，事实上，这就是一张地方保护主义的标签或者通行证，显示的是地方权力部门对本地酒厂的特殊"照顾"。有此权力符号，当地酒厂就能以无形的太极之手将外地酒赶出公务接待的宴席。

对外埠酒实行总量控制，规定外埠酒进入当地的特殊审批程序，较高的专卖利润征收标准……成文和不成文的维护本地区利益的酒类专卖"规定"并不鲜见。想要拓展外地市场的酒类企业不得不一家家跑商店、饭店，上门推销，效率低、效果差，很难打开市场。

"要进入外地酒店，进场费张口就是5万到10万元。"如此高昂的"市场拓展费"对于一般的企业来说不仅仅是不公平的问题，也不仅仅是对其实力的考验，而是根本无法经营。

更有甚者，某些当地"酒办"对本地酒的有奖促销活动睁一只眼闭一只眼，而对外地酒则严惩不贷。还经常巧立名目乱查扣、乱罚款……如此种种，即使是当地的酒品经营户也是无可奈何，就更别谈酒企的苦恼心酸了。

真正的市场经济就是充分的市场竞争经济，而一个品牌要发展和壮大更不容市场的人为割据。然而，当经济理论与当地的切身利益发生冲突时，许多地方政府做出的选择仍然是地方利益。

为了巧妙地避开地区封锁，青岛啤酒找到的路径是投入大量的市场建设费在收购当地的啤酒厂，把市场促销和地方投资相结合，为当地经济发展作贡献。如今，青岛啤酒已在全国各地收购了50多家企业。

要打破地区封锁发展品牌，企业自身的努力自然必不可少。但像青岛啤酒一般的雄厚实力又有几家能比？企业更多的还是把希望寄托在政府身上。

从2006年起，商务部颁布的《酒类流通管理办法》明文规定，不得限制或阻碍合法酒类商品在本地区的流通。同时，严厉打击地区封锁的整顿市场经济秩序专项行动也相继展开。人们看到了打破地区封锁的些许希望。

然而，要从根本上打破地区封锁，除了立法、制裁外，或许更多的还是要依靠各地政府的观念的转变和意识的提高，毕竟从长远来说，地区封锁限制最终是要限制当地经济发展的。

资料来源：http://ibdaily.mofcom.gov.cn/show.asp? id＝130936，2006 年 6 月 27 日

阅读上述材料分析：

(1) 地方保护主义的成因及危害表现在哪些方面？

(2) 你认为如何才能从根本上消除地方保护主义？

(3) 青岛啤酒投资收购当地啤酒厂的做法对打破地方保护主义有何借鉴意义？你认为作为企业在打破地方保护主义方面还可以采取哪些措施？

主要参考文献

白永秀. 1996. 中国现代市场经济研究. 西安：陕西人民出版社

刘国光，杜世镛. 2002. 社会主义市场经济概论. 北京：人民出版社

王珏. 2003. 市场经济概论. 北京：中央党校出版社

王维澄，李连仲. 1995. 社会主义市场经济教程. 北京：北京大学出版社

魏杰. 1993. 社会主义市场经济通论. 北京：中国人民大学出版社

夏永祥. 2002. 社会主义市场经济理论. 北京：高等教育出版社

第 9 章

社会主义市场经济的
运行规律

社会主义现代市场经济是遵循一定的规律运行的，各种各样的规律互相制约、有机结合在一起，形成了社会主义现代市场的经济规律体系。在这个规律体系中，最重要的是反映社会主义生产目的与生产手段之间内在联系的社会主义现代市场经济的基本经济规律，以及反映市场经济共有属性的价值规律、竞争规律和供求规律。本章主要研究和探讨市场经济基本规律的内涵及其作用。

9.1 社会主义市场经济的规律体系

市场经济运行过程中有各种各样的必然联系与发展趋势，形成了一系列反映错综复杂经济关系的市场经济规律。各种类型的经济规律，在市场经济运行中互相联系、互相制约、共同发生作用，按照一定的方式有机结合在一起就形成了社会主义现代市场经济规律体系。要大力发展社会主义现代市场经济，就必须研究和探讨其运行的规律。

9.1.1 市场经济运行规律的内涵

1. 市场经济运行规律

市场经济运行规律是市场经济发展过程中固有的必然联系与发展趋势，是反映现实经济生活中各种现象之间内在的、本质的必然联系。这些规律是必然的、客观的，因为它们是建立在一定的经济条件之上的，而这些经济条件是客观的，不以人们的意志为转移的。

社会主义现代市场经济运行过程中有各种各样的必然联系与发展趋势，这些必然联系与发展趋势，形成了一系列反映错综复杂经济关系的市场经济规律。其中有：反映人类经济活动的共有规律，如节约劳动时间规律、经济效益规律等；反映市场经济运行的一般规律，如价值规律、竞争规律、供求规律等；反映建立在社会化大生产基础上现代市场经济的一般规律，如按比例发展规律、计划调节规律等；反映建立在社会主义公有制基础上的市场经济的特有规律，如按劳分配规律、公平与效益统一规律等。

2. 市场经济规律体系

各种类型的市场经济规律，在社会主义市场经济运行中互相联系、互相制约、共同发生作用，按照一定的方式有机结合在一起就形成了社会主义现代市场经济规律体系。在这个规律体系中，最重要的是反映社会主义生产目的与生产手段之间内在联系的社会主义现代市场经济的基本经济规律，以及反映市场经济共有属性的价值规律、竞争规律和供求规律。由于价格机制、竞争机制、供求机制是构成现代市场机制的三大要素，而这三者实际上是价值规律、竞争规律和供求规律发生作用的方式，因而这三大规律就显得更加重要。正是由于这些原因，研究社会主义现代市场经济的运行规律不能不研究它们。

9.1.2 社会主义现代市场经济规律体系的类型

社会主义现代市场经济规律体系，就是指在社会主义现代市场经济条件下所有经济规律有机结合在一起而形成的经济规律系统。社会主义现代市场经济中有各种各样的规律，但这些规律不是杂乱无章的，而是按照一定的方式相结合，形成了若干类型。对于这些规律类型的划分，我国学术界具有不同的看法。我们认为，它们从总体上可以划分为两大类，即共有经济规律与特有经济规律。但由于它们赖以存在的市场经济具有不同的类型以及社会形态具有不同的性质，因而这些规律又排列组合为不同的细分类型。社会主义现代市场经济运行的规律体系可以划分为以下三大类型。

1. 一切社会经济活动过程中共有的规律

从社会主义市场经济运行与其他社会经济活动联系的角度看，我们可以概括出一切社会经济活动过程中的共有规律，它们反映的是一切社会形态下经济活动的共有发展趋势和必然联系。例如，生产关系适应生产力发展的规律、节约劳动时间规律、经济效益规律、有效配置资源规律等。这些规律所反映的是一切人类社会经济活动的共性。它说明虽然由于各种社会形态的性质不同、生产力发展水平不同，它们之间存在着不同的一面，但另一方面由于它们之间还存在着一些共同的经济条件，具有共同的经济规律。这就要求我们在发展社会主义市场经济中，需要学习、继承和发展人类历史经济活动中一切有积极意义的东西。

2. 若干社会经济活动过程中共有的规律

由于社会性质或市场经济的发展水平相同，某些社会经济活动中具有一些共同的发展趋势与必然联系，因而具有共同的规律。其中，又可分为以下四种类型：

（1）从公有制的共性看，有反映原始公有制经济、社会主义公有制经济、共产主义公有制经济之间共有发展趋势与必然联系的规律。它们反映的是这些社会形态下经济运行的共性，例如，满足全体劳动者需要的规律等。

（2）从私有制的共性看，有反映奴隶社会私有制经济、封建社会私有制经济、资本主义私有制经济运行之间共有发展趋势与必然联系的规律。它们反映的是这些社会形态下经济运行的共性，例如，满足少数剥削阶级需要的规律等。

（3）从市场经济的共性看，有反映一切市场经济运行过程中共有发展趋势与必然联系的规律。这些规律有价值规律、竞争规律、供求规律、物质利益规律、价格规律、货币流通规律等。它们反映的是社会主义市场经济与一切市场经济相互联系的一面，把各种不同类型的市场经济的共性联系在一起。正是由于这一点，我们在发展中国特色的社会主义现代市场经济中，需要学习和继承人类历史上各种市场经济的优秀成果和经验，要充分利用其中可供借鉴的东西。

（4）从市场经济的现代性看，有反映建立在社会化大生产基础上的现代市场经济运行过程中共有发展趋势与必然联系的规律。这些规律有国家宏观调控规律、合理配置资源规律、平均利润规律、计划调节规律、按比例发展规律、规模经济效益规律等。这些规律反映的是一切现代市场经济所具有的共性方面，把社会主义现代市场经济与其他现代市场经济联系起来。正是由于这一点，我们在发展社会主义现代市场经济中要注意学习和引进发达国家发展市场经济的经验，吸取它们的教训，要遵守国际市场经济发展的惯例。

在上述四种类型的经济规律中，除第二种规律（即私有制经济中共有的规律）不包括在社会主义市场经济规律体系中，其余第一、三、四种规律都包括在社会主义市场经济规律体系中。因此，我们在发展社会主义市场经济中，要认真研究与探讨这些规律，注意充分发挥它们对社会主义经济的调节作用。

3. 社会主义现代市场经济运行的特有规律

由于社会主义现代市场经济是建立在公有制基础上的，它与其他市场经济有不同的一面，所以它有自己的一系列特有规律，例如，社会主义现代市场经济的基本经济规律、公有制主导下的多种经济成分并存规律、按劳分配与按要素分配结合规律、一部分人先富起来基础上的共同富裕规律等。这些规律反映的是社会主义现代市场经济的特征，把社会主义现代市场经济与其他市场经济区别开来。这就要求我们在发展社会主义现代市场经济中，要坚持自己的特色，尤其要坚持社会主义公有制为主导的指导思想，坚持社会主义为全体劳动者谋福利的生产目的，坚持全体人民共同富裕的原则，因此，就要重点探讨社会主义现代市场经济的基本经济规律。

基本经济规律是反映一个社会生产目的与实现这一目的的手段之间的内在联系，它反映一个社会经济发展的必然趋势，在该社会的一切经济规律中居于支配与领导地位，决定该社会经济活动的一切主要过程与主要方面。

资本主义基本经济规律是反映资本主义社会生产目的与生产手段之间的内在联系与必然趋势。按照马克思的论述，资本主义市场经济的基本规律是剩余价值规律，它决定了资本主义经济产生、发展、灭亡的全过程。在这个规律基础上，形成了资本有机构成提高规律、资本积累规律、无产阶级贫困化规律以及资本主义必然灭亡规律等。

社会主义现代市场经济的基本经济规律，是反映建立在社会化大生产基础上的社会主义生产目的与实现这一目的的手段之间的内在联系与必然趋势。根据社会主义市场经济发展的实践，我们认为社会主义现代市场经济的基本规律可表述如下："通过发展现代市场经济的途径与不断吸收现代科学技术新成果进行技术创新的手段，用努力提高劳动生产率和推进生产力发展的办法，最大限度地不断满足国家、集体和全体劳动者日益增长的物质、文化、精神生活等多层次的需要"[①]。

从生产目的看，社会主义现代市场经济条件下的生产目的应该是最大限度地不断满足全体劳动者日益增长的物质、文化、精神生活等多层次的需要。这里包括四层含义：

（1）满足全体劳动者的需要，因为社会主义社会是全体劳动者当家做主的社会，其生产目的必然是满足全体劳动者的需要，而不是个别人的需要。这同资本主义生产为少数人服务的目的截然不同。

（2）满足劳动者物质、文化、精神等多层次的生活需要。社会主义条件下劳动者的需要是多层次的，由低级的生存需要到高级的发展需要、精神需要。其顺序是：先满足低层次的物质生活需要，再满足较高层次的文化生活需要，最后满足追求事业成功、社会奉献、个人价值实现等最高层次的精神需要。因此，社会主义发展市场经济的目的不能只满足吃饱穿暖的低级需要，而要满足多层次的需要。

---

① 白永秀，任保平．试论社会主义初级阶段的基本经济规律．经济评论，2000，5：119～126

（3）最大限度地满足劳动者的需要。虽然由于受生产力水平等客观条件的限制，社会主义不可能完全满足劳动者的一切需要，但应该经过各种努力，千方百计地在现有的客观经济条件下最大限度地满足劳动者的需要。

（4）不断满足需要。劳动者的需要是在不断发展变化的，需要的满足是永无止境的，满足与不满足是相对的。要经过努力，使社会主义力争更好地满足需要，即今天比昨天、明天比今天能更好地满足劳动者的需要。

从生产手段看，实现社会主义生产目的的手段应当是：发展现代市场经济与科学技术以及由此决定的劳动生产率水平的提高。这里包括三层含义：①在总结新中国成立以来经验教训的基础上，深化经济体制改革，大力发展市场经济，充分发挥市场机制的积极作用；②发展现代科学技术，提高生产经营手段的自动化水平，减轻劳动者的负担；③用市场机制的作用与科学技术的力量，提高劳动生产率，降低单位商品价格，提高劳动者的实际工资水平进而提高消费和生活水平。

中国特色的社会主义现代市场经济是一场前所未有的伟大社会实践，它所具有的一些特有规律的问题，需要我们加强调查研究，从我国发展市场经济的实践中予以发现与概括。这正是社会主义市场经济条件下，我国理论工作者艰巨而复杂的任务。

■9.2　价值规律

价值规律是商品生产和商品交换的基本规律，也是现代市场经济运行的重要规律。任何存在商品生产和商品交换的地方，就必然有价值规律的存在及其作用，在商品生产与商品交换越发达的现代市场经济中，价值规律的作用就越能得到充分发挥。因此，价值规律当然也是我国现代市场经济的重要规律。

9.2.1　价值规律的基本内容和表现形式

价值规律的基本内容和客观要求是：在商品生产中，商品的价值由生产商品的社会必要劳动时间决定；在流通中，商品交换依据价值量大小进行，实行等价交换。马克思在《资本论》第三卷总结商品价值的性质时指出："价值不是由某个生产者生产一定量商品或某个商品所必要的劳动时间决定，而是由社会必要的劳动时间，由当时社会平均生产条件下生产市场上这种商品的社会必需总量所必要的劳动时间决定。"[①] 这里"当时社会平均生产条件下生产市场上这种商品所必要的劳动时间"是社会必要劳动时间的第一层含义，"生产市场上这种商品的社会必需总量所必要的劳动时间"是社会必要劳动时间的第二层含义。前者属于

---

① 马克思．资本论（第 3 卷）．北京：人民出版社，1975．752

价值决定问题，后者属于价值实现问题。全面地把握社会必要劳动时间的这两层含义，才能深入地理解价值与价格、供给与需求、竞争等问题。因此，价值规律是商品生产中价值决定和商品交换中价值实现的统一，这一规律反映的是价值存在和价值运动全部过程的基本规律性。

既然价值规律要求商品之间的交换要遵循等价交换的原则，表面看就是要求每个商品的价格要与价值相一致。但是，在现实的商品交换中，商品的价格与价值相一致只是个别的、偶然的现象，二者不一致却是经常的和大量的现象。

实际上，价格与价值经常不一致，不是以私有制为基础的市场经济特有的现象，而是一切市场经济共有的现象，它是价值规律发生作用的表现形式。马克思说"商品价值的性质——本来也是在市场价格的形式上，进一步说就是，在这个起调节作用的市场价格或市场生产价格的形式上表示出来的。"① 正是在市场价格的形式上，才使价值规律的作用得以发挥。

（1）价格是价值的货币表现，价格要以价值为基础。源于两种含义的社会必要时间的关系，市场上才存在着商品供给量和需求量的对比关系，即供求关系。当某种商品在市场上的供给量小于需求量时，商品的购买者为了获得商品必然竞相购买，价格就会上涨，这时价格就高于价值；当某种商品的供给量超过需求量时，商品销售者必然竞相出售，这时价格就会跌到价值以下。这种情况，不只是以私有制为基础的市场经济中才会发生的，在以公有制为基础的市场经济中，商品的供给与需求也会经常存在着不平衡，商品的价格与价值也就会经常地不一致。但无论价格高于价值还是低于价值，都是以价值为基础的。

（2）商品的价格与价值经常不一致，并不意味着违背了价值规律，更不意味着价值规律失去了作用。这是因为：①从孤立的一种商品交换来看，该种商品的价格可能高于或低于价值；但从参加交换的全部商品看，有的价格高于价值，有的价格低于价值，二者互相抵消，商品的总价格与总价值还是一致的。②从某种商品的一次交换过程或短期来看，价格与价值可能是不一致的；但从多次交换或从长期来看，有时价格高于价值，有时价格低于价值，价格的上涨部分与下跌部分相互抵消，平均价格与价值是相等的。③从商品价格变动的幅度看，每种商品的价格无论怎样波动，都是以各自的价值为基础而变动的，波动幅度是有限的，而不是无限上涨或下跌。这些情况，也不是以私有制为基础的市场经济所特有的，公有制为基础的市场经济仍然会出现这些情况。应该说，在现代市场经济中，由于价格机制完善，经济信息畅通，竞争机制高度灵敏，因而更会如此。

（3）价格与价值不一致，价格围绕价值上下波动，既不是对价值规律的否定，也不是以私有制为基础的市场经济的弊端，而是价值规律发生作用所采取的

---

① 马克思．资本论（第3卷）．北京：人民出版社，1975.752

必然方式。在商品交换中，由于供求关系的作用，商品价格会围绕价值上下波动，但价格上下波动既不是无限地上涨也不是无限地下跌，它上涨后又下跌，下跌后又上涨，根据供求规律的作用不断发生变化。这种情况，不是私有制为基础的市场经济的弊端，而是价值规律作为客观规律在发生作用时为自己开辟道路的表现形式。因为只有通过商品价格的上下波动，商品按社会必要劳动时间决定的价值进行交换，才有可能变为现实，价值规律方有发挥作用的途径和方式，它的调节作用才能得到贯彻。

9.2.2　价值规律在社会主义现代市场经济中的作用

关于价值规律在社会主义现代市场经济中的作用问题，经济理论界的认识经历了一个曲折的发展过程。从国际上看，大体经历了四个发展阶段：①在 20 世纪 30 年代及其之前，以苏联为代表的经济理论界基本上否定价值规律的存在及其作用；②到了 40 年代，开始承认价值规律的存在，但对其作用的看法不一致，认为它是一种经过"改造"的规律；③在 50 年代，肯定了价值规律在社会主义经济中的作用，但否定价值规律对生产的调节作用，并认为对价值规律的客观作用应进行种种限制；④在 70 年代，各国经济理论界普遍纠正了"价值规律对社会主义生产只起影响作用，而不具有调节作用"的观点，肯定了其对生产、流通等各方面的调节作用。

从我国经济理论发展实践看，人们对价值规律作用的认识发展大体经历了三个阶段：①在 20 世纪 50～60 年代，基本上受斯大林关于价值规律对社会主义生产只起影响作用而不具有调节作用观点的影响，只承认价值规律对流通的调节作用，不承认价值规律对生产的调节作用。②20 世纪 70 年代末～80 年代初，我国经济学界否定了将价值规律视为社会主义国民经济有计划发展规律的对立物、社会主义经济中的异己力量、必须加以限制等错误见解，认识到社会主义条件下价值规律不仅对流通领域而且对生产领域也起调节作用，它与计划调节可以统一起来，并指出计划经济必须自觉地依据和运用价值规律。但是，认为价值规律对社会主义经济发展只具有"一定程度的调节作用"，主要还是靠计划规律来调节。③20 世纪 90 年代初，我国社会主义市场经济理论的确立，实际就是肯定了价值规律对社会主义生产的主要调节作用。在这里，价值规律起着基础性的、主要的调节作用，而计划调节起着第二次的、辅助性的调节作用。

我们认为，社会主义经济是现代市场经济，而现代市场经济运行的主要规律或重要规律就是价值规律，所以价值规律对社会主义现代市场经济起着最主要的调节作用。

（1）调节社会主义生产，促进社会生产力的发展。社会主义经济是现代市场经济。现代市场经济条件下的企业作为商品生产者，必须实行自主经营，自负盈亏，以自己的商品销售收入补偿支出才能取得盈利。商品价格的高低，会影响企业生产经营的收入、支出和盈利，直接关系到企业职工的物质利益和企业的再生产。因此，价格高于价值，必然促使企业扩大生产，以获取更多的利润；价格低于价值，会促使企业缩小生产规模或转产，以减少损失。价值规律就是通过价格围绕价值上下变动并趋于同价值一致的形式，调节着社会必要的总劳动时间在各个生产部门之间的分配比例，从而实现社会资源的优化配置。社会主义发展现代市场经济，就是充分运用价值规律的调节作用，使生产要素在不同部门之间转移，从而调节社会资源在各个部门的分配比例，优化产业结构。

（2）调节供求关系，促进社会主义商品流通。根据价值规律的要求，商品交换以价值为基础，价格高于或低于价值都会影响商品的供求关系。一般来说，价格高于价值会促使增加供给，缩减需求；价格低于价值会促使增加需求，缩减供给。价值规律对商品流通的调节作用表现在供给按照同价格相同的方向变动，需求按照同价格相反的方向变动。在社会主义现代市场经济条件下，投入流通的商品既有消费资料，也有生产资料以及其他生产要素，价值规律对它们的供求都起着调节作用。因此，社会主义现代市场经济条件下价值规律对商品流通具有广阔的调节范围，通过价值规律对商品供求关系的调节，促进社会主义商品流通，繁荣社会主义经济，从而更好满足劳动者需要。

（3）促进企业改善经营管理，改进生产技术，提高劳动生产率，增加经济效益。经营管理就是企业面向市场生产适销对路的产品，加强对劳动耗费和劳动成果的科学管理，达到节约劳动，提高经济效益的目的。价值规律的作用就在于督促企业在生产经营中努力节约劳动时间，提高经济效益。因为价值规律要求商品的价值决定于社会必要劳动时间，商品按照社会价值交换。如果企业生产商品的个别劳动时间少于社会必要劳动时间，就会获得较多的盈利；如果企业生产商品的个别劳动时间多于社会必要劳动时间，就不能获得盈利，甚至出现亏损。为了降低个别劳动时间，企业必须精打细算，改善经营管理，改进生产技术，提高劳动生产率。因此，价值规律的这一作用是促使企业改善经营管理，以较少的劳动耗费取得更多的劳动成果，通过降低个别劳动时间提高经济效益的重要途径。

（4）刺激商品生产者展开竞争，促使生产者发生分化，出现优胜劣汰，促进社会资源的优化配置。在努力降低商品个别劳动时间和争夺市场份额的竞争中，好的企业会不断发展壮大，差的企业就会遭受失败、甚至破产。价值规律的这种分化作用，就会使生产者优胜劣汰，有利于社会资源的优化配置，但同时也会出现贫富差距和两极分化，需要社会税收调节和社会保障体制的调节。

9.2.3 自觉利用价值规律促进社会主义现代市场经济的发展

社会主义市场经济是现代市场经济，这种现代市场经济不但不排斥计划调节，而且有待于人们自觉利用宏观调控，弥补市场经济运行中自身无法克服的弊端。这就提出了自觉利用价值规律，促进社会主义现代市场经济发展的必要性。社会主义国家自觉利用价值规律，促进经济发展问题可以从以下四方面着手：

（1）自觉利用价值规律，建立社会主义现代市场经济的宏观调控体制。社会主义国家可以利用价值规律对社会主义生产的调节作用，合理确定价格政策，利用与价值有关的经济杠杆，把市场调节与计划调节结合起来，自觉地在市场机制中引进计划调节，建立现代市场经济条件下的宏观调控体制。特别是运用价格、税收、利率、汇率等经济杠杆来调节经济运行，从而形成一个充满活力和生机的现代市场经济运行机制。只有如此，才能推动企业适应社会需要，促进生产的发展，使国民经济各部门按照社会需要的比例实行良性循环。

（2）制定合理的价格政策和利用价格变动，调节社会生产与消费结构，实现供求总量与结构的基本平衡。国家在制定价格政策时，依据价值规律，使价格以价值为基础，同时反映供求关系，促进供求总量与结构的基本平衡。在现代市场经济的价格体制方面，应根据各类商品在国民经济中的不同地位，分别实行不同的价格形式。对于绝大部分商品实行自由价格，随行就市，自由涨落。同时要力求保持价格的相对稳定，又有相当的灵活性，可以及时调节生产结构与消费结构，使供求关系由不平衡达到新的平衡。

（3）自觉利用价值规律，提高商品生产与交换的投资效益。在现代市场经济条件下，社会主义国家的投资体制发生了根本性的变化。无论是国家还是企业或个人，作为投资主体，不断进行投资决策，都追求最佳的投资效益。因此，在生产与交换的投资方面，投资主体既要考虑社会需要的满足，又要考虑各种投资在一定时期向社会投资主体提供的收入，尤其要考虑以收抵支并盈利的问题，力争使各种商品的销售收入抵偿生产和其他方面的费用，并带来投资的较高效益。可见，在确定投资方向、提高投资效益方面，同样要运用价值规律的作用。

（4）利用价值规律，推动企业改善经营管理。利用个别劳动时间和社会必要劳动时间的差额，按照价值规律的要求，以社会必要劳动量为价值基础，来促进国有企业改善经营管理，改进生产技术，减少物化劳动和活劳动的耗费，达到提高经济效益的目的。这样，价值规律在促进各部门内部生产进步，提高微观经济效益的同时，也将会促进整个社会生产力的发展和社会宏观经济效益的提高。

■9.3　竞争规律

竞争是指商品生产经营者在商品生产和商品交换中，谋求降低商品个别劳动时间和争夺市场份额形成的关系，包括同一行业内企业之间的竞争和行业之间的竞争。只要有现代市场经济存在，就必然存在着竞争，竞争规律必然会起作用，它是不以人们的意志为转移的客观规律。

9.3.1　竞争规律的含义及其表现形式

竞争规律是反映商品生产经营者在同一部门内和不同部门间的为争夺有利市场和有利投资机会而进行争斗的内在的必然联系和趋势，它是现代市场经济中价值规律的存在和作用的必然产物，也是现代市场经济运行的重要规律。

现代市场经济条件下，价值规律的存在和作用必然引起两个矛盾，两个矛盾运动的结果必然引起和形成竞争的两种表现形式。

（1）个别劳动时间与社会必要劳动时间的矛盾必然引起同一行业内企业之间的竞争。价值规律要求商品的价值决定于社会必要劳动时间而不是个别劳动时间，这是第一层含义的社会必要劳动时间的作用，从而生产和经营某商品的个别劳动时间低于社会必要劳动时间的商品生产经营者，就会得到较多的盈利；反之，就会少得利，甚至无利或亏本。正因为如此，生产和经营同类商品的生产经营者之间必然为争取生产和经营商品的个别劳动时间低于社会必要劳动时间而进行竞争。只有通过同一行业内部不同商品生产经营者（企业）之间的竞争，才能形成社会必要劳动时间，也才有可能降低社会必要劳动时间，增加商品生产经营者的盈利。这种企业之间竞争的结果必然会形成社会必要劳动时间这一标尺，个别企业会取得超过平均利润的超额利润。

（2）价值与价格的矛盾必然引起不同部门间的竞争。价值规律要求商品的交换以价值为基础，由于第二层含义的社会必要劳动时间的作用，价值实现只能以这种商品的社会必需总量所必要的劳动时间来决定，必然引起供求关系的变化，使商品的价格围绕价值上下波动，从而促使商品生产者为市场生产经营供不应求的商品，也就是价格高于价值的商品而展开部门之间的竞争，以获取更多的利润。竞争的方式是资本（资金）从价格低的部门转移到价格高的部门，竞争的结果使利润率平均化形成生产价格。这种部门之间的竞争使资本按社会需要的比例分布在相应的部门，从而使供给与需求达到相对平衡。

上述两个矛盾引起两种不同的竞争，这是竞争存在的两种不同形式，即企业之间的竞争与部门之间的竞争。现代市场经济条件下的一切竞争都可以归结为以上两种不同的方式。竞争的过程中会出现强强联手、优势互补的"竞合"现象，它有利于企业发展壮大和产业结构调整，但对于垄断市场和行业的"垄断"现象，则要通过产业政策和法律加以限制。

➢ **案例提示 9-1　认识中国电信业的国际竞争力**

电信发展初期，由于它的全程全网特性，在当时的技术条件下引入竞争得不偿失，很长时间内被广泛认为是"自然垄断"产业，各国几乎都采用政企合一、独家垄断的方式经营电信业。但是，随着电信技术的不断进步，电信业的可竞争性不断显现，并最终导致了电信业垄断体制的瓦解。"破除垄断，引入竞争"，成为 20 世纪最后 10 年全球电信改革的主旋律。一些新兴公司采用新技术，不仅提供了优于传统运营商的服务，而且取得了显著的经营业绩。世界电信改革，发端于美国 1984 年对美国电报电话公司（AT&T）的分拆。这次分拆不仅促使美国电信产业走上竞争之路，还诱发了世界其他国家和地区的电信改革潮流。之后，伴随以光纤传输、IP 交换、无线接入等技术大规模商用为标志的新一轮技术革命的兴起，电信竞争的浪潮席卷全球。技术进步为产业体制变革创造了条件，市场竞争则加速了产业体制变革的进程。近年来日益激烈的竞争，导致电信业在优胜劣汰中重新走向集中与融合。2005 年年初，美国西南贝尔电信公司收购了当年从垄断巨头美国电报电话公司拆分出来并继承其商号的长途公司（AT&T）。接着，维尔岑公司（VERIZON）又收购了当年电信垄断的"挑战者"微波传输公司（MCI）。历经几番并购重组，当年的垄断者及其挑战者同时消亡，美国电信业又重归数家大公司主导，产业再度追求规模效益。市场竞争推动电信产业全球化步伐不断提速。近几年，国内市场国际化、全球竞争本地化成为人所共知的趋势。空前激烈的竞争使全球电信领域最近几年出现了新一轮以"融合"为特征的变革：长途电信公司与本地电信公司融合，移动电话公司与固定电话公司融合，计算机通信公司与电信公司融合，广播电视网络公司与电信公司融合。这些融合的案例已大量发生于美国、欧洲甚至印度等国。

以 1994 年国务院批准成立中国联合通信公司为标志，我国电信改革正式启动。十余年的改革，结出了丰硕的果实。作为国民经济和社会信息化助推器的电信业，不仅带动了上游的设备制造业和下游的信息服务业，还为实施信息化带动工业化的赶超战略提供了网络保障；电信业实现了向市场经济的快速转变，市场需求发挥着配置资源的基础性作用，竞争成为企业发展、改善服务的主要动力，国有经济在电信业的控制力不断增强；电信服务日益普及，服务质量不断提高，资费水平持续下降，发展成果惠及广大群众。到 2004 年年底，我国固定电话和移动电话用户数均已突破三亿，高居世界第一位，宽带接入用户居世界第三位。但是，必须清醒地看到，我国电信企业的竞争力仍然较弱，难以适应日益激烈的国际竞争。要抓住当前有利时机，进一步深化改革，在扩大开放中加强国有电信企业的影响力、控制力、带动力与综合竞争实力，为我国电信业的未来开辟更加广阔的发展空间。

资料来源：张春江. 认识中国电信业的国际竞争力. 求是杂志，2005，(13)：33～35

讨论：如何充分利用竞争规律提高我国产业竞争力？

9.3.2　竞争规律的特点和作用

由于竞争规律是反映商品生产者和经营者为争夺有利市场和有利投资机会而

进行争斗的内在的必然联系和趋势，它是现代市场经济的必然产物，也是现代市场经济运行的重要规律。因此就像离开市场就不可能有市场经济一样，离开竞争就不可能有市场。现代市场是竞争的市场，竞争是市场上的竞争，两者密切联系，不可分割。竞争规律和竞争机制是市场机制的重要组成部分。可以说，离开竞争和竞争规律就不可能发展现代市场经济。

社会主义竞争规律对社会主义现代市场经济的发展，对社会主义生产与流通起着十分重要的促进作用。这些作用可以概括为以下几点：①有利于优胜劣汰，从根本上鼓励短线产业的发展，淘汰长线产业，从而优化产业结构；②有利于淘汰长期亏损的企业，腾出更多的人力、物力、财力充实经济效益好的企业，提高全社会企业的整体素质；③有利于促进企业开展技术革新和新技术研究，提高企业的科技水平，推动科学技术向现实的生产力转化；④有利于促进企业改善经营管理，增强企业活力，提高企业的经营管理水平和经济效益；⑤有利于增强企业为消费者服务的观念，以销定产，生产适销对路的产品，提高经营企业的服务质量；⑥有利于打破地区封锁和部门分割，促进生产要素与一般商品的流通速度，既发展生产，繁荣经济，又方便人民生活。总之，社会主义竞争规律的作用，有利于社会主义经济的发展、经济效益的提高和人民消费得到更好的满足。我们要积极利用竞争规律的这些积极作用，促进社会主义现代市场经济的发展。

当然，社会主义竞争规律也可能带来某些消极现象和违法行为，但这不是主要的，不能以此来否定竞争规律的积极作用。相反，我们应该在积极利用竞争规律作用的同时，加强国家宏观调控，对消极现象和违法行为加以纠正和解决。

9.4 供求规律

我国实行的是社会主义现代市场经济，价值规律的作用是客观的，因而供求规律的作用也是客观的，哪里存在市场，哪里就必然有供求规律发生作用。我们要利用供求规律的作用，建立合理的供求机制，促进社会主义市场经济的发展。

9.4.1 供求规律的内涵及其表现

供求规律是指反映商品供给与需求之间相互联系、相互制约的内在联系及其趋势。基本内容是：商品供过于求，价格就下降；商品供不应求，价格就上涨。价格受供求关系的影响而围绕价值上下波动，是价值规律作用的表现形式，因而供求规律与价值规律之间也有不可分割的联系。供求规律的基本要求是：生产与经营主体要运用科学的方法，对市场供求关系的现状及其发展变化趋势做出分析和判断，采取正确的经营决策，扩大产品销路，促进供求关系协调、平衡，减少浪费与积压，保持社会经济生活和市场秩序的稳定有序，提高经济效益。供求规律同供求机制的基本内容相同,只是考察的角度不同。它们的关系是:供求规律通过供求机制发生作用。

商品的交换关系,集中地表现为商品的供给和需求之间的关系。在市场上,商品的销售者代表着商品的供给,"供给代表着某种商品实际生产总量,从而代表着实际投到该部门的社会劳动时间(第一种含义的社会必要劳动时间的总和)";商品的购买者代表着商品的需求,"需求代表着社会按比例地应该投到该生产部门的社会劳动时间(第二种含义的社会必要劳动时间的总和)"①。这两个方面,共同组成商品市场的统一体,二者互相联系、互相制约、互相矛盾,从而构成商品市场供求运动的基本内容。

市场商品的供应量,是在一定时期社会商品资源总量基础上形成的,而一定时期社会商品资源总量的大小取决于以下因素:①工农业生产发展水平以及产品的商品率高低,这是决定社会商品资源总量的主要因素,两者之间成正比例关系;②进出口物资数量的增减,主要是进出口物资之间的差额;③国家储备物资拨入和拨出的比例;④国家供应军需的比例;⑤社会潜在物资的回收状况。与市场商品供应量相联系,还有一个市场商品供给结构问题。商品供给结构是指生产资料与消费资料之间的比例及其生产资料、消费资料内部各类不同使用价值的比例关系。

商品市场需求是指一定时期内市场上出现的购买商品的需求,市场商品需求量的大小取决于人们对社会商品的货币支付能力。因此,要了解市场商品需求量的形成,必须计算社会商品购买力。我国社会商品的购买力取决于以下因素:①城乡居民的货币收入,这是决定社会商品购买力的主要因素,它包括劳动者的工资、奖金、补贴、津贴以及助学金、抚恤金、利息、股息等货币收入;②社会集团购买力,即国家机关、团体、部队、学校、企业、事业等单位,用来购买公用消费品的货币资金;③商品价格的调整和变动的影响;④社会公用服务行业的收费高低。

市场上各种商品的供给与需求的状况及其发展趋势,反映社会生产与社会需求之间、国民经济各部门之间、各企业及各种物质产品之间的关系。一般来说,市场上的商品供给与需求相适应,就说明社会生产和社会需求相一致,说明整个国民经济的比例关系基本协调;市场上各种商品供给结构与购买力投向结构大体相适应,则说明各种商品生产结构比较合理,符合客观要求的比例关系。因此,商品市场的供求关系是社会再生产过程中生产与消费关系在市场上的反映,是整个国民经济比例关系的综合体现。正确认识供求规律在现实经济生活中的表现,正确处理供求规律支配下的市场供求关系,有助于我们正确引导商品市场的运

---

① 张薰华.《资本论》脉络.上海:复旦大学出版社,1999.142

行，保证国民经济的协调发展。

9.4.2 供求规律的矛盾运动

市场供需之间的比例关系，是国民经济中的重要比例关系；市场商品的供需平衡，是国民经济发展状况的综合反映。保持这个平衡，既有利于更好地满足广大劳动者的需要，又有利于物质生产部门再生产的顺利进行。市场供需平衡，就说明从生产到消费的整个再生产过程的协调发展，就可以保证社会经济稳定、持续地发展，从而避免大起大落。

社会主义现代市场经济中的供给与需求之间要求保持平衡，但这并不是说它们之间不存在任何矛盾。因为商品供给与需求关系是再生产过程中生产与消费关系的反映，而影响生产与消费、供给与需求的因素是非常复杂的，而且是经常变动的。例如，社会生产力发展水平的变动可能会引起商品供应量的增加与社会购买力增长速度的不一致；国民收入分配的变动可能会引起积累基金与消费基金比例的变化，从而影响市场商品的供求关系；货币流通量的变化可能会引起社会商品购买力的变化。在现代市场经济中由于各种因素在不断发生变化，从而使商品的供给与需求在市场上呈现出极为复杂的矛盾运动状态。

一般来说，商品的供求矛盾运动表现在三个方面：一是商品供求总量的矛盾运动；二是商品供求结构的矛盾运动；三是商品供求在时间和空间上的矛盾运动。商品的供给与需求作为矛盾的双方，既互相对立，又互相联系，供给靠需求来实现，需求靠供给来满足。如果在一定条件下，在各种制约因素的交互作用中，供求双方互相适应，趋于或达到平衡，市场交换就会顺利进行；如果随着条件和制约因素的变化，供求双方彼此偏离，在总量、结构、时空等方面失去平衡，市场上的商品交换就会发生阻碍。供求的失衡又会引起价格涨落和供求双方及其内部竞争力量对比的变化，促使社会生产和社会消费进行调整，进而使供求在运动中趋于或达到新的平衡。

供求关系的矛盾从总量来考察，一般呈现三种状态：一是商品的供给小于商品的需求，通常称之为商品供不应求的卖方市场。最主要的特征是：商品可供量小于社会有支付能力的商品需求量，商品购买者处于不利地位，商品价格不断上涨，生产消费与生活消费需求难以满足，而商品的供给者处于有利地位，任何商品都能卖出。二是商品供给大于需求，通常称为商品供过于求的买方市场。主要特征是：商品可供量大于社会有支付能力的需求量，商品购买者处于有利地位，商品价格不断下跌，生产需要和生活需要得到较好满足，而商品供给者处于不利地位，生产经营者之间的竞争加剧，科技创新加快。这是现代市场经济运行的常态，但有效需求不足是需要解决的大问题。三是商品的供给量与需求量基本适应，通常为供求大体平衡。这种状况只是相对的，商品的供给和需求绝对平衡是没有的。一般所说的供求平衡则指商品供给略大于或略小于商品的需求，不是指完全平衡。而且是指一定时期整个商品市场的供求态势，并不排除同期一定场合单个类型商品的供求失衡。因此，即使在第三种情况下也存在着供求关系的矛盾运动。

总之，我们可以把商品供求规律矛盾运动的基本内容概括为：任何一种场合的供给和需求彼此偏离而处于供求失衡状态；一定时期许多供求失衡状态的矛盾运动又使供给和需求相适应而趋于或达到平衡；供求关系总是不断出现失衡，在矛盾运动中又不断达到新的平衡。这既是商品市场供求矛盾运动的一般趋势，又是供求规律矛盾运动的基本内容。认识这种客观趋势和规律，对于组织和调节社会主义现代市场经济运行具有十分重要的意义。因此，我们必须认识和把握这一规律。

9.4.3　自觉运用供求规律保持社会主义市场经济协调、持续、健康发展

社会主义市场经济是现代市场经济，这就为市场的供需平衡提供了可能性。一方面，在社会主义现代市场经济条件下，国家可以对一定时期的全部商品的可供量、商品的结构、各类商品在全国的分布状况等加以宏观调控、测算和控制，并通过多种流通渠道把这些商品投入到市场上；另一方面，在社会主义现代市场经济条件下，货币的投放和回笼也是有计划的，国家可以调节、测算和控制货币的投放与回笼。这样，为实现市场供需平衡，保持国民经济的协调发展创造了有利条件。

但是，市场供需平衡的可能性并不等于现实性。要真正实现供需平衡，保持国民经济的协调、持续、健康发展，还必须自觉利用供求规律的调节作用。因此，社会主义国家必须发挥宏观调控职能，自觉利用供求规律的作用，实现商品市场的供求平衡，保持国民经济协调发展，从而促进社会主义现代市场经济的发展，更好地满足劳动者的需要。具体说，要从以下几个方面发挥国家宏观调控职能，自觉利用供求规律。

(1) 国家通过宏观调控体系，自觉利用供求规律，统筹调节好国民经济各地区、各部门、各环节的综合平衡，特别是积累与消费的比例关系。要实现供需平衡，就要调节好国民经济各部门、各地区、各环节的比例；有计划地发展瓶颈产业，协调一、二、三产业的发展，使商品可供总量增加，并使商品构成合理；调节好积累与消费的比例，使积累基金与消费基金保持适当增长。只有如此，才能为社会主义商品市场的合理供给与需求关系的形成创造前提条件，保持国民经济各个方面的协调发展，促进社会主义现代市场经济的成熟，更好地满足劳动者物质与文化生活的需要。

（2）建立健全供给与需求管理体制，国家自觉运用供给管理与需求管理的各种手段，对市场商品的可供量与社会商品的购买力进行调节，促进商品的供给和商品的需求趋向适应。特别是随着社会主义经济体制改革的深化与社会主义现代市场经济的不断发展，比较完善的、以间接调控为主的宏观调控体系正在逐渐形成，市场体系正在不断完善，市场机制正在不断健全，企业的经营机制已经转变，这些都为市场供求关系的大体平衡的形成创造了条件。国家应该不失时机地抓住这一契机，建立供求关系的管理体制，充分利用供求关系引起价格变动的规律，把原来供不应求的市场格局转向大体平衡的市场格局，以此调整不合理的生产结构，使国民经济持续、稳定、健康地协调发展。

（3）发挥国家宏观调控职能，改革商业流通体制，利用商业部门在组织市场供需平衡中的功能，保持供求关系的平衡。商业部门既要及时掌握市场信息，搞好市场预测，形成灵敏的信息网络，以保证市场供应决策的正确性；又要组织好商品的流通，做好商业服务，以保证市场的及时供应，取得市场供求平衡。从我国实践看，在商业方面我们也要做到"大的方面管住管好，小的方面放开放活"。在大的商品供求关系方面，国家要通过经济的、法律的和必要的行政手段管住管好，确保物价和市场的基本稳定，使社会生产顺利进行和人民生活需要基本满足。在小的方面，让商业企业自己安排经营活动，及时灵活地调整经营项目。

（4）国家应该从一定的社会经济条件出发，考虑一定时期国民经济发展的目标和社会经济正常运行的要求，合理选择供求大体平衡的模式。市场商品供求平衡只是相对的，一般所说的供求平衡，不是指绝对平衡，而是指商品供给略大于或略小于需求，供给与需求之间总是存在着差额。这就提出了合理选择供求大体平衡的模式问题，即到底是选择稍微紧张的即商品供给略小于商品需求的模式，还是选择稍微松动的即商品需求略小于商品供给的模式。合理选择供求平衡模式是至关重要的，不能从主观愿望出发，而要从一个国家的实际出发。从我国的社会经济条件出发，考虑到我国正处于社会主义的初级阶段，市场经济发展不平衡，我国应选择稍微紧张的模式；待生产水平有了较大的提高，市场经济比较发达以后，再选择稍微松动的模式。这是唯一可行的办法，应引起我们的高度重视，否则会导致"消费超前"局面的产生。

本 章 提 要

1. 市场经济运行规律是市场经济发展过程中固有的、必然发展趋势，是反映现实经济生活中各种现象之间内在的、本质的必然联系。这些规律是必然的、客观的，不以人们的意志为转移。因此，要大力发展社会主义现代市场经济，就必须研究和探讨其运行的规律。

2. 价值规律是商品生产和商品交换的基本规律，也是现代市场经济运行的重要规律。价值规律的基本内容和客观要求是：在商品生产中，商品的价值由生产商品的社会必要劳动时间决定；在流通中，商品交换依据价值量大小进行，实行等价交换。前者属于价值决定问题，后者属于价值实现问题。价值规律对社会主义现代市场经济起着最主要的调节作用。

3. 竞争规律是反映商品生产经营者在同一部门内和不同部门间的为争夺有利市场和有利投资机会而进行争斗的内在的必然联系和趋势，它是现代市场经济中价值规律的存在和作用的必然产物。在不同的社会制度下，竞争规律在目的、性质、反映的关系、发生作用的方式及其手段等方面具有不同的特点。竞争规律对社会主义现代市场经济的发展，对社会主义生产与流通起着十分重要的促进作用。

4. 供求规律是指反映商品供给与需求之间相互联系、相互制约的内在联系及其趋势。它的基本内容是：商品供过于求，价格就下降；商品供不应求，价格就上涨。价格受供求关系的影响而围绕价值上下波动。

➤ 关键概念

市场经济运行规律 市场经济规律体系 价值规律 社会主义基本经济规律 竞争规律 供求规律

➤ 复习思考题

1. 社会主义市场经济的运行规律主要包括哪些内容？
2. 价值规律的含义是什么？怎样认识价值规律在社会主义市场经济中的作用？
3. 如何利用供求规律调节社会主义市场经济的运行？

➤ 材料分析题

芹菜事件

西安市阎良区 2006 年芹菜的丰收可谓"十年一遇"。仅武屯镇的芹菜种植面积就已经超过了 7 000 亩（1 亩＝0.067 公顷），而整个阎良郊区的总亩数则达到了历史之最 2.1 万亩。这个空前扩张的面积都源于 2005 年芹菜的大盈利，当年芹菜每亩的收益最高可达 5 000 元。当地人为此有一个说法："一亩芹菜等于十亩（小麦）田。"但 2006 年芹菜却便宜得让人心疼，最便宜时候的批发价是五分钱一斤（1 斤＝0.5 千克）。一些种植户宁愿雇用旋耕机把芹菜绞碎埋进地里也不愿意卖，因为卖出去还要支付每斤四分钱的人工采摘费。据来自阎良区农业部门的统计，2006 年 11 月份有近 1/7 面积的芹菜被种植户雇用旋耕机毁掉在了芹菜地里……而据芹菜种植户的计算，种植一亩芹菜仅成本就需要 1 500 元。因为大面积丰收的芹菜被菜农忍痛毁掉，作为全国三大芹菜种植基地之一的阎良，一时间吸引了全国媒体的目光，并被冠之以"芹菜事件"。

资料来源：耿学鹏，杨一苗. 新华网西安，2006 年 11 月 1 日

阅读上述材料分析：

(1)"芹菜事件"的本质是什么？

(2) 从"芹菜事件"来看如何遵循市场经济规律？

(3) 请以"芹菜事件"为题进行讨论并书写一篇小论文（800 字左右）。

主要参考文献

刘炳瑛. 1999. 社会主义市场经济论纲. 北京：中共中央党校出版社

桑百川. 2005. 中国市场经济理论研究. 北京：对外经济贸易大学出版社

杨干忠. 2004. 社会主义市场经济概论. 北京：中国人民大学出版社

张波. 2002. 马克思主义经济学与西方经济学关于市场经济规律论述的比较. 重庆社会科学，4：121~128

第10章

社会主义市场经济的运行环境

市场经济是在一定的环境中运行的，市场经济的有效运行必须具备良好的运行环境，这些环境包括宏观调控与政府职能、市场经济法律体系的建设和社会保障体系的完善。本章主要从这些方面来探讨市场经济的运行环境。

10.1 社会主义市场经济的宏观调控与政府职能转变

宏观调控是现代市场经济的基本特征，通过宏观调控作用的发挥为社会主义市场经济的运行提供良好的运行环境。要实现对市场经济运行的有效宏观调控，必须从市场经济的现实出发，进行政府职能的转变。

10.1.1 社会主义市场经济条件下的宏观调控

1. 宏观调控的内涵及客观必然性

宏观调控是政府运用财政、金融手段，对市场经济的运行进行调节与管理、监督与控制的行为。社会主义现代市场经济的运行离不开宏观调控，宏观调控的客观必然性主要体现在：

（1）宏观调控是建立在社会大生产基础上的现代市场经济的客观要求。宏观调控是社会化大生产的产物，是现代市场经济对政府所提出的要求。一方面，在社会化大生产条件下，人们的联系日益密切，经济活动相关性增大，出现了以全社会为范围的调节控制，即宏观调控；另一方面，在社会化大生产条件下，生产过程的社会化程度提高，分工越来越细，专业化程度越来越高，与此相适应会产生各种矛盾，为了解决矛盾，平衡利益就必须发挥宏观调控的作用。同时在社会化大生产条件下收入分配的社会化程度的提高，会产生收入差距的扩大，造成两极分化，这也必须进行宏观调控，调节利益关系，维护社会稳定与发展。

（2）宏观调控是克服市场经济局限性的客观要求。市场经济不是万能的，它存在着自身无法克服的局限性，而这些局限性要由宏观调控来弥补。这表现在：①盲目性。市场经济对资源的优化配置是在部门之间竞争中通过生产要素的转移来实现的，而这种竞争有时具有盲目性，往往造成对社会资源的浪费。②微观性。市场机制的调节具有微观性，生产经营者对全社会供求状况的了解要求依赖于政府提供的经济信息，宏观经济比例的协调要求要依赖于政府运用经济手段来诱导。③事后性。市场机制调节具有事后性，经常会引起经济发展的周期性，出现波动。市场经济的这些局限性单靠市场机制是无法解决的，必须发挥国家宏观调控的作用来解决。

（3）宏观调控是由中国特色的市场经济所决定的。一方面我国是社会主义国家，我们所要发展的是社会主义市场经济。政府必须运用各种必要的宏观调控政策、手段，调节市场经济发展中的各种局部利益，协调地区之间、集团之间、个人之间的收入分配关系，达到相对平衡。另一方面我国是一个市场经济发展不平衡的国家，市场规则不健全、不规范，为了避免无序运动产生的经济生活混乱，需要政府加强宏观调控。同时我国地区市场经济的发展差距大，发展极不平衡。为了协调各地区市场经济的发展，特别是为了协调好我国东部、中部、西部三大经济区域市场经济的发展，要求加强政府宏观调控。

2. 宏观调控的对象

宏观调控的对象可以从主体与客体两个方面进行考察。从主体看，宏观调控必然涉及各种经济利益主体；从客体看，宏观调控主要涉及国民经济的总量关系。

（1）主体层面的宏观调控对象。从主体层面来看，宏观调控涉及市场经济运行中的各种利益主体。在我国社会主义市场经济条件下，市场经济中的利益主体除了民营企业和个人之外，还包括地方政府和国有企业。国家由于拥有对国有企业的所有权和对地方政府的行政领导权，因此能够对二者进行干预。同时，在实践中，也必须对二者进行干预。这是因为：首先，与西方宏观调控"一级主体、一级调控"不同的是，我国目前实行的是"一级主体，两级调控"的宏观调控方式，即中央政府作为一级利益主体，中央政府和地方政府（主要是省级政府）在统一的利益下分别制定和实施宏观调控政策。与原来计划经济体制下不同，在市场成为配置资源的基础性力量后，在现行财税体制和政绩考核制度下，地方政府不仅开始有自身相对独立的利益目标和责任约束，而且还为了实现自身的经济利益，在很大程度上左右了企业在市场中追求利益的行为模式。为了实现自身利益的最大化，地方保护主义现象时有发生。中央和地方政府利益目标的不一致性使得我们必须重新考虑地方政府在宏观调控中的定位。在目前的体制下，地方政府在经济发展中的作用决定了地方政府应该成为中央政府宏观调控的首要对象。其次，在我国的国民经济中，国有企业占据着主导或重要地位。与私营企业不同的是，国有企业作为市场的主体之一，除了与其他企业一样要追求利润以外，还应比其他所有制性质的企业承担更多的经济和社会责任，这是由它的资本属性所决定的，否则就违背了我们设立国有企业以及让国有企业在经济中占主导地位的初衷。我们认为，对于国有企业的责任，同样应该遵循"有所为，有所不为"的方针：对于企业办社会，例如，企业自办公益性学校等，应该分离由社会去承担，但是对于它们自身应该承担的责任，例如，执行国家的产业政策、承担结构升级和技术进步等，国有企业则不应该回避。从宏观调控的角度来讲，最主要的就是一定的稳定经济的职能，例如，平抑商品的价格以稳定市场、促进国家宏观经济政策的实施等。当这些责任与其利润最大化的目标发生矛盾时，后者应该服从于前者。国有企业在我国经济发展中不可替代的地位和作用就决定了国有企业也应该成为我国宏观调控中的重点对象。从这个角度来讲，我国政府除了具有西方市场经济国家所具有的社会经济管理职能之外，同时还作为国有产权所有者的代表，掌握了社会中相当一部分资产、资源，控制着整个国民经济的命运，政府调节的力度自然也要大于一般市场经济国家，政府发挥经济职能的措施、手段也更多。

（2）客体层面的宏观调控对象。从客体层面来看，宏观调控的对象主要是指国民经济的总量关系，实现社会总供给和总需求的平衡是宏观调控的基本目标。对于社会主义市场经济而言，我国的经济体制和发展阶段都决定了我国在进行宏观调控的时候，除了将总需求列为宏观调控对象之外，还需要对国民经济和社会发展的目标以及社会总供给进行适当的调控。一方面，我国目前实行的是全面小康战略，根据国家的具体情况适时的提出合理的国民经济和社会发展的目标，不仅有利于为各经济主体提供一个较为稳定的预期，促使经济在政府设定的合理区间内运行，而且也为国家的宏观调控设定了根据和目标。另一方面，在我国社会主义市场经济条件下，中央政府作为国有企业的所有者，掌握着相当大的一部分扩大再生产的权力。国家不仅可以调节社会需求，而且可以通过制定合理的产业组织政策和产业结构政策，促进市场供给效率的增加，合理的安排生产力地区布局和调整部门产业结构，从而实现对社会总供给的调节，以更好地实现总供求的平衡。

在实际的操作过程中，客体层面的宏观调控对象是通过一系列的经济指标体现出来的。因此，对客体对象的调控实际上就是对经济指标的调控。其中，对于经济增长主要是通过 GDP 的增长速度来考察。而总供给和总需求则涵盖了整个的国民经济活动，是一对高度概括的经济范畴。总供给和总需求的平衡，实际上既包括商品总供求的平衡，又包括劳动力供求平衡、货币供求平衡等多方面的内容。在宏观调控的实际操作中，二者需要分解为若干的具体指标，其中主要包括价格指数、固定资产投资总量与分行业增长速度、财政收支平衡程度、国际收支平衡程度、失业率、地区之间经济发展平衡程度、敏感商品供求平衡程度、金融稳定程度、经济安全程度、最低社会保障制度执行程度、居民人均可支配收入与农民人均纯收入以及两者差距、环境污染程度等。通过这样指标的分解，"才能使宏观调控的主体可以找到明确、有效的手段影响客体，从而达到预期的经济目标"①。

3. 政府宏观调控的目标

政府宏观调控的总目标是实现社会总供给与总需求的平衡。宏观调控的总目标可以分解为许多具体目标。在经济周期的不同阶段，宏观调控具有不同的着力点和主攻方向，因而具体目标是不一样的，一般来说，宏观调控的主要目标是：

（1）保持经济持续适度增长。经济增长是经济全面发展的基本指数，没有一定的经济增长速度，不可能出现经济繁荣。衡量经济增长的主要指标，是国民生产总值和人均国民生产总值。随着经济发展，在国民生产总值不断增长和人均国民应生产总值不断提高的情况下，产品结构、劳动力结构、产业结构和技术结构都会发生变化。这就要求政府给予适当的干预，进行宏观调控，还应兴建和经营公用事业、基础设施，为经济持续适度增长创造必要的条件。

（2）实现充分就业。努力做到充分就业，使愿意参加工作并有能力工作的人，都可以找到一个有适当报酬的职位，实现充分就业是政府宏观调控的重要目标。在我国新体制确立时期，实现充分就业，将给改革创造良好的环境，改革的顺利推进有利于促进社会稳定，社会稳定和体制改革又能推动经济健康快速增长，为劳动者提供更多的就业机会。就业、改革、稳定和发展，实际上构成了一条有机链环，它们共同制约宏观经济的运行。实现充分就业，将在我国政府制定的经济目标中居于显著地位，成为长期坚持不懈、必须尽力完成的重要任务。需要指出，充分就业是一个有特定含义的经济概念，它不等于所有社会成员全部就业。通常把失业率保持在 5％以内就可以看做是充分就业。

（3）稳定物价。在市场经济条件下，商品运行与货币运行并存。倘若货币投放符合商品流通的需要量，价格会与价值保持一致。由于商品与货币运行分离，

---

① 顾海兵，周智高．我国宏观调控的范式研究——对象、方式及手段．国家行政学院学报，2006，2：38～41

一旦受到某些因素影响，货币就可能出现过量发行。如果货币超过了流通所需量，将会引起物价上涨，导致通货膨胀。通货膨胀不利于经济稳定繁荣，会使人民群众的切身利益遭受损失。当然，物价稳定不能理解为物价绝对没有波动，大多数市场经济国家认为，年物价上涨指数保持在 2%～3%，就算实现了宏观调控的物价基本稳定的目标。

（4）优化经济结构。经济结构表现为国民经济各地区、各部门、各行业、各企业，以及社会再生产各环节的比例构成。优化经济结构，就是使各经济结构相互之间及其内部各构成要素，保持协调的比例关系，并使其能够最有效地运用新技术革命成果，实现社会资源的合理配置。针对我国经济结构现状，应该综合运用各项宏观调控措施，促使各地大量发展名、优、特、高、精、尖产品，及时淘汰落后产品，通过不断优化产品结构形成优势产品。再以优势产品为基础培育优势企业，优化企业结构，进而以优势企业为基础形成优势产业。

（5）保持国际收支平衡。国际收支是指一国居民在一定时期内与外国居民之间全部经济交易所形成的收支。国际经济周期、经济结构、国民收入和人均收入、货币价值的变化，以及外汇投机所造成的不稳定资本移动等，都会导致国际收支失衡。由于生产和资本国际化的发展，国内、国外经济互相影响致使许多方面已融为一体，这样，一国的国际收支不稳定，势必影响国内经济的正常运行。因此，消除国际收支失衡，是一国政府宏观调控政策的重要内容。调节国际收支的措施主要有财政政策、货币政策和外汇政策，还可实行直接管制办法，即一国政府用行政手段直接干预外汇买卖和对外贸易。

10.1.2 社会主义市场经济的政府职能及其转变

宏观调控并不等于指令性计划调节，更不等于国家无节制的直接干预。在社会主义市场经济运行中要加强国家对市场经济的宏观调控，必须在由直接干预转变为间接调控基础上进行政府职能的转变。

1. 政府职能的内涵

关于政府职能的内涵一般认为包括两个方面：一是社会管理职能；二是促进社会和经济发展的职能。社会管理职能是政府最基本的职能，主要目的就是保证社会运行的秩序化和社会环境的基本稳定。其主要内容包括：保卫国家主权，保护公民、法人的政治权利和经济权利，提供交通通信、市政等基础设施，保护环境，保障社会福利，消防救灾等。促进社会和经济发展的职能，是现代社会政府职能的重要组成部分，其内容主要包括：提供一定的文化、教育、科技设施，利用各种经济政策和行政法律手段对经济运行进行干预、调节，通过参股、控股、资助、授权和订货等方式直接参与或影响某些具体的经济活动，通过法律规范和政策诱导促使民间经济行为向符合国家整体利益的方向发展，发布和传播信息，制定统一的具有指导意义的发展规划等。可见，政府职能既包括了政府的政治职能、社会职能，也包含了其经济职能。①

2. 政府职能转变的内涵

政府职能转变的含义，主要包含以下几个方面：

(1) 政府职能不断发展变化。不同社会形态国家的政府，其职能不尽相同；同一社会形态国家的不同时期的政府，其职能也有区别；同一社会形态国家的同一时期的政府职能，两种基本职能的比重也是逐步倾斜、互为消长。在社会主义社会，社会经济文化的发展速度加快，政府的社会管理职能大大加强。总的趋势是统治职能将逐渐减弱，社会管理职能将逐步增强，政府要把主要精力用在社会管理上。经过一个相当长的过渡阶段，"国家政权对社会关系的干预将先后在各个领域中成为多余的事情而自己停止下来，那时，对人的统治将由对物的管理和对生产过程的领导所代替"②。

(2) 政府职能的转变是指政府社会职能的转变。政府基本职能主要有阶级统治职能和社会管理职能，阶级统治职能担负着保卫国家主权不受侵犯、镇压敌对阶级和敌对分子的反抗、保卫国家安全、维护政治稳定、维持社会秩序等职责。政府职能转变的关键是要转变政府社会管理职能，转变这种职能的权限和履行方式。政府对社会经济文化的管理应该是有限的，只管一些为数不多的但却十分重要的事情，即扮演"有限政府"角色。如果政府不能理性地确定自身的限度和职能，肆无忌惮地深入到社会生活的各个领域，那么它就遏制社会自身的活力。"一旦国家或政府具有了全能主义的性质，那么它本身就有可能成为现代化顺利发展的障碍。"③

(3) 政府职能的转变是政府管理权限的改变。政府职能是执行行政权力的过程和效能。政府职能转变，首先要求改变政府的管理权限，一是要将属于地方的权力下放给地方，中央只管计划指导、宏观调控等，充分调动中央和地方两个积极性；二是政府要将经营权还给企业，实行所有权和经营权分离，让企业自主经营，在市场经济中求生存、谋发展。

(4) 政府职能的转变是政府管理方式的转变。变计划经济为市场经济，变单一行政管理为法律、经济、行政等手段相结合的综合管理，变直接管理为主为间接管理为主，变微观管理为主为宏观调控为主，变纵向管理为主为横向协调为

---

① 吴晓求．论政府职能以及中央与地方的职权划分．新视野，1996，3：20～22
② 马克思．马克思恩格斯选集（第3卷）．北京：人民出版社，1972.320
③ 马克思．马克思恩格斯选集（第1卷）．北京：人民出版社，1972.697

主,变指令性计划为主为指导性计划为主,变指令为主为调节服务为主,这些变化是社会管理职能运行中的方式和途径的改变。这种方式、方法、手段、途径的改变,对转变政府职能至关重要,否则,就不可能实现政府职能的转变。政府职能的转变是一个综合的管理方式变革。机构的增减、人员的多少是政府职能转变的一些具体表现。在政府职能转变过程中需要提高对政府职能转变含义的认识,"全面理解政府职能转变,不能盲目行事,更不能片面理解,否则将事倍功半,甚至阻碍政府职能的转变"①。

➤ 案例提示 10-1　市场经济中政府职能的演变

从人类历史发展的长期趋势来看,人类生活中主要是经济生活,决定了政府的职能范围。在自然经济条件下,由于生产力落后和社会分工不发达,政府的职能仅限于维持世俗权力和兴办农业、水利、交通等公共工程。随着生产力发展和社会分工的日益发达,西欧国家在 18 世纪后期就陆续走上资本主义发展道路。资本主义发展的最初阶段,是资本主义自由竞争时期。这一时期从资源配置方式来讲,属于自由市场经济体制。自由市场经济体制在其主体结构上,严格意义上讲只包括家庭和企业。其中,家庭主要承担着提供生产要素和消费方面的职能,而企业则主要担负着生产私人产品的职能。自由主义经济学家认为,家庭和企业职能的分工与配合是借助于市场机制来实现,在市场机制这只"看不见的手"的引领下,能够实现资源最优配置。在自由市场经济体制中,政府只是经济体制的一个外生变量,它存在于经济体制的外部,作为一种环境因素外在地影响着自由市场经济体制的运行和资源的配置。至于政府的职能,亚当·斯密提出了"自由放任"的思想,认为政府只应起一个"守夜人"的作用,即为企业生产和家庭生活创造一个良好的外部环境。他把政府职能严格限定在以下三方面:"第一,保护社会,使不受其他独立社会的侵犯。第二,尽可能保护社会各个人,使不受社会上任何其他人的侵害或压迫,这就是,要设立严正的司法机关。第三,建设并维持某些公共事业及某些公共设施……"由于国防、司法和公共事业及公共设施均属公共产品,所以,自由市场经济体制下政府主要承担着公共产品的生产职能。

自由市场经济体制在其运行了将近一个世纪之后,终于暴露出了其自身难以解决的矛盾。19 世纪末 20 世纪初,严重的失业不断地困扰着这些国家的经济。尤其是 20 世纪 30 年代席卷整个资本主义世界的前所未有的大危机,彻底粉碎了"市场万能"的神话,人们已越来越认识到"市场的失败"是一个客观事实,即单靠市场机制实现不了资源的最优配置和利用。首先对"自由放任"思想提出强

---

① 周霖论.我国政府职能转变的艰巨性和长期性.学术探索,2002,(5):82~85

有力挑战的，是"现代宏观经济学"的创立者——凯恩斯。凯恩斯及其以后的经济学家看到了自由市场经济内在的体制缺陷，并站在市场经济的立场上，认为政府必须担负起管理经济的职能。就政府的宏观经济管理职能来说，他们认为，由于仅靠市场机制无法保证宏观上符合社会需要的经济稳定发展，所以，政府要运用财政政策与货币政策等手段来调节和控制国民经济的运行，这样，市场经济体制才能在保持其微观效率的基础上，实现一系列的宏观经济目标，例如，充分就业、经济增长、物价稳定和国际收支平衡等。就政府的微观经济管理职能来说，他们认为，在微观经济中市场机制也不是处处有效的，还广泛存在着因垄断、公共产品、外部影响和收入分配不公等原因造成的"市场失灵"现象，这同样需要政府运用经济的、法律的乃至行政的手段加以纠正，以便让市场经济体制能有效地运转。自凯恩斯及其后继者提出上述理论观点和政策主张以来，尤其是第二次世界大战后以来，西方国家的政府广泛地参与了社会经济生活，由市场经济的"守夜人"转变为市场经济的"调节者"，自由市场经济体制也就转变为有政府干预的现代市场经济体制。在现代市场经济体制下，政府不仅承担着公共产品的生产职能，还担负着间接管理经济的职能，即政府主要是通过经济、法律手段来影响企业的投入产出及其价格，从而实现对经济的间接调控。

资料来源：杨国才．转型经济中的政府职能．安庆师院社会科学学报，1998，(3)：5～10

讨论：从政府职能的演变中分析政府与市场调节范围的确定。

10.1.3 市场经济条件下政府的职能定位

1. 市场经济条件下政府的一般职能

大多数经济学家都认为，在实行市场经济体制的国家，政府经济职能应主要侧重于以下四个方面：一是确立法律规范，制定并实施统一的经济竞争规则和行为准则；二是决定、制定和实施宏观经济的稳定政策；三是影响或介入资源配置过程，为社会提供良好的公共物品，提高经济运行的整体效率；四是制定影响收入分配的方案，保证收入分配的相对公平性。这四个经济职能，除第一个是由政府作为社会经济活动的宏观管理者这一性质决定的之外，其余三个经济职能都是在市场缺陷理论的基础上提出来，是"对三种类型的市场缺陷——周期性波动、资源配置的效率障碍和收入分配不公正——的校正"[①]。

以市场机制的自发调节作用为基础，以自由的价格制度、现代企业制度和契约关系为核心，这是市场经济从古典到现代的共同本质所在。但市场并非是万能

---

① 吴晓求．论政府职能以及中央与地方的职权划分．新视野，1996，3：20～22

的，以市场机制的自发调节作用为基础，以自由的价格制度、现代企业制度、契约关系和完全竞争无法消除垄断，无法满足社会对公共物品的需求，在解决经济信息的不完全和不对称以及对收入均等化等问题方面无能为力，凡此种种均会导致"市场失败"，使得政府必须为弥补失败的结果而出任干预的角色，这是现代市场经济的一个基本事实。

（1）建立市场规则，维持经济秩序。由于垄断的存在，市场价格无法反映供需变化而导致市场竞争机制的扭曲，而且在市场经济活动中，个人、企业等市场主体的各种经济行为的方式及其目的实现固然受到市场各种变量的支配，并且这些变量以其特有的规律调整着他们的行为，自发地实现着某种程度的经济秩序，但作为经济人，以谋求自身利益最大化为目标的市场主体又总在越来越频繁的经济联系中进行竞争，产生利益矛盾和冲突是不可避免的。而当事人自己及市场本身并不具备消除垄断、划分市场主体产权边界和利益界限的机制，更不具备化解冲突的能力。因而就需要以社会公共权利为后盾的政府充当仲裁人，通过设定体现和保障市场原则的"游戏规则"，即以政策和法律的形式限制垄断、控制垄断价格和利润、明确界定和保护产权关系的不同利益主体的权利，来保证市场交易的效率和公正性，确保市场机制运行的基本秩序及市场主体的合法权益不受侵犯。

（2）组织与实现公共物品的供给。公共物品具有消费行为的非对抗性和消费者的非排他性的特点，其产品一般投资规模大、生产周期长，这就使私人无法生产或不愿提供其产品。市场机制无法对其供给和需求进行有效调节，但社会发展又必需，社会进步也会增加对其的需求。因此，为公众谋福利的政府必须为此担当重任，以社会管理者的身份组织和实现公共物品的供给，并监管其使用过程中的公平性与合理性。提供公共物品是西方政府从放任主义时代起就已开始的基本职能。以文化科学教育为例，美国经济的成功离不开政府在促进教育及技术改善方面的作用；东亚"奇迹"的产生也抹杀不了政府普及教育、提供信息、加速技术进步的功劳，而其危机的出现又有着国民教育投入与其经济发展速度相比较严重不足、在知识更新方面表现欠佳的原因。这些经验教训无不向我们展示着公共物品的提供及政府对其加强引导和管理在经济发展中的重要意义。①

（3）进行宏观调控，保持宏观经济稳定。市场调节实现的均衡，是一种事后调节并通过分散决策而完成的均衡，它往往具有相当程度的自发性和盲目性，由此产生宏观经济周期性的波动和经济总量的失衡。理论研究和经济发展史均已证明，此时若没有政府出面干预，就会导致通货膨胀，冲击社会稳定；或因需求不足而导致生产过剩，导致失业面扩大，造成社会动荡。第二次世界大战后，西方

---

① 王国泽，柳军. 社会主义市场经济与政府职能的转变. 山西社会主义学院学报，2003，3：12～15

国家均加强了政府对经济的宏观调控职能。美国主要是根据经济周期的不同阶段，灵活搭配使用财政与货币政策；日本着眼于产业政策的制定和执行；法国则在市场经济基础上实行了中长期计划调节。目前，我国转轨时期市场体系正处于发育和走向成熟阶段，价格机制的误导和自由竞争引起的非法垄断会不可避免地经常发生，这必然导致市场经济系统运行的混乱无序。政府可运用经济手段和法律手段进行国家宏观调控，保持宏观经济稳定。

（4）调节社会分配，组织社会保障。效率和公平是任何政府都追求的社会目标，但市场经济难以两者兼顾，它往往选择前者。换言之，"有效率的市场制度可能产生极大的不平等"。所以若完全任由市场机制调节分配，就必然造成收入在贫富间、发达与落后地区间的差距越来越悬殊，促使社会发生两极分化，构成对政治经济发展和社会稳定的极大威胁。因而通过制定分配政策和建立社会保障制度来调节收入分配、防止贫富分化、兼顾公平就成为以公众利益最大化为目的的政府的重要职能。发达的市场经济国家历来重视公平对社会的影响，已基本健全了社会保障体系。我们实行社会主义制度，共同富裕是我们的根本目标，因而社会保障职能较之资本主义国家更为重要。目前我国的社会保障职能处于部门分割的管理体制下，因各部门管理的角度不同，在管理中就存在着严重的职能交叉、政出多门、管理不到位的问题，应尽快进行改革。①

2. 我国社会主义市场经济条件下政府职能的定位

中国特色的社会主义市场经济体制，既不同于西方国家的体制模式，也不同于传统的计划经济体制。必须从我国的基本国情和自身特殊的经济环境出发，建立起既可以发挥现代市场经济的长处又可以发挥社会主义制度优越性的体制模式，才能迅速推进我国国民经济的发展。在此过程中，政府职能不可避免地将呈现出阶段性变化的特征，对目前市场化进程的初期阶段，政府不仅要履行现代市场经济下的政府职能，而且因面临着市场力量薄弱而不能充分有效地实现资源配置的问题，政府还必须承担特殊经济职能，为完善市场发育机制服务。

（1）部分地替代市场。在我国现阶段，市场经济形成和发展所需要的各种资源都很有限，特别是现代企业家人数少、素质不高、管理水平较低、市场经验不多，尚没有成为一支重要的社会力量。这样单靠市场机制来引导现代化经济的发展，不仅力度不够，而且持续的时间较长，稳定性也较差，这在客观上就要求政府应代替市场行使一部分配置资源的职能，以推动现代化经济的发展。

（2）推进市场化改革。与西方发达国家经济体制的形成和成熟是一个长达数百年的内蕴自发和循序渐进的过程不同，我国必须在短时间内实现从根深蒂固的

---

① 王国泽，柳军. 社会主义市场经济与政府职能的转变. 山西社会主义学院学报，2003，3：12～15

传统计划经济体制向现代市场经济体制的根本转变。新旧体制的博弈必然会带来无序状况，造成观念转变、权力利益调整等方面的冲突。为了稳定的社会环境，政府就必须对体制转轨的模式、着力点与突破口、速度与力度等问题进行战略设计，来推进市场化改革。

（3）培育市场体系。我国是在计划经济的条件下开始向市场经济过渡的。长期的计划经济体制使我国的市场发育一方面受到生产力不发达的制约，另一方面还受到传统体制的严重制约，以至于市场发育程度不仅相对于发达国家，而且相对于发展中国家都是极不成熟的。除了有一定的商品市场，我们几乎没有资本、土地、劳务、技术、信息等市场体系所必需的市场要素，而要实行市场经济，就必须建立、培育和发展这些市场体系所必备的要素并使之有序均衡地发展，形成全国统一市场。政府具有促进经济持续发展的使命，理所当然地应承担此特殊职责。

（4）管理监督国有资产。社会主义市场经济不同于一般市场经济，更不同于资本主义市场经济。社会主义市场经济的基础是生产资料公有制，必须坚持以公有制为主体、多种经济成分共同发展的方针。公有制为主体体现在国家和集体所有的资产在社会总资产中占优势、国有经济控制国民经济命脉并对经济发展起主导作用等方面。因此建立并完善符合社会主义市场经济体制和中国国情的国有资产经营管理和监督机制，就成为社会主义国家政府的一项重要职能。为此政府应加快国有资产管理法规体系建设，真正做到国有资产的管理职能与经营职能分开。[①]

➢ 案例提示 10-2　我国政府职能转变的历史回顾

转变政府职能是我国经济体制改革的一个重要方面，是行政体制改革的中心环节。纵观我国转变政府职能的历程，大体分为三个阶段。

第一阶段：1978 年年底～1984 年 10 月。这一阶段人们认识到："现在我国经济管理体制的一个严重缺点是权力过于集中，应该有领导地大胆下放，让地方和工农业企业在国家统一计划的指导下有更多的经营管理自主权；应着手大力精简各级经济行政机构，把它们的大部分职权转交给企业性的专业公司或联合公司；应该坚决实行按经济规律办事，重视价值规律的作用，注意把思想政治工作和经济手段结合起来，充分调动干部和劳动者的生产积极性。"在这种认识基础上，我国政府不断向地方和企业放权让利，扩大自主权，逐步缩小了国家计划控制的范围，使市场调节范围不断扩大。

第二阶段：1984 年 10 月～1992 年 10 月。党的十二届三中全会突破了长期

---

① 王国泽，柳军. 社会主义市场经济与政府职能的转变. 山西社会主义学院学报，2003，3：12～15

把计划和市场对立起来的错误观念。由于认识上的重大突破，我国政府加大了对经济管理体制改革的步伐，改变了过去"大政府"的观念，转变政府职能逐渐成为政府这一阶段自觉的行为。表现为由原来偏重于指令性计划转向扩大指导性计划；由偏重于实物形态的计划管理转向重视价值形态的计划管理；从偏重于直接计划转向加强间接管理。

第三阶段：1992年10月以后。在党的十四大以后，按照社会主义市场经济体制目标模式进行政府职能转变。主要包括三个方面：一是明确政府与企业的关系，提出要实行政企分开，转变政府职能，政府不直接干预企业的生产经营活动，主要运用间接手段调控经济运行；二是明确政府主要经济职能；三是明确中央与地方经济调节权限关系，宏观经济调控权集中在中央，同时赋予地方必要权力，调节地区经济活动。

资料来源：王国泽，柳军．社会主义市场经济与政府职能的转变．山西社会主义学院学报，2003，3：10～13

讨论：当前我国政府职能转变的重点。

10.2　社会主义市场经济的法制建设

市场经济是法制经济，法制建设通过对各种市场经济主体行为的约束来维护市场经济秩序，从而为市场经济的运行提供良好的外部环境。

10.2.1　法制在市场经济中的功能

法制作为上层建筑的重要组成部分，它反映一个国家在一定时期的经济基础状况。法制对市场经济的功能主要表现在以下四个方面：

（1）引导功能。所谓引导功能是指利用法制来规定市场经济体制的建立与发展的方向和目标，体现党的基本路线和方针政策，引导市场经济沿着正确、高效、健康的方向发展。例如，公有制为主体多种所有制经济共同发展的所有制结构、国有经济是国民经济中的主导力量、按劳分配与按生产要素分配相结合的分配制度等，就是以宪法的形式确认了我国经济体制改革的一些基本原则。例如，公有制形式如何实现、政企怎样分开、企业法人制度如何建立、政府职能怎样转变、宏观调控如何实施等，都需要以法制形式加以规定和引导，以保证其不偏离正确的发展方向。

（2）规范功能。所谓规范功能是指用法制来规范市场经济主体的权利、义务和行为，包括规范政府的行政和经济调控行为、规范市场活动的基本规则等。在市场经济条件下，通过制定相应的法律法规，明确在市场经济中哪些行为是合法的、哪些行为是不鼓励的、哪些行为是禁止的、哪些行为是要受到法律制裁的等，从而促使市场主体自觉地遵守市场经济秩序和法律规则。

（3）宏观调控功能。宏观调控功能是指国家运用法律手段，来协调社会各部门、各经济利益主体和各个社会群体之间的利益。法律的宏观调控功能的发挥，是通过建立宏观调控法律制度来实现的。宏观调控法律制度具有指导性、鼓励性和抑制性等特点。指导性是指通过一定的法律规定，明确各个经济主体具体的行为方向和活动范围。鼓励性和抑制性则是指通过一定法律规范对某一特定的经济行为具有促进作用和抑制作用。

（4）保障功能。保障功能是通过法律制度为市场调节作用的发挥创造必要条件。法制的保障功能主要体现在：①建立现代企业制度及其相关的法律法规，明确产权关系和市场主体的基本权利，保障市场主体的地位平等；②建立正常的市场进入、市场竞争和市场交易秩序的法律法规，保证市场主体相互之间的交易活动规范、公平及平等竞争，保护经营者和消费者的合法权益；③通过加强对社会保障的立法，主要是对社会保障的基金、待遇、管理等内容做出明确的法律规定，为保持社会公平提供社会保障，为市场经济的正常运行，创造良好的社会环境。

10.2.2　我国社会主义市场经济法律体系的内容及原则

1. 我国社会主义市场经济法律体系的内容

我国社会主义市场经济法律体系至少应该包括以下几个方面的内容：

（1）规范市场主体的法律规范。具有自主性、自为性、自律性的充满活力的市场主体，是市场经济体制的主体要素。目前，需要抛弃按所有制性质、涉内外关系及经济实力不同划分类别、确定等级的身份立法模式，加快推出依主体的组织形式和责任承担方式确定其法律形态的公司法、合伙法、独资企业法、股份合作企业法、商业银行法、破产法等法律。此外，还应加强对市场中介组织的法律规制，如信息咨询机构、资产和资信评估机构、证券交易所等，明确其资格认定、运行规则和法律责任，保证市场中介组织服务和沟通功能的充分发挥。

（2）维护市场秩序的法律规范。社会主义市场经济的建立和发展，必须遵循价值规律和竞争规则，这两个客观经济规律的基本要求反映在立法上，就是要保障市场主体之间的公平交易和自由竞争，防止行政垄断和经济垄断支配市场。市场机制中竞争机制的关键性作用，使竞争立法成为市场立法的核心。我国市场发育中存在的问题，表现为交易秩序混乱、不正当竞争行为、垄断现象、产品质量低劣，这些现象的存在与市场经济法律规范不健全有直接的关系。

（3）加强宏观调控的法律规范。社会主义市场经济必须有健全的宏观调控体系，以促进经济的协调发展。国家的宏观调控的重点，应当是固定资产投资和消费基金的总量控制及财政、信贷、物资、外汇等总量平衡和产业结构的调整等方面。这方面的立法具体包括计划法、投资法、预算法、税法、外贸法、外汇管理法、国债法、审计法等。

（4）完善社会保障制度的法律规范。市场经济的发展，除有赖于主体行为规则和宏观调控规则的完善外，还必须以社会安定为保障。对市场竞争造成的经济波动、企业破产、职工失业，需要有相应的社会救济，建立多层次的社会保障体系，保持社会稳定，这些必须有相关的法律规范作为保障。

2. 我国社会主义市场经济法律体系的基本特征

我国的市场经济立法应该注意法律体系的整体性、有序性、动态性和程序性，这些是完备的社会主义市场经济法律体系的基本特征。

（1）整体性。市场经济法律体系的整体性，要求我们始终把社会主义市场经济法律体系作为一个有机整体来处理。首先，必须加快经济立法，在指导思想、基本原则和一般规律的制约下，健全各经济法律规范子系统。其次，在每一个法律法规制定或修改过程中，既考虑保持其自身的相对独立性，又注意协调其与经济法律体系中其他组成部分的关系，使之相互作用而不相悖。遵循整体性要求，在经济立法中必须注重经济法律法规之间的一致性、协调性和从属性，使之构成一个完整的有机系统，从而保证整体功能的最优化。

（2）有序性。这是指经济法律体系内部的各层次之间、每一层面的各要素之间，结构合理、层次分明，使整个法律体系呈现一种有序状态。经济法律体系的有序性，要求我们必须以我国现实的经济形态为立足点，根据改革目标的需要，按市场构成的要素、结构及运行原理来确定法律体系的合理组成，从而建立起高效有序的规范体系，为市场经济模式提供完备、优质、稳定的法律制度。

（3）动态性。这是指经济法律体系的各个组成部分及其关系随社会经济关系的变化而变化。经济法律体系作为一个动态系统，既具有相对稳定性，又具有相对的可变性。经济法律体系稳定性，实质上是各种法律规范相互作用的和谐表现，是在各种经济规范适应外界环境的要求而发生相应变化的过程中实现的。根据动态性要求，应及时废除那些陈旧的法律规范，及时制定为推动改革进程所十分需要的新的法律规范，对于附着于传统体制但又具有阶段合理性的社会关系，在法律对其确认的同时，应有意识地为它创造随改革的逐步深化而及时转化的条件。

（4）程序性。我们的立法传统是只重实体，不重程序。宪法和法律多注重权利的宣示，至于实现的程序，则相对有所忽视或漠视，从而造成法律实施的低效。任何主体的行为，都是实体性和程序性的统一。经济实体法规定经济主体的实体权利，程序法则确认主体为实现实体权利义务而在过程和方式中所拥有的权利和义务。经济程序法所确认的法定环节和时效规定，把主体权利义务的实现步骤纳入规范化和制度化的轨道，切实保证了主体合法权益的实现以及政府经济职权的行使和高效运作，从根本上杜绝滥用职权和腐败，以保证法律的效益。基于经济程序法在经济法律体系中的重要地位，应在构建社会主义市场经济法律体系时加强程序法的建设，使之与实体法相互配合，实现法律体系这一有机系统的最大功效。

3. 市场经济法律体系的基本原则

（1）符合市场经济发展的基本规律和我国社会主义市场经济的特点。市场经济作为经济手段，其运行的基本规律，例如，价值规律、供求规律、竞争规律等，在不同社会制度下是相同的。同时，市场经济同社会基本制度结合，又有其特殊性。我国的市场经济体制是与社会主义基本制度结合在一起的，因而只有符合市场经济的一般规律和我国社会主义制度特点的法律体系，才能保证我国的社会主义市场经济体制，比资本主义条件下的市场经济运转得更好。

（2）有利于形成统一开放的市场体系。这就要求在经济立法中，避免从部门的利益出发，克服部门保护主义。在地方立法中，既要保护本地区的利益，又要从国家的全局出发，把地方经济发展纳入整个社会主义市场体系的大局中，克服地方保护主义。

（3）有利于维护公平竞争。公平竞争是市场经济的本质特征，社会主义市场经济的有效运行，有赖于建立公平的竞争秩序。为了保证市场经济的健康发展，必须通过经济立法维护公平竞争，反对不正当竞争；必须明确规定市场主体平等的法律地位，保证他们相同的竞争条件；必须明确规定在市场经济活动中遵循自愿公平、等价交换、诚实信用的原则，以规范市场主体的经济行为，维护公平竞争的市场秩序。

10.2.3　我国社会主义市场经济条件下的法律体系

我国市场经济法律体系的框架，主要由市场主体法、市场行为法、市场秩序法、宏观调控法、社会保障法、涉外经济法这六大部分构成。

（1）**市场主体法。**市场主体法是确立市场主体组织形式及其法律地位的法律规范，其作用在于规范具有合法资格的市场经济活动的参与者，使其成为自主经营、自负盈亏的生产经营者，主要包括公司法、企业法等。

（2）**市场行为法。**市场行为法是规范市场主体行为规则的法律规范，其作用在于规范市场主体行为，维护公平竞争的市场秩序，主要包括经济合同法、知识产权法和破产法等。

（3）**市场秩序法。**市场秩序法，即规范市场平等竞争条件、维护公平竞争秩序的法律规范，包括反不正当竞争法和消费者权益保护法等。

（4）宏观调控法。宏观调控法是界定、保证政府管理经济的必要手段的法律规范，其作用是规范政府行为，使市场经济在国家宏观调控下健康、有序地稳步发展，主要包括预算法、银行法、税法等。

（5）社会保障法。社会保障法是关于对劳动者合法权益以及失业、养老、医疗等方面保障的法律规范，主要包括劳动法和保险法等。

（6）涉外经济法。涉外经济法是一国调整涉外经济关系的法律规范的总称，主要包括涉外投资法、涉外贸易法和涉外税收法三大类。

10.3　社会主义市场经济的社会保障制度

社会保障既是国家为弥补市场机制的不足而建立的一种社会调节机制，同时又是现代市场经济的有机构成部分。社会保障制度也为我国社会主义市场经济的建立和发展提供必要的运行环境。

10.3.1　社会保障的含义、原则和内容

1. 社会保障的含义与特点

（1）社会保障的含义。现代意义上的社会保障制度是指国家通过立法对国民收入进行分配和再分配，对社会成员特别是生活有困难的人员的基本生活权利给予保障的社会安全制度。社会保障制度由来已久，它是随着资本主义现代工业文明的发展、市场经济的逐步确立而逐步形成的。在市场经济条件下，每个社会组织和个人都随时面临着各种各样的风险，而每个社会个体都无法单独解决市场经济条件下的风险问题，与此同时，风险问题的存在又影响和阻碍着人们投资和竞争的积极性，影响着社会的稳定和社会经济的长远总体发展。因此，从全社会角度建立社会保障制度，解决市场经济的风险问题便是市场经济国家的必然选择。

（2）社会保障的特点。现代市场经济条件下的社会保障制度主要有以下几个特点：一是社会性。社会保障制度所保护的不是少数人，也不是某些阶级和阶层的部分人，而是所有社会成员，社会成员都具有享受保障的均等机会。完善的社会保障体系犹如一张安全网，覆盖着社会生活的各个层次的方面，任何社会成员都不应被排除或遗漏在这张安全网之外。二是强制性。基于社会整体利益，国家则不管个别社会成员怎样考虑，而是采取必要的强制手段，把社会成员都纳入到社会保障体系之中，同时也强制所有社会成员必须以某种形式承担保障费用，从而维持社会保障方面的基本权利与义务的统一。三是制度立法

性。现代市场经济是法制经济，各个阶层、各种群体乃至个人之间的利益分配关系通过立法来调整。同样，相应的立法也是社会保障制度实施的依据和保证。通过立法形式规定人们在社会保障制度中的权利和义务，增强了人们的权利主体感和参与意识，也使社会保障制度的具体实施制度化、规范化。四是经济互助性。在市场经济活动中，众多的社会成员需要经济帮助，慈善机构和捐赠者的力量是有限的，只有依靠国家力量把分散的经济力量组合起来，才能实现社会成员之间的互助互济。

2. 社会保障的原则

在社会保障制度的形成和发展过程中，逐渐形成了一些重要的原则和规范，这些原则对于社会保障的建立和有效运行至关重要。一般来说，社会保障制度在运作过程中，一般遵循或体现着以下四个基本原则。

（1）普遍保障原则。普遍保障原则是指每个社会成员在生活发生困难时，都可以均等地获得社会保障的机会，社会保障的范围惠及所有社会成员。通过社会保障制度，社会成员普遍地、无例外地获得维持基本生存和生活的权利。

（2）适度保障原则。适度保障原则是指社会保障以生产力发展为物质基础，保障项目、保障水平等和生产力发展相适应。保障项目的实施范围和保障水平的高低，要考虑现有社会经济承受能力的约束；社会保障水平的提高程度要和经济发展速度相适应；社会保障支出在国民收入中所占的比重要适当。

（3）权利与义务对等原则。权利与义务对等原则是指从社会保障制度中分享好处的主体或对象应同时承担相应的责任与义务。国家通过社会保障制度获得社会的稳定和经济的发展，应承担起建立和维持社会保障制度的责任，并承担相应的保障费用；个人通过社会保障制度使自己免去了经济、社会活动中的后顾之忧，获得了社会保障制度提供帮助的权利，因而每个具有劳动能力的个人，都应在其收入中为自己将来所能享受的社会保障预先支付一定的费用。

（4）公平与效率统一的原则。公平是指所有社会成员都有均等的获得社会保障的权利和机会，在达到社会保障制度所要求的条件时，都可以得到社会保障制度提供的帮助或救济，以维持生存和基本生活需要。同时必须有利于经济发展和效率的提高，避免因保障失当而鼓励懒惰，造成效率损失。一个必须坚持的原则是，不能使依靠救助的社会成员的生活状况比最低一级的自食其力的劳动者的生活状况更好。

3. 社会保障的主要内容

一般来说，社会保障的内容主要由社会保险、社会救助、社会福利和社会优抚四大部分构成，具体内容分述如下：

（1）社会保险。社会保险是社会保障制度的核心，是根据国家的立法，由社会成员、单位和政府多方筹资，帮助社会成员及其亲属或遗属，在遭遇工伤、死亡、疾病、年老、失业、生育等风险时防止收入中断、减少或丧失，以保障其基本生活权利的一种制度。按照保障对象和具体要求的不同，社会保险包括五个方面：工伤保险、医疗保险、失业保险、养老保险、生育保险。

（2）社会救助。社会救助是指国家和社会对遭受自然灾害、不幸事故和社会贫苦者（主要包括遭到不可抗拒的天灾人祸、鳏寡孤独、生老病痛、身心障碍丧失劳动自救能力以及低于国家规定最低生活水准的社会成员）提供的物质帮助。社会救助是社会保障制度的又一重要组成部分，它是一种低层次的社会保障，属于社会保障制度要实现的最低目标，是国家和社会给予特定对象提供满足其最低生活需求的一种物质帮助。社会救助的对象是处于绝对贫困和相对贫困的个人与家庭。在实际生活中一般划分为三类情况：一是无依无靠无生活来源的鳏寡孤老残者；二是遭受天灾人祸严重侵袭而使生活一时陷于拮据状态的家庭和个人；三是生活水平低于国家规定的最低标准的家庭和个人，属于相对贫困者。这些家庭和个人尽管有生活来源，按期获得稳定的收入，但生活水平低于社会的最低保障标准。

➢ 案例提示 10-3　发达国家确定最低生活标准有三种基本的方法

（1）按成年劳动者人均纯收入确定最低生活标准。这种方法规定最低生活标准相当于成年劳动者人均纯收入的半数，达此标准的劳动者及其抚养的家庭便属于贫民或贫困户，构成社会救助的对象。这是欧洲经济委员会成员国普遍采用的方法。

（2）以恩格尔定律为依据确定最低生活标准。恩格尔定律表明，饮食开支比例与家庭贫富成反比，美国便依此原理确定最低生活标准即"贫困线"。美国把饮食开支占到家庭开支 1/3 及其以上的家庭，一律作为贫困户对待，给予社会救助。

（3）北欧国家普遍采用的"基数"方法。一般用一个"基数"代表最低生活标准，"基数"即是保证最低生活所需要的商品和服务的金额。瑞典把独身退休者享有的普遍退休金，规定为一个"基数"的 96%，这说明一个"基数"能保障的也就是最低生活水平。在瑞典，劳动者除享有普遍退休金外，还享有工资挂钩退休金，以确保正常的基本生活。

资料来源：王军旗，白永秀．社会主义市场经济理论与实践．北京：中国人民大学出版社，2005.285

讨论：最低生活标准对市场经济有效运行的意义。

（3）社会福利。社会福利是国家或社会在法律和政策范围内，在居民住宅、公共卫生等方面向全体社会成员普遍提供资金帮助和优价服务的社会保障制度。社会福利表现为国家及各种社会团体举办的多种福利设施、提供的社会服务以及举办的各种社会福利事业。社会福利主要包括国家为改善人民生活、提高公民收入而建立的各种福利设施和各种补贴，主要有公共医疗、环保设施、公共住房、财政补贴、集体福利、社区福利等项目。例如，我国的城市居民过去还享有的住房补贴、副食补贴、交通补贴等均属社会福利。在现代社会中，社会福利是一种高水平的社会保障措施，一国的社会福利水平高低，基本上是由国民经济发展水平所决定的。在我国，社会福利包括公共医疗卫生设施、住房福利、集体福利、个人生活福利、财政补贴福利等多项内容。我国实施的社会福利属最高层次的社会保障，因为它不像社会保险只能对职工失去工资给予一定程度的补偿，也不像社会救助只能起到"雪中送炭"的救急作用，更不是如社会优抚仅为对特殊对象的社会保障，而是要促进全体社会成员的生活福利普遍增进，改善人民的生活，提高人民的生活质量。

（4）社会优抚。社会优抚也是社会保障制度的重要构成部分，属于对特殊对象实行带有特殊意义的社会保障措施。它是指国家和社会按照规定，对法定的优抚对象，例如，现役军人、公安干警、武警官兵及其家属和遗属，为保证其一定的生活水平而提供带有褒扬、优待、抚恤性质的资助和服务的特殊社会保障制度，是公民因服兵役而相应获得的物质补偿权利。军人在役期间为整个国家的经济发展、社会安定做出了贡献，同时也因此而减少了收入，国家应该在国民收入分配过程中专门集中一定数量的优抚基金，对军人及其家属进行补偿。

10.3.2　市场经济中的社会保障功能

社会保障制度的规定性和特征，决定了其所固有的基本职能是保障和分配职能。每个社会成员都享有基本的生存和生活的权利，社会保障制度使这一权利得以实现，保证任何社会成员在生活发生困难或遭遇不测时能够维持基本生活，这就是保障职能。具体而言，社会保障的功能主要有以下几点：

（1）稳定社会。由于优胜劣汰的竞争机制，市场经济条件下必然会出现贫富悬殊、收入差距、利益摩擦、失业贫困甚至生活无着落等现象，这就使社会生活中隐藏着许多不安定的因素，时时威胁着经济和整个社会的稳定。社会保障机制则通过国民收入的分配和再分配，调节收入差距和利益关系，例如，通过收入再分配缓解分配不公的矛盾、解决人口老龄化问题，使失业者得到经济帮助等，弱化不稳定因素，减少经济、社会运行中的震荡，为社会安定有序和国家长治久安提供一个最基本的前提。正因为如此，现代世界各主要国家，都把社会保障机制看成是一种有效的"社会减震器"。

➤ **案例提示 10-4　几种典型的市场经济国家的社会保障模式**

（1）德国的社会保障模式。德国社会保障制度是按照社会市场经济的理论和政策进行调整和发展的。由德国弗赖堡学派提出的社会市场经济理论认为，"社会市场经济"是根据市场经济规律，保障社会安全和经济秩序，是使生产力发展和技术进步与个人自由完全协调的社会经济秩序。"社会市场经济"的目标，是实现经济人道主义，使每个人都成为财产的所有者，人人都过上幸福、安定生活。他们认为国家应利用财政税收政策，调整由市场经济所引起的收入分配不合理现象，实现公平分配。社会市场经济理论及其公平与效率的观点事实上成为德国社会保障模式的理论依据。联邦德国政府从20世纪50年代中期积极推行"人民股票"措施，实施各种福利政策，以保证公平分配。1975年建立社会保险制度、社会补偿制度、社会补助制度、职业咨询与失业介绍制、社会救济制度等五大类比较完备的社会福利制度，在一定程度上缓解了社会分配不公的现象。

（2）英国的社会保障模式。现代意义上的英国社会保障制度是在英国政府参与并主导下真正形成的，其理论基础是"福利经济学"的理论和主张。在福利经济学的影响下，20世纪40年代英国建成了世界上较为完整的社会保障体系。1942年英国著名的《贝弗里奇报告》，从儿童补助、养老金、残废津贴、失业救济、丧葬补助、丧失生活来源、妇女福利等方面，提出对全体公民实施社会保障的全面计划。贝弗里奇主张要向贫穷、愚昧、肮脏、疾病、失业等开战，以实现社会公平的目标。贝弗里奇的主张1948年7月5日由工党政府组织全面实施，建立英国型的几乎包括"从摇篮到坟墓"的现代福利国家，从而成为现代社会保障制度的起点。现行的英国社会保障制度是世界上历史最悠久、涉及面最广、条款最完整、操作最实用的社会保障制度。它有三个显著特点：一是执法严厉、不留死角；二是全民保障，由国家财政预算、个人缴费、雇主缴纳、国民保险基金投资收益四个部分构成全民保障的资金来源；三是"劫富济贫与多交多得"相结合。在英国的社会保障制度中，以个人缴纳的国民保险基金与其日后的社会保障支出并不完全相等，体现互助互利、实现公平收入的原则。

（3）美国的社会保障模式。美国社会保障模式的建立和发展，是和西方市场经济理论的发展紧密联系的，其中，英国经济学家凯恩斯的宏观经济调控思想和国家干预理论、美国著名经济学家萨谬尔森的"混合经济"思想和理论，对美国社会保障制度的发展影响最大。美国的社会保障体系始建于1935年罗斯福新政时期颁布的《社会保障法》。美国的《社会保障法》条款具体、容易实施、涉及范围广、大众收益。美国社会保障制度的改革不仅是一个经济问题，也是一个政治问题。共和党和民主党都自称是社会保障制度的"保护神"，希望以此扩大政治影响。前总统布什上台后，将改革社会保障制度列为政府工作的一项重要内容，并出台了允许部分社会保障税投资金融市场从而获得较高回报率为核心的改革计划。从理论上讲，小布什改革计划是一个部分私有化的方案，拉美的智利等国都已进行了这种改革尝试。但这个计划的实施将会面临诸多困难：一是转制成本问题。从现收现付制向部分预先筹资计划过渡时，将会产生大量转制成本。二是给付水平问题。解决转制成本问题时，如果通过一般性财政收入进行转移支付有困难，给付水平极有可能降低。三是个人财产的风险问题。个人财产的投资回报率具有很大的不确定性，是一件很复杂的事情。

(4) 新加坡的社会保障模式。新加坡的社会保障分为自我帮助、家庭帮助、社区帮助、政府扶助四个层面。1955 年建立的中央公积金是一个缴费确定型计划，用于为工人在其退休或不能工作时提供经济收入上的稳定来源。中央公积金计划由雇员、雇主和政府三方共同支持，雇员和雇主向中央公积金缴费，政府的职责是对中央公积金的运作提供法律和管理的框架。在过去的年份里，中央公积金已经演化为一个综合的社会保障储蓄计划，它不仅满足中央公积金计划成员的养老、购房和医疗方面的需要，还通过其保险计划向公积金计划的成员和他们的家庭提供经济上的保护。与其他国家的社会保障制度比较，新加坡的中央公积金制度的独到之处主要表现在以下四个方面：一是"效率优先、机会均等"的价值取向；二是政府通过中央公积金局、中央公积金法及其司法执行机构、强制性法令使得公民自我储蓄、自我保障，实行完全积累型的社会保障；三是"授人以渔"，激励国民努力工作；四是家庭本位，强调以家庭为中心维护社会稳定和经济发展。

资料来源：王军旗，白永秀．社会主义市场经济理论与实践．北京：中国人民大学出版社，2005.289

讨论：世界各国社会保障模式对我国社会保障制度建设的意义。

(2) 调节经济。社会保障机制被人们视为社会经济运行的"自动调节器"。社会保障机制作为"自动调节器"的功能，主要表现在对社会需求的调节上。在社会总供给大于社会总需求的情况下，国家通过社会救济、财政津贴等项目的支出，提高低收入者的购买力，以增加个人的消费需求；同时通过社会福利、社会服务等费用的支出，一方面增加社会成员的实物消费量，另一方面又可以扩大公共消费需求。在经济处于繁荣时，随着生产的发展，企业盈利增加，职工就业人数扩大，社会从企业、个人身上提取的保障费用自动增加；同时由于失业和贫困人口的减少，政府用于社会救济、财政津贴费用的支出随之减少，这就形成对总需求盲目扩张的一种抑制。在经济处于萧条阶段，随着生产的下降，企业盈利的减少，职工就业人数下降，社会从企业、个人身上提取的保障费用自动减少，同时因失业和贫困人口增加，政府用于社会救济、津贴费用的支出相应自动增加，这又形成对总需求过分收缩的一种自动抑制。

（3）促进发展。社会保障机制促进发展的功能，一方面通过社会保障机制改善人力资源和资本的配置状况，进而促进经济增长表现出来；另一方面表现为改善社会福利状况，提高经济发展的质量，推动社会、经济发展目标的实现。

本 章 提 要

1. 关于政府职能，一般认为包括两个方面：一是社会管理职能；二是促进社会和经济发展的职能。社会管理职能是政府最基本的职能，主要目的就是保证社会运行的秩序化和社会环境的基本稳定。促进社会和经济发展的职能，是现代社会政府职能的重要组成部分。

2. 政府宏观调控的总目标，是实现社会总供给与总需求的平衡。宏观调控的主要目标是：经济持续适度增长、充分就业、稳定物价、保持国际收支平衡、优化经济结构。

3. 法制对市场经济的功能主要表现在：引导功能、规范功能、宏观调控功能、保障功能。我国的市场经济立法应该注意法律体系的整体性、有序性、动态性和程序性。

4. 社会保障制度为我国社会主义市场经济的建立和发展提供必要的条件，既是社会公平目标的重要工具，又是维护社会稳定的必要措施。社会保障制度的基本职能是保障和再分配，保证任何社会成员在生活发生困难或遭遇不测时能够维持基本生活。

➤复习思考题

1. 市场经济条件下政府的基本职能有哪些？
2. 简述宏观调控的目标。
3. 简述市场经济法律体系的基本内容。
4. 简述社会保障制度的原则和特点。

➤材料分析题

西安宝马彩票案凸显法治缺失

近日，媒体纷纷对陕西西安宝马彩票案的处理结果进行了报道。陕西省体育局党组日前做出决定，责令陕西省体彩中心主任贾安庆辞职，对副主任张永民责令停职检查，责令西安体彩中心主任樊宏辞职。同时派出纪检组进驻西安市体彩中心，调查处理有关问题，帮助建立健全规章制度。

总体看来，西安宝马彩票案件之所以发展到影响如此恶劣的地步，问题关键在于两个方面：一方面，无疑是相关法规、制度的欠缺和不完善。应该说，彩票在我国发行迄今已有十多年，近年来全国彩票事业发展迅速。但是，无论是彩票法还是彩票条例都没有制定，目前我们所依据的只是一些较为零散的规章和文件。而对于我国彩票市场已经不同程度出现的私彩、黑彩以及像这次西安宝马彩票案件这样的虚假彩票等各种消极现象，一直没有一个相对科学、严密和权威的约束法规和管理制度。因此，从这个角度来看，我们确实应尽快制定彩票法以及相关实施条例，对彩票发行的主体、彩票市场的管理、资金的分配及使用、彩民的权利及义务以及相关行为的处罚等各方面内容都做出相对明确的制度约束和界定。

另一方面，有关政府职能部门缺乏必要的日常监管，放弃了应有的责任。由于彩票本身涉及巨大的社会资金，因此其几乎不可避免地会成为某些人权力寻租、权钱交易较为集中的地方。而对于这种特别容易出现问题的领域，相关政府职能部门本应有更为积极的作为，加大日常的监管力度。然而，在这次西安宝马彩票事件中，我们看到的是，一个有劣迹的人，不仅从陕西省体彩中心那里顺利获得了彩票承包权，而且还被后者堂而皇之地任命为销售主管；我们看到的是，原本是最为公正、公平的公证机构和公证员在整个事件当中，不仅没有及时地发现"托儿"的虚假身份证，反而出具了相对权威的公证信息。

因此，对于整个彩票市场，有关政府职能部门一定要像对股市监管一样加强监管力度，严厉打击非法私彩、黑彩活动，全面规范彩票市场秩序，从而使得我国的彩票市场日益专门化、制度化和常规化。同时，一定要切实强化相关主管部门的责任，充分发挥责任心和自觉、自律意识在具体管理中的作用。从某种程度上来说，随着越来越多的法律、制度的制定和实施，社会主体尤其是广大政府官员对于法律、制度本身的信仰、尊重以及自身责任心的加强往往显得更为重要。正如有言论所说的那样，如果连"不能骗人"、"数数要清楚"等一些最为基本的道理都需要严格、系统的法律、制度来规定，那么，不仅我们的法律将是不胜烦琐，而且为维系社会运转所付出的成本也必将日益高昂。

资料来源：法制网 . http://www. legaldaily. com. cn/，2004 年 6 月 23 日

阅读上述材料分析：

（1）西安宝马彩票案说明了什么？

（2）通过西安宝马彩票案分析市场经济条件下法制建设的必要性。

主要参考文献

顾海兵，周智高. 2006. 我国宏观调控的范式研究. 国家行政学院学报，（2）：11～15

任保平. 2001. 中国社会保障模式. 北京：中国社会科学出版社

王国泽，柳军. 2003. 社会主义市场经济与政府职能的转变. 山西社会主义学院学报，（3）：
　　13~17

吴先满. 2003. 在加紧加快政府职能转变中构筑现代市场服务型政府. 南京社会科学，（1）：
　　23~28

亚当·斯密. 1974. 国民财富的性质和原因的研究（下卷）. 郭大力，王亚南译. 北京：商务
　　印书馆

杨国才. 1998. 转型经济中的政府职能. 安庆师院社会科学学报，（3）：3~8

杨心宇，季诺. 1998. 论市场化与政府职能. 学术月刊，（4）：43~48

周霖. 2002. 论我国政府职能转变的艰巨性和长期性. 学术探索，（5）：3~11

第11章

社会主义市场经济的运行

市场经济运行是指在一定运行环境的约束下，由其运行规律所支配的经济的现实运作过程。市场经济的现实运作是由市场经济的基本运行规律决定的，即在价值规律、竞争规律、供求规律的支配下，通过价格信号来传递信息，引导追求利益最大化的经济主体合理配置资源，各类经济主体在价格信号的引导下不断调整其行为。本章主要研究和介绍我国社会主义市场经济运行中的基本问题。

■ 11.1　社会主义市场经济运行中的产业结构调整

11.1.1　产业结构的理论界定

产业结构是指在社会再生产过程中，国民经济各产业之间的生产技术经济联系和数量比例关系。

产业之间的生产技术经济联系主要反映产业间相互依赖、相互制约的程度和方式，其中包括：①产业间的生产联系，是指每一产业的经济活动都依赖于其他产业的经济活动，以其他产业部门的产出或成果作为自己的生产要素投入，同时又以自己的产出或成果，直接或间接地为其他产业部门的生产服务；②产业间的技术联系，是指每一产业的技术发展都直接或间接地影响或受影响于其他产业的技术发展；③产业间的经济联系，是指产业之间的生产联系的紧密程度和范围，直接取决于该产业与其他产业之间在一定交换关系下的经济利益关系，通过产业间产品或劳务的交换关系体现出来。

产业之间的数量比例关系包括：①各类经济资源在各产业间的配置情况，例如，资金、劳动力、技术等生产要素在各产业之间的分布；②国民经济总产出在各产业间的分布情况，例如，一定时期内的总产值、总产量和劳务、利税额在各产业间的分布。①

11.1.2 市场经济运行中产业结构变动

1. 影响产业结构变化的一般因素

一个国家或地区的产业结构，是在一系列自然、社会和技术因素的作用下形成的，并且随着这些因素的变化而变化。影响产业结构变化的因素，主要有以下几个方面：

（1）需求因素。需求因素包括生产需求、消费需求和国外需求。随着生产力的发展和居民收入的增长，需求结构经常处于变化之中。原有的需求中，有的增长快，有的增长慢，有的还可能下降或消失，而新的需求则层出不穷。需求的变化会通过市场价格变化反映出来，厂商在观察到市场价格变化后，会据此调整生产，从而使各个产业部门的增长速度必然有快有慢，并不断出现逐渐萎缩的传统部门被新兴部门所取代的现象。需求结构是制约和决定着一国长期产业结构变动的最终因素。

（2）资源因素。资源因素主要是指一国的资源禀赋。一个国家的资源拥有量及其结构状况是制约该国产业结构的一个重要因素。某种资源充裕，必然使其价格下降，结果会使大量利用该资源的产业获得比较优势，从而促进其发展。所以，在市场机制的作用下，各国必然会形成以大量利用其丰裕生产要素的产业为主导的产业结构。在劳动力充裕国家，劳动密集型产业占主导地位；在资金供应充裕的国家，资金密集型产业就相对发达。当然，科学技术的进步，会相对削弱资源（尤其是自然资源）对产业结构的影响。

（3）技术因素。技术是产业结构变化的重要推动力。一方面科技进步会使资源消耗强度下降，使可替代资源增加，改变生产需求结构，从而使产业结构发生变化。科技进步使劳动生产率提高，使劳动力发生转移。在生产规模不变时，物质生产领域所需要的劳动力人数会随着科技进步而减少，使劳动力游离出来向其他部门转移，从而会使产业结构发生变化。另一方面科技进步会通过新兴产业的出现和新产品的开发，通过扩大自然资源的开发利用领域和提高资源利用率，以及提高产品在国际市场上的竞争力等，引起产业结构发生变化。所以，对科学技术的发展及其推广应用的预测，是合理安排与调整产业结构的一个重要依据。

---

① 戴伯勋．现代产业经济学．北京：经济管理出版社，2001.250～251

2. 产业结构的演化规律

产业结构处于不断的演变中，科学技术发展和需求变化通过市场机制引起产业间的不平衡增长，不平衡增长导致产业间数量比例的变化以及产业间相互地位、相互关联方式的变化，这就是产业结构演变。当量变达到一定程度，产业结构就会发生质的变化，这意味着新的主导产业取代了旧的主导产业，新的产业关联方式和数量比例形成，从而使产业结构进入了一个新的更高的水平。

从各国产业结构演变来看，这一过程表现出一定的规律性。这种规律性表现为："重工业所占比重不断上升；加工工业所占的比重不断上升；知识技术密集产业所占比重不断上升；服务业所占比重不断上升。"[①] 各国工业化一般是从轻工业发展开始，轻工业的迅速发展需要大量的生产设备、原料能源，也要求交通条件的改善，结果带动了重工业的发展，进入以原料和能源、设备制造业工业为重心的发展阶段。重工业的发展提高了整个社会生产效率的同时也使生产过程更加迂回，同时人们对物质产品性能提出了更高要求，这些因素都使产业链延长，于是加工组装型工业所占的比重不断提高，产业结构逐渐进入以加工组装型工业为重心的发展阶段。在这一阶段，轻工业和重工业产品的附加值都在不断提高。随着科学技术的进一步发展，工业内部分工进一步细化，工业品的技术含量和附加值进一步提高。在此过程中，人们的收入水平不断增加，需求层次不断提高，对娱乐、舒适、个性的需求增加，同时物质生产部门生产效率的提高也使很多劳动力可以进入服务业，于是服务业的供给增加，服务业所占比重不断上升。

11.1.3　我国产业结构的现状

1. 改革开放以来我国产业结构演进的基本特征

改革开放以后，我国三次产业结构发生了显著变化。第一产业比重明显下降。第二产业比重稳步提高，对 GDP 的贡献率基本上在 60％以上，个别年份甚至达到 70％。第三产业对 GDP 的贡献率在 20％～35％摇摆。当前，第二产业（尤其是工业）是拉动经济增长的主导力量，第三产业对经济增长的拉动作用还相对有限。在第二产业中，轻工业（主要是生产生活资料的行业）占工业增加值的比重由 1987 年的 33.79％下降到 2003 年的 26.14％，同期重化工业（主要是生产生产资料行业）所占比重由 49.17％上升到 54.04％，尤其是 2001 年之后，重化工业的比重加速提高，3 年间提高了 3.96 个百分点。"当前工业对经济增长的贡献率当中，近 3/4（2003 年为 73.93％）来自重化工业，重化工业加速发展

---

① 戴伯勋．现代产业经济学．北京：经济管理出版社，2001.250～251

的特点十分明显。"①

改革开放以来，出现了三轮以高增长行业推动经济进入高增长周期的过程，形成了结构变化推动经济增长的格局。第一轮是 20 世纪 80 年代初中期以轻工为主导的增长周期，以满足居民的吃、穿为主。第二轮增长周期始于 20 世纪 90 年代初期，起带动作用的高增长行业包括基础设施和基础产业（公路、港口、电力等）、家电产品（彩电、冰箱、洗衣机、空调机等）等。第三轮增长周期是发生在 2001 年之后，住宅、汽车、城市基础设施建设、通信成为新的带头性高增长产业，并由此带动了钢铁、机械、建材、化工等提供中间产品的行业快速发展。这三次结构转变都与居民的消费结构升级相关，形成了消费结构升级推动产业结构升级的发展规律。

2. 当前我国产业结构的主要问题

虽然我国的产业结构在改革开放进行了调整和优化，但仍然存在着一些较为严重的问题。

（1）三次产业间的比例关系不合理，第一产业比重仍然偏高，而第三产业比重明显偏低，第一产业效益低下。由于资源和制度的约束，我国农业生产规模小、专业化程度低、基础设施落后、人力资本和物质资本投资不足，仍然未能摆脱传统的生产方式。

（2）第二产业内部结构严重不合理。主要表现为原材料工业与深加工、精加工工业比例不合理，原材料工业比重大，深加工、精加工工业滞后，资源消耗量大②；基础产业发展相对滞后，不能适应制造业迅速发展的要求；高新技术产业发展相对缓慢。

（3）第三产业全面落后的状况依然没有明显改观。我国第三产业所占 GDP 比重仍然很低，发达国家主要以信息、咨询、科技、金融等新兴产业为主，而我国尚以传统的商业、服务业为主。一些基础性第三产业（如邮电、通信）和新兴第三产业（如金融保险、信息、咨询、科技等）自然发育不足③。

（4）各地方资源优势未发挥作用，特色产业不明确。表现为各地区产业结构盲目互相模仿所导致产业结构趋同化趋势①。我国产业结构中出现的这些问题的原因，一方面是因为市场机制发挥作用还受到某些限制，妨碍了资源的自由流动和产业结构的合理调整，另一方面，也是由我国所处的发展阶段决定的。

---

① 冯飞，杨建龙.产业结构演进的趋势与"十一五"时期产业结构调整的基本方向.中国经济时报，2005 年 5 月 12 日

② 白永秀.关于我国"十一五"规划几个问题的思考.经济纵横，2005，12：112～116

③ 邵波，赵景阳，徐其东.我国产业结构调整的现状与战略性调整对策.市场周刊，2006，2：31～38

11.1.4　我国产业结构调整的方向与途径

1. 我国产业结构调整的方向

我国当前产业结构调整的方向是：①促进第三产业发展。改变目前第三产业过于依赖"生活型"服务业的低质结构，加快发展金融、保险、咨询、物流等知识型服务业或"生产型"服务业，致力于服务业的结构升级和增强服务业的竞争力，促进第三产业的发展。②引导重化工业健康发展。形成与我国经济增长阶段相适应的资源节约型国民经济体系，走新型工业化道路。对于重化工业的发展，应提高资源利用效率标准和环境保护标准，提高市场进入门槛，以此促进重化工业采用先进适用技术和制造工艺，加速淘汰高能耗、高物耗、高污染的落后生产能力，引导重化工业健康发展。③延长制造业在国际分工中的价值链，增强产业的创新能力。鼓励企业由加工组装型向精密制造型升级，由粗加工向高加工度化升级，提高产品的附加价值；采取综合措施，鼓励企业技术创新，增强产业的技术创新能力。④加快发展装备制造业，实施装备制造业振兴战略。制定鼓励装备制造业发展的政策和激励措施，鼓励民营企业发展装备制造业，以促进我国装备制造业的振兴。⑤注重产业的地区布局规划，引导发展产业集群。根据地区的环境容量、基础设施条件等为约束变量，形成地区间的合理分工，优化产业布局。

2. 我国产业结构调整的途径

（1）发挥市场机制的作用。市场机制是建立在完善的市场体系基础之上，依据市场经济本身内在的调节力量促进产业结构合理化与现代化的调节形式。市场调节机制对产业结构合理化与现代化的调节作用主要体现在，市场调节通过平均利润率规律的作用，使资源按照社会需要在部门间不断转移，从而促进产业结构的合理化。同时，通过价值规律和剩余价值规律的作用，使各产业不断地改进技术，提高劳动生产率，朝着现代化的方向发展。

（2）进行宏观调控。市场机制对产业结构的调节作用存在着自发性、滞后性、短期性等缺陷，容易导致资源的不合理配置，不利于某些投资周期长、见效慢的部门发展，甚至造成资源的浪费，因此需要政府进行必要的宏观调控。国家宏观调控部门以国民经济和社会发展计划及产业政策为依据，对产业结构的变动进行经常的监督和调控，对于不符合产业结构优化要求的经济行为，采取经济的、法律的和行政的手段及时加以调整，以迅速推动产业结构的合理化与高度化。

（3）实施产业政策。制定和实施产业政策，是促进产业结构合理化和现代化的重要手段。国家可以通过产业政策的指导，对各种生产要素进行重组，从而加速资源配置的优化过程。但应看到，产业政策的制定和实施应以不损害市场机制的内在机理为前提。国家在制定和实施产业政策中，应使产业结构的发展变化符合市场需求结构变动的要求，根据市场需求结构的发展趋势来协调产业结构的发展。

11.2 社会主义市场经济运行中的收入分配

11.2.1 市场经济运行中的收入分配

1. 收入分配的内容

一般来说，收入分配有广义和狭义之分。广义的收入分配既包括生产成果的分配，也包括生产条件的分配；狭义的收入分配只是指生产成果的分配或国民收入的分配。这里主要使用的是狭义分配的概念。什么是国民收入呢？它是指一国在一定时期内由所有生产部门提供的各种最终商品和劳务按货币形式计算的价值，在其扣除了折旧部分的价值及可转嫁的间接税后的余额，也就是各种要素所有者所得收入的总和。按照上述定义的国民收入仍然不是分配的最终内容，因为在这个国民收入中，不仅包括政府征收的企业所得税、社会保险税等，还包括企业用于进一步发展的未分配利润部分。与此同时，也有一些收入为个人所得，却并非是提供要素服务的报酬，例如，政府或企业的转移收入等。如果在国民收入中减去前一部分，再加上后一部分，就形成了个人收入。个人收入在扣除了个人所得税以后，才是分配的最终内容。

2. 市场经济运行中收入分配的机制与形式

市场经济的运行中，人们的收入主要来源于向生产过程提供生产要素所获得的要素收入。人们所获得的要素收入则取决于人们提供的生产要素的数量和由要素市场所决定的生产要素的价格。生产要素的数量一方面取决于"自然禀赋"，另一方面也取决于人们后天的努力程度。例如，劳动者的健康体能不同，可能会导致所能提供的劳动数量的差异，相同体能的劳动者的努力程度不同，也会导致所提供的劳动数量的差异。生产要素的价格则取决于生产要素的供给和需求。对生产要素的供给数量相对固定。所以，生产要素价格主要由生产过程中的要素需求决定，而对生产要素的需求取决于要素在生产过程中的边际贡献，因而生产要素的价格主要取决于其边际贡献的大小，这意味着，劳动、资本、土地等生产要素的价格由其在生产中的边际贡献决定，质量不同的同种生产要素也会因为其边际贡献不同而有不同的价格。可见，在市场经济条件下，决定收入分配的主要因素包括要素禀赋、努力程度、边际贡献。其中，前两个因素决定了为生产过程所提供的要素多少，后者反映了单位生产要素在生产活动中的实际贡献，这些因素结合起来，构成了生产要素对生产活动的全部贡献。可见，市场经济分配的基本机制是根据生产要素的贡献来进行分配。

当然，在现代市场经济中还存在着其他分配机制，例如，通过政府的税收和转移支付所实现的收入的再分配。但是，必须强调的是，这种市场以外的收入分配机制，第一，只是辅助性的分配机制；第二，其涉及的主要是市场机制所不能解决或不易解决的分配问题，例如，社会保障、社会福利、公共产品的分配等；第三，它的运转必须有一套严格、公平的法制保障体系。

按照上述分配机制，收入分配的形式是多种多样的，主要可以划分为四大类：①按劳分配的收入，包括工资、奖金、津贴等；②按经营分配的收入，包括经营性劳动收入、风险收入、机会收入等；③按资分配的收入，包括利息、股息、红利、租金、私营企业和个体户的利润等；④按需要分配的收入，如困难补助、社会救济等。此外，还包括按投入技术获得的收入、转移收入等。

11.2.2　我国社会主义市场经济运行中收入分配的现状

改革开放 30 年来在经济快速增长的同时，居民收入差距进一步扩大了。收入差距的扩大已经引发了一些社会问题，近年来一系列仇富、袭富甚至杀富事件，以及部分地区的治安形势的恶化，都与收入分配差距的扩大有着密切关系。我国目前收入差距扩大的原因主要有以下四个方面：

（1）市场化过程导致收入差距扩大。市场经济分配的基本原则是按照贡献进行分配，而不同劳动者所拥有的生产要素的质量和数量是不同的，这必然会使其对生产过程的贡献不同。具体表现为：①劳动者的素质的差异。劳动者的素质包括劳动者的体能和技能。劳动者的体能越强，其所可能提供的劳动的量就越大；劳动者的技能越高，其在相同时间里所完成的工作量就越大。所以，高素质的劳动者必然会取得比低素质的劳动者更高的收入。②资本拥有量的差异。由于收入水平、节俭程度、继承遗产的不同，人们拥有的资本水平不同，为生产过程提供的资本的量不同，这就使人们的资本收入各不相同。③自然资源禀赋差异。不同地区由于自然资源禀赋的差异也会带来收入的差别。应当承认，市场经济运行所带来的收入差距，并不完全是合理的，例如，由于继承遗产而获得大量的资本收入，会使整个社会的收入差距不断扩大，同时也会使人们丧失通过当前努力为生产作贡献的激励，不利于经济的持续发展。

（2）工业化过程导致收入差距扩大。根据库兹涅茨的倒 U 型假说理论，在前工业文明向后工业文明过渡的经济增长的早期阶段，收入差距会扩大，而后是短暂的稳定，然后在增长后期逐渐缩小。由此，发展中国家在向发达国家过渡的过程中，居民收入分配差距先拉大、后改善的变动趋势是难以避免的。目前，我国正处于从起步阶段进入快速发展阶段的前期，部门间的差别扩大，人口转移的速度加快，劳动差别随着社会文化教育水平差别的扩大和白领阶层的出现而扩大，收入差别相应扩大。

（3）市场化改革不充分导致收入差距扩大。在市场化的过程中，由于相关体制改革的不完善和不配套，形成了运用特殊势力、以非市场化的方式来获取财富与权力的既得利益集团。它们往往利用自己拥有的社会和政治资源，阻碍技术进步和资源合理流动。向市场经济转变的过程是利益与权力重新分配的过程，在资源有限的情况下，社会成员利用市场环境获取利益的客观与主观条件是不同的。而在我国制度约束软化的情况下，掌握经济与政治稀缺资源的少数人就拥有更多机会与条件谋取私利。因此，如果国家自由放任经济和市场，发展的最大受益者将是原来收入较高的社会群体，经济上落后的社会群体与地区在经济发展过程中分享到的利益远不如前者，这样就产生了贫富差距不断扩大的问题。

（4）国民收入再分配调节不足。国民收入再分配调节不足，是难以对分配差距形成有效调节的基本原因。一是对高收入调节不力。当前居民收入方式日趋多元化，政府却未能根据现实情况的变化建立有效的收入监督及控制体系。二是对低收入阶层缺乏有效保护。一方面是总体投入不足，另一方面财政分灶吃饭与社会事务分级管理体制也使贫困地区低收入保护更显无力。三是某些形式的转移支付制度明显向高收入群体倾斜。向社会成员提供福利属于再分配的范畴，按道理应向低收入群体倾斜，但事实上却不然。例如，"诸多福利基本上只是提供给城市居民，而收入总体低下的农村却无法享受；在城市内部，由于福利体制是通过部门和单位实施的，而在事实上，这些部门和单位通常也在初次分配过程中已经占有一定的优势"[1]。

11.2.3　完善我国社会主义市场经济的收入分配制度

收入分配的严重差距是我国当前市场经济发展过程中的一个严重问题，它不仅影响经济效率的提高，而且影响社会的稳定。在市场经济的进一步发展中应当通过完善收入分配制度的途径来解决这一问题。

（1）深化收入分配体制改革。一方面，要打破行业垄断，清除市场准入壁垒，通过竞争来降低垄断行业的高收入，限制凭借行业垄断获得个人额外收入的现象；另一方面，建立平等竞争自由流动的统一开放的劳动力市场，特别是消除城乡间的就业歧视和择业差别，使劳动者能够根据自身的利益追求和特长自主择

---

[1]　杨宜勇. 我国的收入分配现状、问题及十一五的对策. 经济研究参考，2005，58：4～12

业，形成劳动要素合理配置的局面，在提高效率的同时，克服因就业选择限制而产生的收入差别；同时还要清除界定政府职能，强化对政府部门及其工作人员的制度约束，避免其利用权力寻租所造成的进入市场竞争机会不均等问题。

（2）高度重视收入分配法制化建设，严格整顿国有部门混乱的分配秩序。收入分配法制化建设是指用法律制度和规则去规范、约束个人收入分配行为，制止利用非法手段牟取暴利，尤其要对国有部门的收入分配依法加强监管，防止社会共有的垄断利润转化为小集团的利益和个别人员的薪酬福利，积极探索超额垄断所得向全民转移的机制；要进一步完善和规范国家公务员的工资制度，在促进公务员群体成为稳定的中等收入阶层的同时，防止出现过快和过大幅度提高公务员待遇的情况。

（3）完善个人收入税征收体系。税收对个人收入的调控重点是对高收入者进行调节，它主要表现在对以个人所得税为主体，遗产赠予税、物业税、存款利息税、特别消费税等为补充的个人收入税收调节体系的运用上。我国应注重个人所得税和消费税调节收入分配的作用，一方面可以通过提高个人所得税起征点来增加中低收入阶层的福利水平；另一方面可以通过拓宽对奢侈消费品等项目的税基、制定合理的税率和建立有效的征管机制来调节过高收入。

■ 11.3　我国社会主义市场经济运行的秩序

11.3.1　我国社会主义市场经济运行秩序的现状

随着市场化的深入和相关规则的完善，我国市场经济运行秩序已经逐渐趋于规范，但是仍然存在一些较为严重的混乱现象。

（1）市场进出混乱。从市场进入来看，一些经营者不经过进入资质审查而直接进入市场，不仅逃避登记注册，而且不缴纳税费，不接受市场监管；还有一些资质不合格的企业以"寻租"或欺骗的方式通过审查，进入市场，由于自身经营能力不足，经营方式不规范，扰乱了市场秩序。从市场退出的结果来看，经济合同履约率低，合同签订之后不履行，随意终止合同或更改合同，使经济合同的履约率大大降低，不履行合约，形成了企业之间的三角债，造成了银行的呆、坏、死账，破坏了正常的银企关系，影响了市场经济的秩序性。

（2）市场交易秩序混乱。一方面，假冒伪劣商品泛滥。据有关方面测算，近年来，我国年均假冒伪劣产品的产值在 1 300 亿元左右，国家因此年均损失税收 250 多亿元。这个问题已成为我国经济生活中的一大社会公害。另一方面，欺诈现象严重。交易过程中以虚假的"最低价"、"优惠价"等欺骗性价格销售商品，特别是在一些新兴消费领域，如商品房、汽车、医疗、电信服务等行业，价格缺乏标准和透明度，价格歧视和虚假定价行为相当普遍。同时走私贩私活动仍然存在，为逃避关税以牟取暴利，近年来一些沿海地区的成品油、化工纺织原料、香烟、汽车等走私问题较为突出，一些已经取缔的私货市场又死灰复燃，新的私货集散地和交易市场也有增加。

(3) 市场管理秩序混乱。在有法可依的条件下，市场监管的公正、公平很大程度上取决于执法者的素质，然而在我国的市场监管队伍中还存在为数不少的低素质者，有的廉政意识淡薄、不廉洁执法，有的滥用职权、徇私枉法，有的粗暴管理、野蛮执法，甚至一些管理部门也会做出违法规定，如为了创收而下达硬性罚款指标，严重损害了执法主体的声誉和形象。

11.3.2   我国社会主义市场经济运行失序的原因

(1) 经济转型过程中的相关制度缺失。我国的市场化改革尚未完成，仍然处于由计划经济向市场经济转型的阶段。在资源配置方式由计划配置转向市场配置的过程中，原有的与计划经济相适应的调整经济主体之间交往关系的规则已经不具有约束力，但是，与市场经济相适应的调整人们之间交往关系的规则尚未完全确立，这样就必然在一些领域出现"制度真空"。这种"制度真空"既表现在正式制度方面，也表现在非正式制度方面。例如，在市场交易过程中大量出现的假冒伪劣、违背合同、拖欠债务等现象，既和相关法律法规的缺失，尚未建立完整有效的信息披露机制有关，也与市场经济发育时间短，人们尚未形成与市场经济相适应的伦理观念有关。

(2) 法律约束力不足。当前经济生活中之所以秩序混乱，不能只归咎于法律不完善、不齐备，更主要的在于法律的约束力不足，虽然有了法，但却有法不依、执法不严、违法不究。例如，我国近年来已经制定和实施了反不正当竞争法、消费者权益保护法、合同法等法律，但不正当竞争仍然猖獗，消费者还时常被坑害，合同不履行的现象仍难以消除，逃债废债的现象还不断发生，其原因就在于执法不严，相关法规被层层折扣，导致违反市场运行相关法规的成本很低，这是各种违法行为有恃无恐、市场秩序混乱屡经治理仍未根治的重要原因。当前既要加快立法进度，使社会主义市场经济的法律进一步完善，又要加大执法力度，坚决纠正执法不严、违法不究的情况。

(3) 地方保护主义严重。我国经济转型时期市场经济运行失序与地方保护主义也有较大的关系。目前，地方保护已经从最初的市场分割与区域封锁演变为公然保护"假冒伪劣"，从维护地方经济利益的动机演变为利用行政权力攫取非法利益的"寻租"动机。地方保护产生并蔓延的主要原因是现行的以经济增长为中心的官员考核制度，地方官员为了取得"政绩"，特别强调保护作为财政收入主要来源的本地企业，例如，高筑行政性壁垒，实施区域性垄断，纵容和保护本地企业的制假贩假行为，使地方保护呈现出一种"合法"的面目，这是导致现阶段市场经济秩序混乱的重要原因。

11.3.3 我国社会主义市场经济运行失序的治理

我国市场经济运行中的失序总体上是由制度缺失和制度失灵造成的，在维护市场经济秩序的过程中要从正式制度与非正式制度两个方面加强制度供给。

1. 加强正式制度供给

通过正式制度安排来解决我国现阶段市场经济秩序混乱，主要包括两个方面的内容：

（1）创新市场运行制度，优化市场运行环境。首先，完善市场进入制度。许可证制度是商品市场当前普遍采用的一种准入制度。以一个跨乡镇经营的小百货店为例，就要办理经营许可证、卫生许可证等十几种证件，类型复杂且手续烦琐。而在一些行业推行备案制，主体进入市场时向相关部门登记备案，则可减少许可证的滥发，并使市场主体处于管理部门的监管中。其次，强化交易监管制度。市场交易分为有形市场交易和无形市场交易。有形市场交易重在事中监管，应普遍完善"巡查制"和"驻场制"，推行市场主体不良行为记录制度。对有形市场以外的商品交易行为则重在事前监管，建立健全服务承诺、质量保证、销货凭证、消费者索赔和违法违章档案等交易监管制度。最后，建立市场信用制度。信用制度建设的目的，是要在全社会形成一个诚信为本、操守为重的商业氛围。可通过建立经济户口、诚信档案、信用披露机制、企业不良行为记录，以及统一信用代码和集中上网公示等形式，对市场主体的信用情况进行跟踪监督。以专门的权威评级机构，对商贸企业的信用资质予以统一评定，并定期向市场发布。通过建立准确、完整和动态的信用档案和信用查询系统，为社会信用机制的建立提供统一的信息平台。

（2）完善市场法律规则，维护消费者合法权益。完善的法律规则包含两方面的内容：一是制定上的完善即有法可依；二是事实上的完善即有法必依，在现实中体现为立法和执法的完善。目前维护商品市场秩序的法律框架已初步形成，建立了包括《中华人民共和国反不正当竞争法》、《中华人民共和国价格法》、《中华人民共和国产品质量法》、《中华人民共和国商标法》、《关于制止低价倾销行为的规定》等保护、鼓励公平竞争的法律法规。应出台一部对规范商品流通秩序有重要作用的商业法，随着电子商务的兴起，出台规范网上交易秩序的法律也显得十分必要。此外，要规范商业部门行政法规和地方性法规的制定，但在制定过程中要防止部门、地方保护主义。在完善立法的同时，更要提高执法水平，保证执法者公正廉明，依法行事①。

2. 加强非正式制度安排供给

从我国经济转型时期维护市场经济秩序的要求来看，非正式制度供给的内容是形成以诚实守信为核心的伦理观念，其具体内容包括：

（1）加强信用道德教育。信用从广义上而言，分为正式性的制度信用和道德层面上的信用道德，信用道德是一种信用的理念和诚实守信的义务感。道德信用以经济主体的内心法则为基础，把信用作为一种行为规范，发挥道德的自律与他律，形成对失信行为的无形约束。因此，在我国经济转型时期的信用建设中，要把信用作为公民的基本道德要求，树立信用的公众形象，树立"以讲信用为荣，不见信用为耻"的社会公共意识，形成信用的财富意识。

（2）加强信用教育，正确认识信用的作用及其重要性。通过宣传、教育、典型示范来进行信用教育。树立正确物质利益观念，物质利益关系是市场经济的基本关系，在市场经济中经济主体的行为目标是追求利益最大化，在信用制度建设中要加强信用教育，使经济主体的利益追求建立在合法经营与诚实劳动基础上，不以失信而获利。

（3）加强传统的信用文化教育。信用在我国传统文化中占据十分重要的地位。我国传统文化中的"货真价实"、"童叟无欺"、"一诺千金"、"君子爱财，取之有道"、"君子喻于义，小人喻于利"观念，实际上都反映了古人对信用问题的重视。在经济转型时期的信用制度建设中，要加强传统的信用文化教育，使传统文化中的信用理念在新的历史时期焕发出新的生机②。

■ 11.4 我国社会主义市场经济运行中的就业与失业

11.4.1 就业与失业的基本概念

就业与失业是同一个问题的两面。通常用失业状况来反映一国的就业状况。失业是指"在一定年龄范围内愿意工作而没有工作，并且正在寻找工作的人"③。衡量一个经济中失业状况（就业状况）的基本指标是失业率。失业率是失业人数占全部劳动力的比率。

在市场经济的运作中，由于劳动力流动和经济结构变化等原因而不可避免的会产生失业，这部分失业被称为自然失业。自然失业主要包括摩擦性失业和结构

---

① 王晓东. 转型经济条件下的商品市场秩序问题思考. 商贸经济，2004，9：17～25

② 任保平，钞小静. 经济转型时期市场秩序建设的信用制度供给. 思想战线，2006，1：128～134

③ 梁晓民. 西方经济学教程. 北京：中国统计出版社，1998.274

性失业，前者是由劳动力的正常流动所引起的，后者是由经济结构的变化所引起的。自然失业人口在全部劳动人口中所占的比率被称为自然失业率。在市场经济的运作过程中，由于总需求的周期性变动，还会带来周期性失业。没有周期性失业，仅存在自然失业，即实际失业率等于自然失业率的就业状态被称为充分就业状态。如果实际失业率低于自然失业率，则意味着过度就业；如果实际失业率高于自然失业率，则意味着就业不足。

11.4.2　失业的影响

在市场经济的运行中，失业的存在是不可避免的，在通过劳动力流动实现劳动力资源合理配置的过程中，在劳动者适应经济结构变化所带来的劳动需求变化的过程中，必然会出现失业。适度失业的存在，甚至对市场经济的运行具有积极意义，因为失业的威胁使劳动者产生一定的危机感，从而使其努力工作，努力提高自身的知识水平和技能，这有利于整个社会劳动者素质的提高，从而能够推动一国的经济发展。

当然，严重的失业会给一国经济发展造成负面影响，甚至可能危及整个社会的稳定，主要表现为：①国民产出减少。失业意味着劳动力资源的浪费，从而使产出和收入水平下降。根据奥肯定律，失业率每上升一个百分点，产出水平就会下降 2～3 个百分点。②个人生活困难和心理压力。对个人来说，失业带来收入严重下降，这必然会使失业者的生活水平下降；失业会给个人带来严重的心理压力，相关研究表明，失业所带来的心理压力仅次于配偶死亡和入狱；长期失业会使劳动者的劳动技能下降，给其人力资本带来损害，降低其重新就业的能力，使其陷入恶性循环的状态。③影响社会稳定。长期失业所带来的经济困境和心理压力会使失业者的行为趋于极端，这会导致犯罪率的上升，甚至会影响一国的政治稳定。

11.4.3　我国目前社会主义市场经济运行中的就业问题

近年来，我国的就业状况有所改善，但就业形势依然严峻，主要表现在四个方面：一是劳动力供大于求的矛盾长期存在。今后几年，我国城镇劳动力每年供求缺口在 1 000 万人以上；同时，农村还有大量富余劳动力需要转移。二是历史遗留问题还需消化解决。国有企业和城镇集体企业下岗职工中仍有部分未就业人员，国有企业重组改制和实施政策性关闭破产还需安置一定数量的职工；部分困难地区、困难企业、困难群体的就业问题依然存在，已实现再就业的有些还不稳定。三是新的就业矛盾逐步凸显。城镇新成长劳动力特别是高校毕业生等群体的就业问题进一步突出，目前全国每年大约有 400 多万名普通高校学生毕业。四是劳动力素质与岗位不适应的状况需要改变。许多地区和部分行业出现技能劳动者供不应求甚至严重短缺；下岗失业人员的技能水平和就业能力亟待提高。

11.4.4　我国社会主义市场经济运行中就业问题产生的原因

我国的就业问题产生的原因不是单一的，可以从人口变化、技术变革、体制转轨等多个角度来解释。

（1）劳动力供求矛盾造成的失业。人口基数大，新增劳动力多是我国的基本国情。从劳动力供给来看，虽然自20世纪70年代后期以来，我国的人口增长率逐年下降，但由于人口惯性作用，劳动力供给的增长态势仍很难改变，农村剩余劳动力向城市的转移则进一步加大了城镇的就业压力。从劳动力需求情况看，即使未来我国经济保持目前较快的增长速度，但是我国经济增长的就业弹性有降低的趋势，对劳动力需求的增加是有限的。可见，在目前和未来相当长的时间内，我国劳动力总量供求矛盾仍会十分突出，这是我国就业问题产生的基本原因。

（2）技术变革导致结构性失业。在信息产业革命的过程中，以信息产业为主体的新兴产业迅速发展，农业和制造业中的纺织、轻工、钢铁、机械制造等传统产业发展相对缓慢；并且，由于传统产业内部在信息产业革命的影响下的迅速技术变革，使其一方面，由于资本有机构成的提高对劳动力需求总量减少，另一方面，其对劳动力的需求结构也发生了变化，对简单劳动力的需求减少，对技能型劳动力的需求增加。这种技术变革所带来的宏观和微观的结构变化，必然会导致短缺与过剩并存的现象，即导致结构性失业。应当注意的是，我国目前的产业结构仍然以低端制造业为主体，其对劳动力的技能要求增加，意味着对中等层次劳动力需求的增加，对高层次劳动力需求的增加则相对有限，而我国目前高校扩招过快，中等职业教育发展不足，结果造成我国目前高校毕业生就业困难，而技能型劳动力短缺的现象。

（3）体制转轨导致的失业。在传统的计划经济体制下，国家实行以低工资和高就业为特征的福利型就业制度，造成许多单位人浮于事，工作效率和生产效率低下。经济体制转轨要求企业成为自主经营、自负盈亏的独立经济主体，在这种情况下，企业必然会进行严格的经济核算，"减员增效、下岗分流"，从而会使原来隐性存在于企业内部的失业人口变为显性失业人口。同时，在体制转轨的过程中，非国有制经济由于其经营机制的灵活性，具有较强的竞争力，致使许多国有企业处于亏损状态或退出市场，也导致了原来国有企业职工的失业。与其他类型的失业相比较，这类转轨性失业具有失业前后对比反差大、心理承受能力差、人口集中程度高、政治诉求力强等特点，是我国当前容易引发社会不稳定的一个重要因素。

（4）农业过剩人口的流动。在经济体制转轨和经济结构变化的过程中，农业过剩劳动力的流动受到的限制越来越少，大量流入城市和经济发达的沿海地区。农业人口的流动，一方面会同原来的城市人口直接竞争工作岗位，另一方面，农业人口的流入使非国有企业可以雇佣到廉价的劳动力，使其产品更有竞争力，导致国有企业生产规模缩小，从而加剧了城市的失业问题。

11.4.5　解决我国社会主义市场经济运行中就业问题的途径

就业问题是我国社会主义市场经济运行中的重大问题之一。当前，可以通过以下措施来促进就业，降低失业率：

（1）保持适当的经济增长速度。扩大就业的最根本途径是经济增长。经济增长所带来的经济规模的扩大是解决就业问题的最基本途径。根据我国人口规模的有关预测数字，从 2006 年算起的以后 20 多年里，我国每年新增人口将在 1 200 万人左右，每年平均有 680 万人的新增劳动力供给。即使不考虑其他要求经济快速增长的因素，仅仅为吸纳新增劳动力供给，"每年就需要 8％左右的增长速度"①。因此，在未来的 20 年内，我国经济必须保持适度快速增长，才能避免严重就业问题的出现。

（2）发展劳动密集型产业。失业问题将是我国今后相当长的时期内面临的经济问题，我国的产业结构的调整要基于这一基本国情，大力发展劳动密集型产业，不宜盲目追求资本密集产业的发展。在市场机制的调节下，企业必然尽可能多地使用价格较为低廉的生产要素。因而，只要政府改变盲目追求"产业升级"的观念，尊重市场机制，减少限制和干预，企业必然会优先发展劳动密集型产业。

（3）建立完善的劳动力市场。建立完善的劳动力市场，需要消除城乡壁垒，打破地区分割，建立全国统一的劳动力市场；需要建立劳动力供求信息网络，定期无偿地面向社会提供劳动力供求信息；加强劳动力市场法律法规建设，使劳动力市场走向法制化、规范化的道路；拓展劳务输出渠道，引导我国劳动力走向国际市场。通过这些措施，可以沟通劳动力的供给与需求，强化劳动力市场对劳动力资源的配置作用，帮助失业者较快地重新找到工作，提高就业水平。

（4）扩大和完善职业教育体系。职业教育主要培养技能型劳动者，职业教育发展不足，是我国目前技能型劳动力短缺，经济结构调整过程中劳动力再就业困难的重要原因。扩大和完善职业教育，对新增劳动力进行技能培训，对原有劳动力进行提高技能或转换职业的培训，是解决我国目前结构性失业问题的重要途径。

---

① 潘强．经济增长不能自动促进就业．中国改革报，2006 年 3 月 24 日，第 4 版

➢ **案例提示 11-1　中国高知识人群失业加剧：奢侈不起的浪费**

近年，我国的劳动力市场出现了一种前所未有的奇怪现象，就是过去从来都认为不可能失业的高学历高知识群体开始加入失业队伍，而且呈逐年扩大的趋势。其中，最为典型、也是目前社会上最为关注的就是大学生失业问题。如果这样一些人也流入失业行列，那将是消受不起的巨大浪费。我们还没有奢侈到这样的地步。

造成我国高知识人群失业的主要原因包括：首先，劳动力市场的制度性分割，阻碍了劳动力的自由流动，造成了奇特的失业现象。其次，由于户口、社会保障、生活条件等因素，学生大量积压在大中城市和东部沿海地区，导致了高知识群体的局部性过剩。最后，现行较为落后的产业结构难以承受由于高考扩招、留学人员大量回归等带来的劳动力结构猛然升级而形成的短期压力。用劳动经济学的术语来说，这就是典型的"结构性失业"。

高知识群体的失业不仅是教育资源的极大虚耗，而且是家庭和社会资金的巨大浪费。高知识群体失业的大量涌现，必然削弱我国经济发展的长期动力，降低经济增长的质量与效益。高知识群体失业对抑制消费的影响也是显而易见的。一是限制了中等收入阶层的进一步扩大，二是高知识群体失业也导致受过高等教育的劳动者实际或预期收入水平的降低，削弱了他们的消费能力。

知识型失业在许多国家工业化进程中，都曾有过不同程度的表现。这其实并不奇怪。因为在经济快速发展时，经济结构的调整与文化教育之间往往会出现一定程度的滞后或超前，这就难免会出现一定程度的高学历人群失业现象，但这种现象往往很快就会消失。因为高知识型人才通常自己会做出适应性调节。但在我国，这个问题这么快就显露出来了，似乎太早了点。因为从总体上看，我们的经济还没有发育到那种程度，我们还不能承受那么奢侈的浪费。

资料来源：邹民生，乐嘉春. 搜狐财经. http://business. sohu. com/20060918/n245389813. shtml，2006 年 9 月 18 日

讨论：(1) 高知识人群失业的特征是什么？

(2) 如何看待高知识人群的失业？

11.5　社会主义市场经济运行中的可持续发展

11.5.1　可持续发展的含义

世界环境与发展委员会在《我们共同的未来》的著名报告中对"可持续发展"做出了经典性的界定："可持续发展是既满足当代人的需要，又不对后代人

满足其需要的能力构成危害的发展。"结合我国实际情况，从经济可持续发展的角度，我国学者将可持续发展重新定义为：以政府为主体，建立人类经济发展与自然环境协调发展的制度安排和政策机制，通过对当代人行为的激励与约束，降低生态环境成本，在经济发展中把代际公平与代内公平相结合，实现经济发展成本的最小化，既满足当代人，又不对后代人满足其需要的能力构成过大的危害，既满足一个国家或地区发展的需要，又不对其他国家和地区的发展构成过于严重的威胁[①]。

从经济学的视角来看，可持续发展就是要将生态、环境、自然资源在现在和将来之间进行合理的配置，以实现长期社会福利的最大化。这一思想是在现代经济快速发展过程中生态、环境迅速恶化，能源矿产资源被无节制发掘，可能危及人类长期发展的背景下提出来的。所以，可持续发展就是要把经济发展的当前成本降低到最小。这里的经济发展成本是指经济发展的代价的本质规定性，是指经济发展过程中所耗费的超出合理中间投入之上的那些生态成本、环境成本、资源成本的价值计量[②]。

11.5.2　我国经济可持续发展问题

改革开放之前，由于忽视经济发展中的环境保护，片面追求经济效益，在以优先发展重工业和"以粮为纲"政策的引导下，以生态环境为代价来换取经济增长和工业化，不考虑经济发展成本，形成了高成本的经济发展。改革开放以后的20 多年中，随着市场经济体制的建立，经济的发展开始考虑成本因素，而且在这一时期采取了一系列环境保护措施，使经济发展的措施有所降低。

经过 20 世纪 80 年代末～90 年代初期的治理，我国的生态环境和资源利用状况整体有所改善，但也存在一些问题主要表现在：①一些生态敏感区的生态恶化之势尚未彻底根治。黄土高原地带的水土流失仍很严重；一些大江大河源头的生态涵养区的生态状况仍未彻底改善，黄河流域水量不足的状况仍在持续，长江的特大洪水隐患仍然存在；北方土地的水土流失、荒漠化和沙尘暴现象还在蔓延。②大气污染与水污染仍在加重。由于我国一次能源结构中，煤炭仍占到70％以上，而且较长时期内不会有大的改观，再加上城市中汽车尾气的排放，使得许多城市的大气污染都超出世界卫生组织的标准；废水排放总量仍然呈现增加的趋势，全国的大部分水系都被污染。③资源短缺之势将日益突出，水、石油、煤炭等资源的短缺将成为未来我国经济发展的主要制约因素，而且资源利用中的浪费现象仍是有增无减。进入 21 世纪后，我国经济进入全面的扩张时期，经济

---

① 王忠民，任保平. 可持续发展理论的经济学反思. 西北大学学报，2002，(3)：6～9
② 任保平，白永秀. 中国可持续发展实现途径的制度分析. 改革，2005，(5)：28～86

规模迅速扩大，给生态环境和资源使用带来了更大的压力，经济发展成本仍有上升之势。

➤ **案例提示 11-2　中国发展成本为何高于世界**

中国发展的基本国土状况及自然条件比较差，65％的国土面积为山地丘陵，33％的国土面积为干旱区荒漠区，70％的国土面积每年受东亚季风强烈影响，55％的国土面积不适宜人类的生活和生产，35％的国土面积经受土壤侵蚀和荒漠化，30％的耕地面积为 PH 值小于 5 的酸性土壤，20％的耕地面积存在不同程度的盐渍化或海水入侵，17％的国土面积构成了世界屋脊，中国大陆平均高度是世界平均高度的 1.83 倍。如果世界平均的发展成本为 1，则中国分类发展成本与世界平均值的比为：牧业发展成本是 1.03∶1.00，农业发展成本是 1.05∶1.00，林业发展成本是 1.08∶1.00，矿业发展成本是 1.30∶1.00，基础设施成本是 1.28∶1.00，工业发展成本是 1.25∶1.00，水利工程成本是 1.31∶1.00，自然保护成本是 1.27∶1.00，土壤侵蚀速率是 1.40∶1.00，自然灾害频率是 1.18∶1.00，生态恢复成本是 1.36∶1.00，区域开发成本是 1.25∶1.00。

资料来源：甄橐. 中国发展成本为何高于世界. 北京青年报，2002 年 3 月 4 日

讨论：在中国经济可持续发展中，如何降低经济发展成本？

总体来看，我国目前生态环境问题仍然是比较严重的，这不利于我国经济的长期可持续发展。导致生态环境问题的原因是多方面的，但其核心是制度因素。具体表现为：①粗放式经济增长。长期以来，我国片面追求经济增长的速度，忽视经济增长质量，高的经济增长必然带来生态系统和环境的恶化，带来自然资源的大量消耗，从而带来经济发展的高成本。②制度缺位或执行不力。我国目前在生态保护和资源利用方面的制度仍然存在缺位现象，没有探索有效治理生态问题和资源合理利用方面的制度安排。已经出台的一些制度安排，由于采用计划经济的"命令式"控制，用计划经济的补贴方式来对生态破坏进行控制，难以保证实施效果，收效很低。③政策不合理或者失效。我国目前的生态环境、资源利用方面的政策存在过多地强调行政手段、责任主体不清、强制力和约束力弱等问题，使其实际执行效果较差。④缺乏制度实施的文化环境。我国长期以来缺乏保护自然资源、生态环境的文化传统，无论是政府决策者还是公众，都缺乏保护环境、生态和自然资源的意识，增加了相关制度实施的难度。

11.5.3　促进我国经济可持续发展的制度供给

我国生态环境问题的核心原因是制度因素，所以，应当通过合理、完善的制度供给促进我国经济可持续发展，具体来说，应当加强以下几个方面的制度供给：

（1）正式制度供给。正式性的制度供给主要是指有关正式制度安排方面的制

度供给，具体是指在经济发展过程中对人的行为起到的激励与约束的制度供给。从我国可持续发展的客观要求来看，正式性的制度供给的主要内容有：①解决制度缺位。一是建立可持续发展的国民收入核算制度，把经济发展过程中的生态环境损失核算进国民收入之中，以反映国民经济的真实运动；二是在资源的利用方面，建立和完善资源的资产化管理制度，遵循自然规律和经济规律，把自然资源作为商品，进行投入产出管理。在此基础之上，进一步完善资源的价格制度，建立和完善自然资源市场。三是在环境保护方面，建立和完善环境税收制度和排污权交易制度，同时依据边际管理成本和边际交易成本的大小，进行制度安排的组合，实现不同制度安排的配合。四是在生态保护方面，实现经济系统与生态环境系统的整合，建立我国的生态经济模式，把生态系统与产业结构相对接，把生态系统与开发方式相对接。把生态环境保护与经济主体的利益结合起来，建立生态购买制度，把"补助式"生态治理的计划机制转变为市场机制的主动式生态环境治理制度。②提高制度的实施效果：一是优化政府行为；二是优化制度环境；三是建立制度创新机制。在生态环境治理和保护中，把被动式治理转变为主动式治理；变计划机制为市场机制，变过程管理为目标管理，进一步提高已有制度的实施效果。

（2）非正式的制度供给。从我国可持续发展的现实出发，加强非正式制度安排。这方面的制度供给有：①提高环境意识，加强环境教育。我国环境污染状况严重，与公众对环境问题的重视程度较低有很大的关系。为此，要积极开展与环保有关的各种宣传教育工作，加强环境教育。②更新发展观念和生活观念。一方面要更新发展观念，用社会、政治、经济、文化、生活、环境多项指标的协同来衡量经济发展，建立起人与自然的和谐关系，另一方面要更新人们的生活观念，建立与环境保护要求相一致的价值观体系。③树立自然资本的观念。现代经济社会越发展，人类就越要求优美的生态环境质量，生态系统的整体有用性也就越来越重要。因此，在我国可持续发展过程中必须树立自然资本的观念，纠正以破坏生态污染环境、资源高消耗为代价的经济发展观，自觉维护生态平衡，降低经济发展成本，提高经济发展质量，使经济"又好又快"地可持续发展。

本章提要

1. 市场经济运行，是指一定运行环境的约束下，由基本运行规律所支配的经济的市场经济运作过程。市场经济的基本运行机制是市场机制，市场机制是指供求、价格、竞争等因素相互作用的机制。

2. 市场经济秩序是指市场经济的运行在其内在机制和外在相关规则的规范和约束下有序运行的状态。市场经济运行的秩序表现为两种状态：一是市场经济运行的有序性，这是市场经济健康发展的标志；二是市场经济运行的无序性，这是市场经济运行中矛盾和摩擦的表现。市场经济秩序的形成表现为四个层次：微观层次上的秩序性、宏观层次上的秩序性、中观层次上的秩序性、思想观念层次上的秩序性。

3. 我国社会主义市场经济运行中需要重点解决的基本问题包括：产业结构的调整，收入分配制度的完善，维护市场经济秩序，实现人口、资源和环境的可持续发展。

➤关键概念

市场经济运行　市场秩序　产业结构　公平与效率　可持续发展　就业与失业

➤复习思考题

1. 我国民营产业在竞争中面临着哪些不平等待遇，这会如何阻碍我国经济的持续发展？

2. 请分析本省（自治区、直辖市）的资源特点，并据此提出符合当地实际情况的产业结构调整的方向。

3. 你认为收入分配差距扩大和收入分配不公平的含义相同吗？为什么？

4. 你认为当前大学生就业问题产生的根源是什么？这个问题能够通过市场机制自发调节来解决吗？

5. 为了实现经济的可持续发展，需要进行哪些制度供给？

➤材料分析题

山东：GDP跃进下的资源镣铐

山东的工业主要是耗能产业。在能源消费总量中，工业消费占84.2%。工业中，耗能大头又在制造业，煤炭的51%、焦炭的99.1%、汽油的75.5%、柴油的64.6%、燃料油的96.8%、电力的76.3%，都集中在了制造业上。在制造业中，高能耗传统行业的能源消费比重进一步提高，这成为促使能耗总量上升的重要因素。山东省统计局相关人士举例说，2004年，山东仅生铁产量就增长36.8%。冶金工业煤炭、电力消费占制造业能源消费的比重明显上升，达16.3%和20.4%，分别拉动制造业煤炭、电力消费增长21.2%和39.0%。

由于制造业结构方面的原因，造成山东万元GDP耗能偏高。山东省统计局提供的数字表明，与江苏、浙江、广东等工业化进程较快的省份相比，山东万元GDP耗能分别高出0.17吨标煤、0.21吨标煤、0.08吨标煤，折合电力消费，山东每万元GDP比江苏、浙江、广东分别多消费1 383千瓦时、1 708千瓦时、651千瓦时，耗能增加抵减了山东的工业利润。记者了解到，2004年，山东省规模以上工业实现利润 1 383.6 亿元。"仅煤炭、焦炭、电、汽油和柴油五项，山东工业 2004 年生产成本就比上年增加了 506.5 亿元。"上述相关人士说。山东省的大型企业已经感受到能耗增加对利润的影响。在此前召开的山东省属企业主要负责人会议上，济南钢铁集团、莱芜钢铁集团负责人都谈到能耗成本增加对企业利润的影响。其中，因为铁路运费和电力涨价，就使济南钢铁集团 2005 年减少利润 6 260 万元。

山东省的资源开采企业正在面临资源枯竭的困扰。记者了解到，兖矿集团这个 2004 年煤炭产量超过 3 900 万吨、位居全国煤炭集团公司产量第四位的大型煤炭生产企业，已经到了不搬迁压煤就无煤可采的窘境。2005 年上半年，该集团完成煤炭产量 1 990 万吨，同比下降了 5.37%。而在 2004 年，该集团煤炭产量已经比 2003 年下降了 413 万吨。山东另外一家重要煤炭生产企业——新矿集团，其剩余矿藏的开采年限也只有 17 年。

资料来源：李攻. 山东新闻网. http://www2. sdnews. com. cn，2005 年 9 月 5 日

阅读上述材料分析：

(1) 资源环境对我国市场经济发展的制约。

(2) 在我国市场经济的发展中如何实现人口资源和环境的可持续发展？

(3) 实现可持续发展的关键是什么？

主要参考文献

白永秀. 2000. 中国现代市场经济研究. 西安：陕西人民出版社

白永秀，王军旗. 2003. 市场经济教程. 北京：中国人民大学出版社

戴伯勋. 2001. 现代产业经济学. 北京：经济管理出版社

樊纲. 1996. 市场机制与市场效率. 上海：上海三联书店，上海人民出版社

顾钰民. 2004. 社会主义市场经济论. 上海：复旦大学出版社

洪银兴. 2000. 可持续发展经济学. 北京：商务印书馆

任保平，白永秀. 2005. 中国可持续发展实现途径的制度分析. 改革，(5)：23~29

伍柏麟. 1996. 社会主义市场经济学教程. 上海：复旦大学出版社

杨宜勇. 2005. 我国的收入分配现状、问题及十一五的对策. 经济研究参考，(58)：11~16

第 12 章

社会主义市场经济的
对外开放

现代市场经济的本质是开放经济，实行对外开放不但是我国实现现代化的必要条件，也是建立和完善社会主义市场经济体制的必然选择。因此，发展社会主义市场经济必须充分地实行对外开放，只有这样才能给市场经济的发展提供良好的机制。本章从这一思路出发，首先从理论上分析社会主义市场经济的开放特征与开放效应，在此基础上从实践角度分析我国对外开放的方式与途径，以及WTO与我国社会主义市场经济的对外开放。

■ 12.1 社会主义市场经济的开放特征与开放效应

12.1.1 市场经济的开放特征

实现从相对封闭的计划经济体系到开放性市场经济的转变是改革与发展的艰巨、复杂和漫长的过程。对外开放首先以开放市场为先导，"以积极发展进出口贸易为起点，以融入国际市场实现产品的大进大出、生产要素的国际循环和经济体制的接轨"①。市场经济作为开放性经济应该具备的特征是：

（1）开放的企业制度。企业是社会主义市场经济体系的基础单元，是市场竞争的主体。因此，建立产权明晰、责权明确、政企分开、管理科学的具有开放特征的现代企业制度，应是发展开放性经济的基础性工作：一是在企业的所有制结

---

① 朱英培. 对外开放：理论、历程、对策. 企业经济，1995，9：15～19

构上，做到产权明晰化和产权社会化相一致，形成国有企业、私有企业、国家控股企业、国家参股企业和一般股份合作制企业并存的多元化的所有制结构。同时出现一批与国外境外资本合股的企业。二是在企业内部管理上，建立起符合国际惯例的财务会计制度和管理办法，使企业在合资、合作经营中能保证合作方的正当权益和明确义务。三是在经营机制上，有依靠市场优化投入和产出、追求利润最大化的机制，使企业能够真正瞄准国际市场来发展生产，学习国际先进的管理经验，吸收先进的生产工艺，并具有消化吸收创新能力。四是在组织结构上，有利于形成跨国经营的企业体系。企业不仅要能善于利用国内的生产条件求得发展，也要善于利用国外的生产条件来求得扩大。五是在外部环境上，企业能够面向两个市场自主选择生产、销售和投入要素。

（2）开放的市场体系。开放的市场体系要求在完善全国统一市场的基础上，逐步减少对外市场交流的壁垒，实现与国际市场的互补互接。当前我国在市场体系建设中，生产要素市场发育相对滞后。在资金市场方面，资金的商品属性还没有很好体现，银行的企业化还步履艰难；土地市场还不规范，由于社会保障体系等方面的限制，劳动力市场的发展还不充分。在这种情况下，在商品市场上价值规律调节供求的功能不能得到实现。也就是说，商品的价格还不能很好地反映边际成本的变化，与国际市场的交流就缺乏相当的价值判断标准，出口与进口的选择就必然出现盲目性。开放的市场体系首先要求国内市场体系的完善并与国际市场相联结。对于一个企业其生产的产品是销往国际市场还是国内市场，是从国内市场取得生产要素，还是进口生产要素，能够通过企业在两个市场的自主选择来实现。如果国内外两个市场割裂，汇率就不能发生正确调节作用，效益评价就缺乏了基础，也就不能保证对外贸易的有效性。在一个初步开放的经济中，商品交流起主体和主导的作用。随着开放的扩大和国际经济合作的深入，资本市场和服务市场的地位日益重要，比重上升甚至起主体和主导的作用。

（3）开放的宏观调控体系。发展中国家开放过程中，适度的贸易保护和有效的进出口管理是实现开放效益的保证，有利于开放的宏观调控体系，除了能够使国内经济实现有效的宏观调控，保持快速、健康发展外，在对外经济管理上要做到：有效地避免企业在进出口上的盲目竞争，保护进出口贸易的宏观效益；既积极促进企业向国际水平看齐努力改进技术加强管理，又适度保护国内企业免受国际市场的过度冲击；在发展对外经济协作时，注重保护国内资源的有效开发利用和生态良性循环；在积极利用国外的先进技术和资本，努力拓展国际贸易时，始终维护国家的自立和主权，保护国内农业等基础产业。政府通过制定产业政策、规定关税、实施有效的进出口许可证管理和进出口及其他国际经营资格的认定等办法来实现对外经济的调控。

（4）开放的价值观念。领导的开放意识和全民的开放观念是扩大对外开放重要的人文环境。坚持以是否有利于发展社会主义社会的生产力、是否有利于增强社会主义国家的综合国力、是否有利于提高人民的生活水平为标准，来判断事物的是非曲直，大胆闯，不以条条框框、陈规陋习束缚人的思想，积极实施对外开放，提高学习和吸收人类文明的一切成果的求知热情、创造性地工作的精神和务实的工作作风。

12.1.2 市场经济的开放效应

对外开放影响一国经济社会发展的各个方面，伴随着开放的进一步深入，开放的层次进一步提高，市场经济的进程也在不断加快，它对一国经济的带动效应表现在宏观、微观效应方面，具体效应有外部冲击效应、结构转化效应、体制转换效应等。

（1）外部冲击效应。经济开放可以改进一国的市场结构，充分发挥市场竞争性机制的作用，促进国内竞争市场环境的形成，从而可以促进国内企业生产率的提高和加速经济发展。现代经济增长理论在对许多国家经济增长因素的结构分析中发现，在长期的经济增长中，生产率的提高起着重要的作用。对外开放不仅促进了资源的国际化流动，而且还引入了市场竞争机制，贸易和资本开放的扩张使国内竞争国际化、国际竞争国内化，国内高度垄断、区域分割的市场格局被打破，竞争性市场环境逐渐形成，从而改进本国的市场结构和提高本国的市场竞争强度。从进口方面来看，通过进口引进国际竞争，会促进那些在国际市场上虽缺乏竞争优势，但在国内市场上可以与进口产品相竞争而不至于被淘汰的企业增加竞争的压力与动力，提高它们的劳动生产率，进而促进一国经济增长和发展；通过进口引进国际竞争，会淘汰一些原来因保护而低效率运行的企业。从出口方面来看，在对外开放的条件下，随着国内许多保护措施的取消，国内外市场界限逐步被打破，这些企业就不得不面临着国外同类企业的竞争。因此，企业会不断地按照国际市场需求结构的变化来调整自己的经营结构，按国际标准生产，按国际营销惯例办事。同时外资企业利用技术、管理优势在市场中树立竞争取胜的形象，加深了人们对市场竞争机制的认识；外资企业市场化的营销方式为国内企业提供了重要的学习示范；国内企业与经营者在经受市场竞争洗礼的过程中也逐渐树立起市场经济观念，这都有利于竞争性市场环境的形成。竞争性市场环境的形成不仅改变了整个社会经济的运行方式，也改变了政府在经济运行中的地位和作用，市场要求政府更多地退出微观经济领域，政府的经济管理职能面临新的转换。

（2）结构转化效应。结构转化效应主要是通过经济开放促进了经济结构的转变，由单一的经济结构转化为多元化的经济结构。从我国市场经济的发展来看，经济开放的结构效应主要体现在两个方面：一是所有制结构的转化。由于实施对外开放政策，促进了我国所有制结构的转化，我国单一的国有经济垄断局面将进一步被冲破，所有制结构的多元化必然更趋于完善，民营经济将逐渐发展成为社会主义市场经济的主体，外资经济也将占有相当比重。与目前经济结构相比，稳定而分布均衡的混合财产制度结构将是我国加入 WTO 后所有制结构的典型特征，尤其是民营经济的力量将有一个跨越式的跃进。二是消费结构的变化。伴随着经济开放的深入，我国的市场消费结构大幅度提升。国外商品、资本大量进入我国，提高了居民的收入水平，也丰富了国内市场产品的供给，给居民以更多的选择空间和余地，由此引起消费观念的巨大变化，过去那种温饱型的消费观念逐渐为小康享乐型的消费观念替代。同时，随着舶来品大举进入国内市场，洋货已经渗透到普通居民生活的每一个方面。同时国外商品在功能上、技术上、质量上、品牌上往往优于国内商品，合资企业产品优于国有企业产品，使居民自觉不自觉地接受选择了国外和合资的商品，从而加快了国内消费结构的提升，并对国内企业产品供给创新提出了挑战和市场压力，促使企业自觉地进行产品和产业结构的调整和优化。

（3）体制转换效应。体制转换效应主要是指市场经济的开放促进了我国经济体制的转型，这种转型主要体现在宏观、微观两个层次：在宏观层次上，所有制结构的变迁使政府经济管理的对象发生了变化，由此管理手段和方法也要发生相应的变化。例如，资本开放后，外商投资企业的发展直接影响到我国宏观经济的运行，影响经济增长速度、就业、物价总水平和国际收支等，而政府又不能以行政手段直接控制外商投资企业的发展，当然也就无法继续通过行政手段实现国民经济均衡发展，只能主要通过间接的宏观调控来达到宏观经济目标，向着符合市场经济要求的调控方式演进。在微观层次上，经济开放加快了企业经营机制的转换。经济开放，使大批企业在与国内外企业竞争中，逐步走上根据生产和市场需要，按照国际惯例运营的轨道。目前，我国资本市场的发展很大程度上也是经济开放发展的结果，证券交易所的建立和运作，大多借鉴国外，例如，美国、中国香港等的证券交易所。资本市场的快速发展和现代企业制度建设试点的成功推出，都与经济开放展示了外部经济体先进的生产方式和生活方式，从而一定程度上改变了他们的价值观念和思维方式，这无疑有利于促进整个社会制度从传统计划经济向现代化市场经济的逐渐变迁。外商直接投资企业在用工制度、分配方式上是完全遵循市场化选择原则的，进入外资企业的职工在经历了一段不适应期后，逐步形成了劳动力价值市场决定的观念。这部分人的观念变化及其产生的示范效应，也深刻地改变了过去计划经济体制下劳动力就业计划安排的观念，逐步养成了市场化自主择业的观念和做法，并在人才市场化选择的引导下，许多居民开始自觉地进行各种人力资源投资。这种自主择业观念的形成，对推动市场化改革、要素市场的形成起了积极作用，而人力资源投资氛围的形成，对劳动者素质提高、社会经济的长期稳定增长更是具有十分深远的意义。

▋12.2　社会主义对外开放的方式与途径

一个国家对外开放的中心内容是同世界其他国家或地区进行商品、资金、技术、劳务等交流，发挥各个比较优势，从而获得利益；对外开放的方式与途径是国际贸易、利用外资、引进先进技术等。

12.2.1　国际贸易

国际贸易是指一国或地区同别国或地区进行的商品（或劳务）交换活动，包括出口和进口两个方面，它是国内流通的延伸和补充。国际贸易是国民经济中不可缺少的环节，是国内外经济交往的桥梁和纽带。在平等互利的基础上同世界各国发展贸易关系，不仅是有利的，而且是非常必要的。其主要作用表现在：

（1）通过国际贸易能发挥各自国家的资源优势，优化资源配置，促进经济增长，推动对外经济关系的深入。由于资源分布的不均衡性，任何国家在经济发展过程中都会遇到某些资源的短缺问题。通过国际贸易可以把一国相对富裕的资源输往国外，从而使资源得到优化配置，促进一国经济增长。据一些专家分析和计算，我国出口每增长 1%，国民生产总值增长 0.1%；进口每增长 1%，则会影响国民生产总值增长 0.125%。[①]

（2）通过国际贸易能充分利用国际分工，节约社会劳动，提高一国的经济效益。发展对外贸易就是利用国际分工生产本国具有比较优势的产品，去换回本国需要而又比国外劳动生产率低的产品，实行交换以节约社会劳动，提高国内经济活动的效益。

（3）通过国际贸易能增加外汇收入，扩大国内就业。发展对外贸易，出口商品和劳务是取得外汇的主要来源，目前我国外汇收入总额中，商品出口创汇占了很大比例，外汇贮备增长迅速，总量规模已跃升世界第一位。大量的外汇收入可以从国际市场上获得更多的生产要素的供给，促进一国经济的发展。同时，发展对外贸易还可以增加国内就业机会。通过国际交换可开拓新的出口渠道，发展相关产业，扩大劳务出口，创造更多的就业机会，有效地缓解国内就业和再就业压力，对保持社会稳定至关重要。

（4）通过国际贸易能提高技术和管理水平，增强国家经济实力。通过对外贸易，可以促进一国生产技术的发展和经营管理的改善，提高产品出口质量和技术含量，提高其产品的附加值。同时可以促进科学技术和经营管理的交流，加速我国的科技进步，提高国家经济的整体素质，增强我国的经济实力。

---

① 马洪．什么是社会主义市场经济．北京：中国发展出版社，1993.131

12.2.2　利用外资

利用外资主要是利用外国政府资金、国际金融组织资金、国外私人银行和企业的资金、本国侨民的资金、本国银行吸收的国外银行存款和证券市场吸引的外资等。利用外资的方式大体有两种：一是吸收国外的直接投资；二是吸引国外间接投资。其主要有国家信贷、私人信贷、国外存款和国际债券。利用外资是我国对外开放的主要形式，也是现代化建设、解决资金不足问题的有效途径。积极而慎重的利用和引进外资，对于处于社会主义初级阶段的我国来说，具有特别重要的作用和意义：

(1) 可以弥补和缓解国内建设资金的不足。对于大多数经济落后的国家，基本的经济特征之一就是资本的严重短缺与劳动力的过剩并存，因而丰富的劳动力无法与资本相结合形成现代社会生产力。增加资本投入是一个国家经济起飞的决定性因素，利用国外的资金投入，主要投向基础设施、基础产业和企业的基础改造，投向资金、技术密集型产业。

(2) 可以引进国外先进的技术和设备、工艺技术和管理。通过引进资本，可以大大缩短向国外学习生产技术的时间，节省学习的成本，特别是通过直接投资带来了大批先进的技术和设备，促进了我国机械、电子、汽车、建材、纺织、医药等行业的技术进步，填补了部分产业产品的空白，优化了我国陈旧的产业和产品结构，开拓许多新的经济增长点，提高我国的科技水平，带动了许多家国有、集体和私营企业的技术改造，促进了我国外向型经济的发展。

(3) 可以加快本国的地域开发进程。我国的改革开放的梯度推进战略也是外资投向地域的扩大，加快地域开发进程。因此在沿海地区改善结构，提高水平的同时，使外资向内陆发展。主要是通过政策倾斜措施鼓励中西部地区吸引外资开发自然资源，劳动密集型项目向内地实行梯度转移，这将有利于我国产业结构的层次分布、梯度转移和升级，促进整体经济的发展。

(4) 利用外资促进了我国社会主义市场经济体制的完善。外商投资企业的大量建立促进了我国所有制结构的调整，形成了以公有制为主，多种形式并存的局面。外商企业采用符合市场经济体制要求的企业组织结构和经营方式，为我国大中型企业的改制和转换经营机制提供了范例。外商企业的大量建立极大地促进了商品流通、劳动力流动和价格等方面的市场化进程。所有这些都有利于我国社会主义市场经济体制的建立。

12.2.3　引进先进技术

引进先进技术，是指通过对外贸易和合作方式，从国外获得适用的先进技术和装备。技术引进包括引进"硬件"、"软件"和"智力"三个方面，引进硬件是指引进先进设备（如进口成套设备、单机设备和整个引进项目的包建等）。引进软件是指通过技术转让、生产合作、科技合作、技术咨询和技术服务等方式，例如，购买专利、技术资料等。引进智力是指聘请外国专家来我国企业担任顾问或领导；组织外国专家来我国讲学，交流技术；选择技术人员、学者到国外学习和考察等。利用国外智力为我国的经济建设服务，有利于促进我国的科研水平和经营管理水平的提高。

我国是发展中国家，技术水平相对落后，工业设备中特别是关键性技术性能比较先进所占比重较小，必须通过引进国外先进技术。积极引进世界各国已经取得的先进技术成果，对于我国现代化建设具有重大的现实意义：

（1）引进国外先进技术可以推进国民经济的技术改造和设备更新，提高生产技术水平，大大提高劳动生产率。在现代化生产条件下，劳动生产率的提高，产业的升级，主要靠在生产上采用先进技术。通过先进技术的引进、吸收和推广，能有效地推动国民经济的技术改造，加速设备更新，提高企业的劳动生产率，而这些又可以进一步降低生产成本，改进产品质量，增加产品的花色品种，增强出口产品的竞争力，扩大出口额。

（2）引进国外先进技术可以明显地缩短我们资本积累和技术开发的时间，为缩小我国与发达国家在生产技术上的差距、赶超世界先进水平赢得时间。据统计，一项技术发明，从科学研究、试验、设计到成批生产，一般需要 10～15 年时间，而从国外引进技术到投产，平均只需要 3～5 年。这样的拿来主义可以缩小与世界发达国家的技术差距。同时引进国外先进技术成果可以节省大量科研和开发试验费用，弥补我国科研力量的不足，也就是，以引进先进的外国技术为最初动源的，随后则是通过对这种引进技术的改造，达到技术自立的目标。

（3）引进先进技术的过程，就是学习外国先进科学技术和现代管理方法的过程，可以促进科学技术研究和管理水平的提高。利用国际资本（间接投资）和吸引外商来华从事经贸活动（直接投资）对技术引进活动做出的贡献最大，"有力地促进了我国生产技术的进步，加速了产品的升级换代，填补了一些领域的技术空白。特别是通过吸引外商直接投资，学到了一些先进的经营管理经验"[1]。

科技引进是落后国家赶上先进国家的必由之路，是迎接世界新技术革命潮流的紧迫需要。但是只有遵循正确的引进原则，才能真正发挥引进的作用：①引进尖端技术、最新技术和适用技术相结合。②技术引进、消化、吸收和创新相结合。

---

①　刘国光．中国经济技术协作手册（第2卷）．北京：经济科学出版社，1987.221

12.3　WTO 与我国社会主义市场经济的对外开放

12.3.1　WTO 的宗旨和基本原则

WTO 是当今世界唯一的处理国与国之间贸易规则的国际组织，拥有 100 多个成员，与国际货币基金组织、世界银行并称世界经济"三大支柱"。1995 年 1 月 1 日，WTO 正式宣告诞生，取代其前身关税及贸易总协定（GATT）。

1. WTO 的宗旨和目标、职能

（1）WTO 的宗旨与目标。WTO 的宗旨是：全体成员在处理贸易和经济领域的关系时，应以提高生活水平，确保充分就业，大幅度稳步的提高实际收入与有效需求；持久的开发和合理利用世界资源，保护和维护环境，并以符合不同经济发展水平下各自成员需要的方式，加强采取各种相应的措施；扩大货物、服务的生产和贸易；积极努力确保发展中国家，尤其是最不发达国家，在国际贸易增长中获得与其经济发展水平相应的份额和利益为准则。WTO 的目标是建立一个完整的包括货物、服务、与贸易有关的投资及知识产权等在内的更具活力、更持久的多边贸易体系，以包括关税及贸易总协定贸易自由化的成果和乌拉圭回合多边贸易谈判的所有成果。

（2）WTO 的职能。组织实施世贸组织负责管辖的各种贸易协定和协议，即采取多种措施努力实现各种协定和协议目标，并对所管辖的不属于"一揽子"协议项下的主编贸易协议的执行管理和运作提供组织保障；为成员提供处理各协定和协议有关事务谈判场所、谈判准备和框架草案；解决各成员间发生的贸易争端，负责管理 WTO 争端解决协议；对成员的贸易政策和法规进行定期评论；协调与国际货币基金组织和世界银行等国际经济组织的关系，以保障全球经济决策的一致性，避免政策冲突。

（3）WTO 的组织机构。部长会议，是 WTO 的最高权力机构，由所有成员方主管外经贸的部长、副部长级官员或其全权代表组成，至少每两年举行一次，具有立法权、准司法权、豁免某成员在特定情况下的义务等广泛的权利；总理事会，在部长会议休会期间由全体成员代表组成，代行部长会议职能，总理事会可视情况需要随时开会，自行拟定意识规则及议程，随时召开会议以履行其解决贸易争端的职责和审议各成员贸易政策的职能；各专门委员会，在部长会议下设立，以处理特定贸易问题；秘书处与总干事，WTO 设立由一位总干事领导的秘书处，设在瑞士日内瓦，大约 500 人，秘书处工作人员由总干事指派，并按部长会议通过的规则来决定他们的职责和服务条件。

2. WTO 的基本原则

（1）非歧视原则。这是 WTO 的基石，是各国间平等的进行贸易的重要保证，也是避免贸易歧视和贸易摩擦的重要基础。非歧视原则主要是通过最惠国待遇和国民待遇原则加以体现。最惠国待遇是指一个成员给予另一个成员的贸易优惠和特权，必须自动的、无条件的给予所有其他成员；国民待遇原则是指成员的一方保证成员另一方的公民、企业和商船在本国境内与本国公民企业和商船在经济上享有同等的待遇。

（2）互惠原则。互惠原则主要是通过以下几种形式：通过举行多边贸易谈判进行关税或非关税措施的削减，对等地向其他成员开放本国市场，以获得本国产品或服务进入其他成员市场的机会；当一国或地区申请加入 WTO 时，由于新成员可以享有老成员过去已达成的开放市场的优惠待遇，老成员就会一致要求新成员必须按 WTO 现行规定交纳"入门费"，开放商品与服务市场；互惠贸易是多边贸易谈判及其成员在其贸易自由化过程中与其他成员实现经贸合作的主要工具。

（3）公平贸易原则。WTO 认为各国发展对外贸易不应该采取不公正的贸易手段进行竞争，尤其是不能以倾销和补贴的方式销售本国商品。《1994 年关贸总协定》第 6 条、第 16 条规定，某一缔约方以倾销或补贴方式出口本国的产品而给进口国国内工业造成实质性损害，或有实质性损害的威胁时，受损害的进口国可以征收反倾销税和反补贴税对本国工业进行保护，而且对货物贸易中可能产生扭曲竞争行为、造成市场竞争"过渡"的状况，以成员政府可在 WTO 的授权下，为维护公平竞争，维持国际收支平衡，或出于公共健康、国家安全等目的而采取措施，以维护市场竞争秩序。

（4）贸易自由化原则。WTO 的一个重要目标是促进开放贸易体制的形成。这一体制以管理鼓励不同国家厂商的生产竞争的规则为基础，而不是以管理贸易的流动来决定贸易利益的分配。WTO 一系列的协定或协议都要求成员分阶段通过谈判逐步实行贸易自由化，以此扩大市场准入水平，促进市场的合理竞争和适度保护。

（5）透明度原则。它是指各成员政府应迅速公布其与进出口贸易和服务贸易有关的法律、规章，以便其他成员和贸易商能够熟悉。这些法律规章在公布前不能实施，并有义务接受其他成员对实施状况的检查和监督。

12.3.2　加入 WTO 对我国社会主义市场经济的影响和挑战

加入 WTO 标志着我国经济改革进入第三个发展阶段，即建立与国际市场经济规则接轨的、比较完善的社会主义市场经济体制的阶段。也标志着我国对外开放进入新的阶段，经济体制和外部环境的变化，将对我国经济发展产生重大而深远的影响，其实质就是发展开放型经济，在更大的范围内和更深的程度上融入经济全球化的进程，为我国经济发展拓展更广阔的空间。这是我国经济发展的良好机遇，同时又带有极大的挑战性。加入 WTO 后，对我国经济的积极影响主要有以下几个方面。

1. 加入 WTO 对我国社会主义市场经济的影响

（1）有利于进一步扩大出口和吸引外资。加入 WTO 后，我国享受 WTO 成员方拥有的最惠国待遇。这不仅能享受其他国家和地区开放市场的好处，使主要贸易大国对我国的歧视性做法逐步取消，而且会使我国产品拥有比过去更为有利的竞争条件，从而可以促进我国出口贸易特别是我国具有比较优势产业出口的发展。加入 WTO 后，我国要履行 WTO 规定的义务，逐步开放国内市场，这将进一步改善外商投资环境，增强我国市场对外商的吸引力，有利于更多地引进外国资本、技术和管理经验。特别是重新审视外资政策，将过去传统的引资战略逐步转向有意识的产业导向，提高吸引外资的质量和水准，对外资企业实施国民待遇，促进一个公平、公正、公开的市场竞争环境的形成。在市场经济的进一步对外开放中要根据科学发展观的要求，调整利用外资战略，努力实现利用外资规模、结构、质量和效益的统一。改变传统的激励政策作为主要引资手段，转而依靠提升体制环境和投资服务作为吸引外国直接投资的主要政策工具；严格根据我国政府制定的《外商投资产业指导目录》的规定，引导国际资本投向我国经济社会发展急需的领域，特别是高新技术产业、先进制造业、现代服务业、现代农业和环保产业等重点行业；鼓励跨国公司来华设立地区总部、采购中心和培训中心，推动外商投资加工贸易转型升级；鼓励外资企业与中资企业加强合作和技术联系，特别是在我国设立研发中心，向本地企业进行技术转让，帮助我国提升技术创新能力；积极引导外商参与东北等老工业基地振兴和西部大开发，利用外资推进国内区域经济合作和中西东部经济协调发展。

➤ 案例提示 12-1　甘肃通达果汁打赢国际官司

"入世"以来，发生在各地的与 WTO 规则有关的事件层出不穷。这些事件从各个层面丰富和发展了人们对 WTO 事务的理解。五年来，中国已逐步从 WTO 规则的学习者演变为 WTO 规则的制定者和利用者。随着中国加入 WTO 后过渡期的悄然结束，如何利用 WTO 规则促进地方经济发展，扶助企业参与国际竞争将成为各界关注的焦点。

甘肃通达果汁有限公司，是深圳市东部开发集团有限公司在庆阳市投资兴建的民营企业，当年正值公司出口业务蒸蒸日上之际，美国农业协会将该公司列入反倾销的名单中。1998 年 6 月，美国苹果汁生产商对从中国进口的浓缩苹果汁提起反倾销诉讼。在中国食品土畜进出口商会的组织协调下，甘肃通达果汁有限公司联合其他 12 家浓缩苹果汁厂，开展了艰苦而漫长的应诉工作，最终打赢了这场官司。2004 年年初，美国商务部做出终审裁定，甘肃通达果汁公司关税为零。2003 年，甘肃通达果汁有限公司的浓缩苹果汁对美国的出口额达 642 万美元；2004 年出口额达 1 570 万美元；2005 年出口额达 2 158 万美元，比 2003 年增长 3.36 倍。甘肃通达果汁公司打赢国际官司，不仅为自己的发展赢得了市场空间，其生产的浓缩苹果汁除出口美国外，还远销法国、俄罗斯、澳大利亚等国家。今后，我国有更多的企业在国际竞争中与国外企业发生贸易摩擦，而"通达果汁"胜诉的案例会对这些企业有重要的启示作用。案例说明企业的维权意识在不断提高。同时也提醒企业在国际竞争中必须在 WTO 的规则范围内向国际市场出口商品，以避免国外企业的反倾销诉讼。

资料来源：侯永强. 西北网. http://www.cnxbr.com，2006 年 12 月 14 日

讨论：企业应该如何遵守 WTO 规则参与国际竞争？

(2) 有利于加快国内产业结构的调整和优化。就一般企业而言，加入 WTO，通过"引进来"有利于企业的技术进口和设备更新，进口关税的下调可以降低企业的进口成本，从而促进企业内部产品结构的调整，增进产品的技术含量，增强企业的竞争力，进而有利于企业扩大出口，拓展企业的市场份额。上市公司作为各行业的优势企业，总体而言将先于一般企业而享受到进入 WTO 的好处，因为上市公司的运行机制更接近 WTO 的市场机制，并且将会更进一步促进上市公司转换经营机制，按照国际惯例运行。加入 WTO，为实施我国产业结构调整的战略任务营造了一个有利的国际环境。通过 WTO 其他成员方对我国开放市场，享受优惠待遇，可以将我国一些长线产品和产业转移出去。通过"走出去"使国内一些生产技术水平有相对优势、生产能力过剩的产业向发展水平较低的国家梯度转移，从而把我国经济结构战略性调整放在更广阔的国际空间里进行。企业开展跨国生产和经营，可以通过建立海外生产体系、销售网络和融资渠道，直接在国外利用当地的资源和市场，并能输出国内的技术、设备和产品。我国对其他成员方开放市场，可以利用外国资金、技术改造我国传统产业，加快高新技术产业和服务业的发展，不断使我国产业结构优化与升级，提升我国产业发展的整体水平。

(3) 有利于继续深化我国经济体制改革。WTO 的规则实质上是市场经济规则在世界范围内的运用和发展。我国经济体制改革的目标是建立社会主义市场经济体制，它的基本要求是充分发挥市场竞争机制的作用。我国经过 30 多年的市场化改革，初步确立了市场经济体制的框架，但是由于我国市场经济体制的建立是一项庞大而复杂的系统工程，现在仍然面临着一些深层次的矛盾与问题尚未解

决，市场经济体制尚未完全成熟。WTO 规则的核心是在全球范围内推行市场经济原则。到 2006 年，WTO 的成员方中只有 60 个国家（地区）承认我国的市场经济地位，还有许多国家（地区）不承认我国是市场经济国家，或认为我国还不是"完全的"市场经济国家。"入世"后，我国政府面对的挑战是如何协调在国内进一步完善社会主义市场经济体制，按照"入世"协议的承诺和 WTO 规则清理和调整我国的政策环境、投资环境、市场竞争环境和法治环境，以及积极参与WTO 新规则制定和原有规则修改之间的关系；协调对内开放和对外开放的关系。加入 WTO 后可以通过借鉴国际经验和通行做法，促进社会主义市场经济体制建设，提高经济运行的总体效率。我国经济体制改革的目标是建立社会主义市场经济体制，它的基本要求是充分发挥市场竞争机制的作用。加入 WTO，将推动国有企业改革，建立现代企业制度；还将推动外贸、银行、保险、证券、商业等方面深化体制改革，以适应这些领域逐步开放的需要。

（4）有利于利用多边协调机制，解决贸易争端。在 WTO 框架下，运用多边争端解决机制，减少与其他国家的贸易摩擦和冲突，有效维护我国的正当权益。国与国之间发生贸易冲突和贸易摩擦，是很平常的一件事情。今后我国在 WTO 的官司会不断，要把这类事件作为贸易的问题解决，而不是把事情无限制的扩大，扩大到整个国家关系的层面或其他层面。我们既要看到某些大的贸易仗后面有深刻的政治原因，但是也不要随意做出这种结论。按照 WTO 规则，对 WTO 争端解决机制做出的裁定，我们就服从。服从 WTO 的裁定是遵纪守法的国际公民最起码的义务。

2. 加入 WTO 对我国社会主义市场经济的挑战

加入 WTO 将对我国政府管理体制、宏观调控能力及企业、行业的国际竞争力和产业结构升级构成极严峻的挑战。我国应以迎接挑战为契机，加快改革开放步伐，为 21 世纪我国经济的腾飞提供良好的制度基础和法律保障。加入 WTO 的严峻挑战主要来自三个方面：

（1）对我国弱势行业和产业结构调整的挑战。在加入 WTO 以后，一些行业将会受到较大的冲击，农业、工业和服务贸易业冲击最大。目前，我国农业生产的管理权在农业行政主管部门，而农业生产资料供应权和农产品流通管理权在商业行政主管部门，农产品国际贸易的管理权在外贸行政主管部门。这种贸工农分割、产供销分离的运行机制显然不适应加入 WTO 后农产品国际、国内市场一体化的需要。中美协议中就含有对我国出口农产品使用"非市场经济国家"倾销标准和美国国内法律中的特殊保障措施的内容，使我国农产品对美出口在较长时间内仍然受制于单边措施。"入世"对我国粮食安全也构成一定的威胁。在国际冲突仍然是一种潜在威胁的情况下，粮食进口需求的扩大，有可能对我国的粮食安全供给构成一定的威胁。同时我国农业的市场化程度不高，农产品市场体系不尽完善，尤其是现行农业管理体制对农业生产、加工、流通处于分散管理的状态，无法适应加入WTO后农产品国际、国内市场一体化的需要，也不适应农业国际化对农业进行灵活、有效的宏观调控的需要，所以，从短期看，这也在一定程度上制约了"入世"后我国农业结构的调整与创新。

加入WTO后，我国工业既存在难得的发展机遇，也面临着十分严峻的挑战。我国具有比较优势的劳动密集型工业将获得进一步扩大市场的良好机遇，而技术密集型工业特别是高新技术产业将会在短期内面临一些困难。加入WTO以后，随着国内市场的全面开放，国际知名汽车跨国公司必将大举进入，这意味着依靠高关税和非关税壁垒保护的国内企业，将直接面对国内外两个市场的激烈竞争，无疑会对我国汽车工业形成严重的威胁和冲击。降低关税和取消配额许可证将会使更多的国外汽车整车和零部件进口，从而对国产汽车产品造成冲击；开放汽车服务贸易，国外产品进入我国市场更加畅通；取消鼓励汽车产品国产化的优惠政策，部分国内汽车整车零部件生产企业将可能被挤垮，造成部分职工失业，而另有不少企业因竞争力不济，面临生产经营困难；地方财政收入也面临挑战，并且对相关产业会造成冲击。

加入WTO后，我国的服务业面临巨大的挑战。首先，银行业所面临的风险急剧增大，主要原因就是外国银行从此可以经营人民币的各种业务，我国的银行业因缺乏灵活经营的能力，业务限制在较狭隘的范围内；其次，在发达国家保险业已占金融业半壁江山的大背景下，我国的保险业总资产尚不足金融业的3%，发展极为落后。狭窄的投资渠道，单一的市场功能，远远落后于国际同行的服务品质和业务技巧，"入世"后将会使内资保险公司在市场份额、客户、险种、人才等方面受到外资保险公司的强力冲击；再次，我国的证券市场发育不完善，"入世"后在短期内会削弱我国的证券公司同具有雄厚实力、丰富的市场操作经验和技能的外国同行的竞争力；最后，电信业的开放也带来了残酷的竞争，垄断局面行将打破，使内资企业面临着巨大的生存危机，将给本国的通信设备制造业带来巨大压力，影响我国电信企业的有序发展，加剧我国电信业发展的不平衡态势，并影响国家主权和安全。

（2）对我国政府行政管理体制的挑战。"入世"以后更深层次的挑战是对我国政府管理体制的挑战。我国现行体制结构的问题在于：①体系的不完整与机构的过度膨胀并存；②机构的设立缺少市场根据；③缺乏统一协调，机构重叠、职能交叉、政出多门的现象仍较明显；④机构运行缺乏应有的力度和效率。由于政出多门，部门、行业自成体系，相互分割掣肘，缺乏系统管理和配套能力。在利益协调中也易出现不和谐，导致一些地方政府对中央的政策法规采取消极理解、变相实施地方保护主义，甚至发展到与地方一些不法分子联合勾结，不执行中央的政令。这极易导致在"入世"后，由于地方政府实施经贸政策、法规与中央政府的政策、法规不统一，而使中央政府被提起申诉的可能性增加，严重影响我国的国际形象，也严重破坏投资环境。从适应 WTO 规则的要求看，政府职能转变还没有到位，政府管理中的"错位"、"越位"、"缺位"问题十分突出，各级政府部门仍管了许多不该管、管不了、也管不好的事，而许多该管的事却没有管好、管住。政府与企业、政府与市场、政府与社会的关系仍不符合市场经济要求。

加入 WTO 后，政府要遵循权利和义务平衡的原则，依据 WTO 的法律和我国政府做出的承诺修订与外贸相关的法律法规。政府管理经济社会的方式随之发生重大的变化，从全能政府转向有限政府，对经济社会的管理从直接管理转向监督和服务，政府管理方式趋于透明、规范和法制化。加入 WTO 客观上要求政府转变职能，提高管理效率。按照发展社会主义市场经济的要求，进一步转变政府职能，集中精力搞好宏观调控和创造良好的市场环境，不直接干预企业正常的生产经营活动，从而降低企业运营成本和交易成本。加快政府审批制度改革，大幅度减少行政审批，规范审批行为，强化监督机制，加强中央对地方政府的立法和行政监督，及时发现和撤销地方政府制定的与国家法律和法规相违背的地方性法规、规章和政策，保障国家法制统一和政令畅通。发挥商会、行业协会等中介组织作用。

(3) 对我国宏观经济调控能力的挑战。"入世"后，我国的经常账户会更加开放，通过经常账户进行的资本外逃现象也可能会更加趋于严重，加之金融服务业扩大开放后，会有更多的外资银行在更大的范围内经营人民币业务，大量国内企业可能会转向外资银行进行融资，加强本币与外币的融通和国际资本的流入流出，使得对资本账户的管理难度加大。

同时 WTO 的关税保护原则要求逐步取消非关税壁垒，这也会使我国对国际收支的控制更加依赖货币政策、财政政策和汇率政策等间接调控手段，从而对我国协调内部均衡和外部均衡之间的冲突以稳定宏观经济的能力构成挑战。

本 章 提 要

1. 社会主义市场经济作为开放性经济的特征有开放的企业制度、开放的市场体系、开放的宏观调控体系、保障开放的法制环境、开放的价值观念。对外开放影响一国经济社会发展的各个方面，伴随着开放的进一步深入，开放的层次进一步提高，市场经济的进程也在不断加快，它对一国的效应表现在宏观、微观效应方面，具体的开放效应有外部冲击效应、结构效应、体制转换效应等。

2. 一个国家对外开放的中心内容是同世界其他国家或地区进行商品、资金、技术、劳务等交流，发挥各个比较优势，从而获得利益；社会主义市场经济对外开放的方式与途径是国际贸易、利用外资、引进先进技术等。

3. WTO 是当今世界唯一的处理国与国之间贸易规则的国际组织，与国际货币基金组织、世界银行并称世界经济"三大支柱"。加入 WTO 体现了对外贸易不断扩大和我国进一步融入经济全球化的进程，同时加入 WTO 对我国社会主义市场经济带来了新的影响和挑战。

➤ 关键概念

市场经济的开放效应　外部冲击效应　体制转换效应　结构效应

WTO　国际贸易

➤ 复习思考题

1. 如何理解对外开放是我国一项基本国策？
2. 我国对外开放的多层次、多渠道和多元化，表现在哪些方面？
3. 如何看待利用外资的作用？
4. 开放经济的特征是什么？它具有哪些效应？
5. 加入 WTO 对我国社会主义市场经济具有哪些影响和挑战？

➤ 材料分析题

基础设施领域中的引进外资

在 2005 年 1 月 1 日起施行的《外商投资产业指导目录》中，公路铁路运输行业中属于鼓励类的领域包括：铁路干线路网的建设、经营（中方控股）；支线铁路、地方铁路及其桥梁、隧道、轮渡设施的建设、经营（限于合资、合作）；公路、独立桥梁和隧道的建设、经营；公路货物运输公司（2004 年 12 月 11 日后允许外方独资）。属于限制类的领域包括：公路旅客运输公司；出入境汽车运输公司（2004 年 12 月 11 日后允许外方独资）；铁路货物运输公司（2004 年 12 月 11 日后允许外方控股；2007 年 12 月 11 日后允许外方独资）；铁路旅客运输公司（中方控股）。2005 年 12 月 1 日，商务部发布了经修订的《外商投资国际货物运输代理企业管理办法》，自 2005 年 12 月 11 日起施行。其中，第 5 条规定，外国投资者可以合资、合作方式在中国境内设立外商投资国际货运代理企业。自 2005 年 12 月 11 日起，允许设立外商独资国际货运代理企业。该办法还规定，经营陆路国际货物运输代理业务或者国际快递业务的，注册资本最低限额为 200 万元人民币。截至 2005 年年底，中国道路运输业共吸引外商直接投资立项 318 个，合同利用外资金额 12.93 亿美元，实际使用外资金额为 8.09 亿美元。2005 年公路铁路运输业利用外资项目 96 个，同比增长 33.3%，其中，独资项目

62 个，大型投资项目 18 个。合同外资金额为 62 523 万美元，同比增长 49.9%；实际使用外资金额为 27 223.18 万美元，同比增长 180.42%。

资料来源：商务部外资司 . 2006 年中国外商投资报告（十一）. 中国发展门户网 . http://cn. chinagate. cn/reports/node_ 7038250. htm，2007 年 12 月 13 日

阅读上述材料分析：

（1）外商投资对基础设施发展的作用。

（2）如何评价我国现阶段吸引外资的政策？

主要参考文献

刘国光. 1987. 中国经济技术协作手册（第 2 卷）. 北京：经济科学出版社

刘诗白. 2004. 社会主义市场经济理论. 成都：西南财经大学出版社

马洪. 1993. 什么是社会主义市场经济. 北京：中国发展出版社

王梦奎. 2002. 中国：加入 WTO 与经济改革. 北京：外文出版社

王梦奎. 2003. 加入世贸组织后的中国. 北京：人民出版社

薛荣久. 1997. 世贸组织与中国大经贸发展. 北京：对外经济贸易大学出版社

杨干忠. 2004. 社会主义市场经济概论. 北京：中国人民大学出版社

第13章

社会主义市场经济的发展

凡是市场经济国家，无论是发达国家还是发展中国家，都面临着增长和发展问题。在市场经济的增长与发展过程中，经济发展与经济增长既有密切的联系，又存在着明显的区别。本章围绕市场经济的增长与发展问题，首先在理论上分析市场经济中增长与发展的基本问题，以及增长与发展的关系，然后从实践角度分析世界市场经济发展的一般趋势以及我国社会主义市场经济发展的趋势。

■ 13.1 市场经济的增长与发展

13.1.1 经济增长

1. 经济增长的内涵

经济增长通常是指一个国家或地区在一定时期内（一般为一年）生产的产品和服务总量的增加。如果考虑到人口增加和价格变动等因素，经济增长应当包括人均福利的增加。经济增长一般具体表现为 GDP 或者人均 GDP 的增长。我们以增长率来表示就是 $G=\Delta Y/Y$，其中，Y 为总产出（一般采用 GDP 值）。

经济增长的特征一般表现为：人均产值和人口增长率高；生产率的增长速度很高；经济结构的变化速度很快；社会结构和意识形态迅速改变；等等。

2. 经济增长的度量

经济增长的度量，一般用国民生产总值来衡量一个国家或地区一定时期内的经济增长情况。

国民生产总值反映一定时期内生产活动的最终成果。以国民生产总值作为衡量经济增长的指标具有四个明显的优点：①对应性。国民生产总值是按市场价格测算的，凡是经过市场交换而实现的价值都包含其中。因此，在测度经济增长时使用这一指标是与市场经济相对应的。②全面性。由于国民生产总值既包含了物质生产部门创造的实物性商品的市场价值，又包含了非物质生产部门创造的劳务价值，所以使用这一指标测度经济增长能够全面地反映一个国家经济增长的实际情况。③准确性。国民生产总值只计算最终产品和劳务的价值，扣除了中间产品的价值，因此，在一定程度上避免了重复计算问题，从而比较真实、准确地反映一国经济的增长状况。④国际性。采用国民生产总值指标，符合国际计算惯例，有利于国际间经济增长速度的比较，从而使各国寻找差距、取长补短，加快本国的经济发展。由于国民生产总值具有以上优点，所以目前是世界各国衡量经济增长的通用指标。

当然，使用国民生产总值指标衡量经济增长也有一定的局限性：一是由于国民生产总值是以货币价格形式统计的，其结果是一种名义价值。如果要计算实际增长率，还必须把名义的国民生产总值进行价格变动因素处理，即按实际国民生产总值来计算。二是国民生产总值反映的是一国经济的总体生产结果，没有考虑人口因素，因此在进行经济增长的国际比较时，适当的办法是把名义或实际的国民生产总值除以一国人口总数得出人均名义或实际的国民生产总值。三是国民生产总值不能说明产业中的产品和劳务种类，也不能说明由于使用这些产品或劳务而获得的福利大小，更不能说明增长过程中由于环境污染、城市化和人口膨胀所付出的社会代价。四是不通过市场的产品和劳务不能反映在国民生产总值中，也不能反映消费的状况，产量可能在增长，而消费却可能在减少。五是不同国别的国民生产总值难以做出真实的比较。因为各国的总值一般是以各国货币按照汇率用美元计算的，而固定汇率往往定值过高或过低，例如，汇率浮动，只好用一年的平均值计算。六是国民生产总值不易反映各国的真实生活。由于各国的相对物价结构差异很大，从而以美元折算的国民生产总值在各国的实际购买力的差异也很大。

3. 经济增长方式转变

在人类社会发展的过程中，经济增长总是以一定的方式进行和实现的。经济增长的质量、速度、效益，取决于各种生产要素的使用方式，从而也决定了不同的经济增长方式。所谓经济增长方式是指生产要素的组合使用方式。与经济增长概念相比，经济增长方式主要使用以考察经济产出量的增加是通过什么途径或采取什么方法实现的，它与经济增长的关系是手段与目的的关系。

按照经济学原理，经济增长有两个方面的原因：一是生产要素投入量的增加；二是生产要素使用效率的提高。依据这两大要素在经济增长中所起的作用大小，可将经济增长方式划分为两种：一是粗放型经济增长方式，其基本特征是主要在原有技术水平基础上增加生产要素的投入来扩大生产规模，实现经济增长；二是集约型经济增长方式，其基本特征是主要依靠提高生产要素的质量和使用效率来实现经济增长。

一个国家或地区在一定时期内采取什么样的经济增长方式是该国资源禀赋状况、经济发展阶段、经济体制等因素综合作用的结果。在一个国家的工业化初期，由于自然资源较为丰富，劳动力数量众多，工业基础比较薄弱，生产技术水平和管理水平比较低，加之人均收入水平低，消费者对产品档次要求也不高，经济增长以粗放型增长为主是难以避免的。一个国家初步实现工业化以后，一方面，由于经济总量不断增大，人口增加，使经济增长和资源环境的矛盾日益突出，粗放型经济增长方式越来越受到资源约束和环境压力；另一方面，随着工业基础的建立，科技也得到了相应的发展，国民经济各部门对科技的吸纳力大大增强，从而为经济的集约增长提供了可能。市场经济的发展和完善，是经济增长方式由粗放型转变为集约型成为现实。

转变经济增长方式就是要改变经济增长的动力结构和经济运行状态，使经济增长由主要靠生产要素数量的扩张转变到主要依靠生产要素使用效率的提高，使经济运行从"高速度，低效益"的恶性循环中走出来，进入速度与效益相统一的良性循环，实现国民经济持续、快速、健康发展和社会全面进步。

13.1.2　经济发展

1. 经济发展的内涵

经济发展是指一个国家经济、政治、社会文化、自然环境、结构变化等方面的均衡、持续和协调地发展，是一国由不发达状态过渡到发达状态，表现为在经济增长基础上出现的社会经济结构的多方面变化：一是投入结构的变化，从劳动密集型向资本密集型，再向技术密集型过渡；二是产出结构的变化，从农业到工业，再到服务业产出的比例逐渐递增；三是一般生活水平的变化，人均 GDP 上升，分配趋向公平，贫富差距状况得以改进，卫生、健康状况的变化，预期寿命延长，婴儿死亡率降低，医生与患者比例提高等；四是文化教育状况，通过适龄儿童入学率、辍学率、大学生比例、研究生比例等指标反映教育的普及和办学层次的提高；五是自然环境、生态平衡的变化，森林覆盖比例、绿地分布、水土资源保护、污染治理状况等得到普遍改善。

可见经济发展是在经济增长的基础上，社会福利的普遍提高，生活质量的进一步上升。经济发展是各经济因素的全面、协调发展，对于发展中国家（不发达国家）来说，经济发展意味着进行一场不断增强生产能力的斗争。美国经济学家查尔斯·P. 金德尔伯格、布鲁斯·赫里克在他们合著的 *Economic Development* 一书中给经济发展下的定义是：物质福利的改善，尤其是对那些收入最低的人们来说；根除民众的贫困，以及与此相关联的文盲、疾病和过早死亡；改变投入与产出的构成，包括把生产的基础结构从农业转向工业活动；以生产性就业普及劳动适龄人口，而不是只及于少数具有特权的人的方式来组织经济活动；以及相应地使有着广大基础的集团更多地参与经济方面和其他方面的决定，从而增进自己的福利。可见，经济发展的内涵是十分丰富的，它不仅包括增加经济收入，提高劳动者的文化素质，变革经济结构，还包括民主管理等一系列内容。片面地追求经济高速增长，不仅会带来许多经济生活的不安定因素，而且背弃了经济体制改革的初衷。尽管在一般情况下，任何经济增长都可能是经济发展，但在特殊情况下，经济的增长不一定构成经济的发展，也就是说，是一种没有发展的经济增长，而这种增长是没有多少意义的。

2. 发展观

发展观是人们关于发展问题的基本观点。从哲学意义上来看，发展观是关于发展的世界观和方法论。一般意义上的发展观包括三个方面：一是发展的目的；二是发展的条件、要素、源泉和手段；三是发展的后果和质量。

传统的发展观是非理性的发展观，在发展的目的上，追求单纯的经济指标；在发展的过程上单纯追求发展的速度和数量，而忽视发展的后果和质量。科学的发展观是一种理性的发展观，这种发展观以人的发展为核心，以整体性、全面性和综合性来考虑发展问题。科学发展观的基本观点是：发展应是多重目标的发展，不只是将重点放在经济方面，还应考察和包括人类生存和发展的其他方面，诸如安全、健康、教育、收入和财富分配、就业水平和环境质量等社会评价方面；发展应是协调的发展，既包括社会与自然环境之间的协调发展，也包括社会内部各方面的发展；发展应是持久的发展，必须有利于基本生态过程和保护生命维持系统，保证人类对环境资源的永续利用。科学发展观是在总结传统的非理性发展观指导下的发展模式所造成的负面效应基础上而提出的理性发展观，它是对传统发展观的创新。

13.1.3　经济增长与经济发展的关系

在现实生活中，人们一般都把经济增长与经济发展混为一谈，认为经济增长了，就是经济发展了；GDP 高速增长了，就是经济快速发展了。其实这种认识是不正确的。经济增长与经济发展并不是一回事，两者既有一定的联系又有根本的区别。

1. 经济增长与经济发展二者之间的联系

（1）经济增长是经济发展的前提和基础，经济发展是经济增长的结果。经济增长是指经济增长的数量变化，是一个量变过程；经济发展是在量变基础上实现的由贫穷落后向富裕状态的转变，是一个质变过程。经济增长是经济发展的基础，没有经济的数量增长谈不上经济发展，但有经济的增长也未必能带来经济的发展。也就是说，经济增长是经济发展的必要条件，但不是充分条件。如果一味地追求经济增长的指标，而忽略了增长的内容、结构，将不能保持经济的持续增长，更谈不上发展。

（2）经济增长与经济发展相互依存、相互影响、相互促进。在现实的经济生活中，经济增长是经济发展的前提、手段和条件，没有经济增长一定没有经济发展，但更重要的是，经济增长必须注重其内容和质量、发展过程中比例和结构的协调。例如，某地区一味追求经济的高速增长，但前提是大量投入原材料的粗放经营，结果导致周围资源、生态的日益恶化，这样的经济增长能带来经济发展吗？又如，某地区的经济增长建立在固定资产投资的剧烈增长上，人们的消费、社会生活并没有相应地发生大的改变，这样的经济增长也能带来经济发展吗？事实告诉我们，任何一个国家与地区，如果离开经济发展这个目的一味地去追求经济增长速度，那样只能导致国民经济的严重失调，造成经济的大起大落甚至社会局面的动荡。

➢ 案例提示 13-1　"有增长无发展"的五大表现

联合国发展计划署 1996 年发表《人类发展报告》，讨论了经济增长与经济发展的联系。该报告列举了五种有增长而无发展的情况：①"无工作的增长"（jobless growth），出现严重失业的经济增长，即与经济增长相伴随的是失业的增加；②"无声的增长"（voiceless growth），失去民主和自由的经济增长，即民众不能参与和管理公共事务，不能自由地表达自己的意见和观点；③"无情的增长"（ruthless growth），贫困与收入分配严重不公的经济增长，即经济增长成果大部分落入富人的腰包，穷人的生活状况得不到改善；④"无未来的增长"（futureless growth），造成资源耗竭、环境污染和生态破坏的增长即不能持续的增长等；⑤"无根的增长"（rootless growth），毁灭文化，降低了人们生活质量的经济增长。

资料来源：联合国计划开发署. 人类发展报告，1996

讨论：在我国市场经济发展中如何正确处理增长与发展的关系？

综上所述，经济增长是经济发展的手段，经济发展是经济增长的目的。不能离开经济发展这个目的去一味地追求经济增长速度，同时也不能离开经济增长的速度空谈发展，那样会导致经济发展中的比例失调、经济大起大落和社会不公及社会剧烈动荡。在我国经济发展中，由于指导思想上的"左"的错误，急于求成，实施超越型战略，曾出现过单纯追求经济增长速度的倾向。近年来，这种倾向又有所抬头。各地领导干部由于没有树立起正确的政绩观，一味追求自己所谓的"政绩"，单纯追求 GDP 的增长，而忽视社会经济的全面发展。可以说，GDP 的增长固然重要，因为它表示一定时期经济总量和财富的增长水平，世界各国都把它作为重要指标来衡量经济增长程度。然而，如果片面追求 GDP 的增长，就会造成经济发展的严重失调和重大损失。在老工业基地调整改造和振兴中，也要防止片面追求 GDP 的调整增长。一定要树立和落实科学发展观，处理好经济增长与经济发展的关系，走出一条速度比较实在、经济效益好、人民能够得到更多实惠、各方面比较协调的经济发展的新路子。正确地认识与处理经济增长与经济发展之间的关系，必须要努力提高经济增长的质量和效益。只有保持社会经济的协调、稳定和持续发展，才是我们所追求和努力实践的科学的发展观。

2. 经济增长与经济发展两者之间的区别

（1）两者的含义不同。经济增长通常被理解为以国民生产总值或国民收入等总量指标为特征的经济活动水平的变化过程，即指由于资本积累、技术进步、人口增长（劳动投入量的增加）等原因，经济指标单纯在数量上的增长，也就是一个国家的经济规模在量上的扩大，其主要的测量指标是国民生产总值和国民收入。经济发展比经济增长的概念要广泛得多。它是一个国家的经济由传统形态向现代形态的转变过程，既包含着人均收入水平的迅速变化，也包含着人类经济生活和社会生活内部深刻的结构变革和制度变革。因此，"发展"不仅包括了更多的产出水平，同时也包含生产和分配所依据的技术、体制上的变革；不仅包括了生产效率，还包括产业结构的改变，以及各部门间投入分布的改变等。概括说，经济发展是一个国家经济、政治、社会、文化、自然等条件和力量及其结构状况的综合表现。

（2）两者的具体内容不同。经济发展是一个多层面的过程，它特别注重经济以外因素的研究。"发展"不仅涉及经济面，还涉及非经济面。经济增长和经济发展虽然都追求个人所得和国民生产总值的提高，但经济增长关心的重点是物质方面的进步、生活水准的提高；而经济发展不仅关心国民生产总值的增长，更关心结构的改变，以及社会制度、经济制度、价值判断、意识形态的变革。经济发展着眼长期而不是短期。在短期内一个国家的国民生产受自然因素影响很大，农业则更是如此。农业可能因风调雨顺、天公作美等条件而求得一年内的快速增长，也可能因为突发的自然灾害而造成负经济增长。因此，短期生产的上升或下降不能作为测定发展的标准。

（3）经济增长以国民生产总值来测定，但它忽视了国民生产总值所表明的价值是以什么方式在社会成员中进行分配，也不能说明就业状况、职业保障、资源利用、生态环境、升迁机会以及保健、教育等情况。假如某个国家，虽然国民生产总值和个人所得增加，但生产成果绝大部分归少数人享用，其结果造成两极分化而不能愈合，富者越富，贫者越贫，基尼系数增长，收入越加不平等，这样的增长就不是真正意义上的发展。

13.2　市场经济的发展趋势

13.2.1　世界市场经济发展的一般趋势

市场经济经过 300 年的发展，世界市场开始演变为全球性的世界市场体系。目前，全球化的市场经济体系中，既有发达市场经济国家（如美国、日本、德国、法国等）和发展中市场经济国家（如印度、巴西等）；又有新兴的工业化国家和地区（如韩国、新加坡、中国台湾和中国香港）；还包括由计划经济体制转向市场经济体制的经济转型国家（如俄罗斯等）和发展中经济转型国家（如中国等）。根据市场经济发展的一般规律，结合世界各国市场经济发展的实践，我们认为世界市场经济将呈现以下发展趋势：

（1）经济的一体化、国际化程度加强。现代科学技术的发展、新的交通工具和通信工具的普及，使得经济的发展冲破了地域的限制，把区域市场、国内市场和国际市场紧密联结起来，成为一个有机整体。资源在全球的范围内得到更加有效的配置，各国之间的经济交流和合作以及企业的跨国经营成为推动世界经济一体化的主导力量。WTO 和多边贸易体制的完善，为世界经济一体化提供了组织和法律保障。在这些因素的影响下，世界经济一体化成为 21 世纪市场经济发展的新趋势。

（2）更加注重市场经济的可持续发展。20 世纪在世界市场经济获得飞速发展的同时，人们也看到了传统的建立在对自然资源大量消耗基础之上的、不可持续的生产和消费方式对生态、环境和资源带来的破坏，这使得人们逐渐认识到经济、社会、资源以及环境协调发展的重要性，可持续发展成为社会各界的重视。在这一背景下，21 世纪初世界各国都提出了可持续发展的理念，出台了一系列措施来引导和规范市场经济主体行为，努力实现市场经济发展与自然、环境、社会的和谐。

（3）市场和政府在资源配置中的作用更具效率。各国市场经济发展的经验都表明市场是资源配置的基本手段，但离开政府的宏观调控，资源的配置往往面临低效率的困境。伴随着各国经济的发展，市场经济体制在不断完善，市场对资源配置的基础作用会不断得到加强，自由平等的市场竞争和自由的企业制度将得到更好的完善，同时，政府对市场的宏观调控手段运用更加合理化、形式更加多样化，对市场经济运行的干预和调控也更具有效率。市场和政府在市场经济运行中的作用也更加和谐。

（4）市场体系更加健全。市场体系是市场运行的场所，发达国家市场经济建设的实践表明，伴随着市场经济的发展，市场体系也会更加健全。作为市场主体的个人、家庭、企业和政府的行为更加合理化，市场体系的主体结构得到进一步完善；一般商品市场（生产资料市场、生活资料市场）和要素市场（金融市场、劳动力市场、房地产市场、技术市场、信息市场等）建设更加完善，市场体系的客体结构得以健全；现货交易市场、期货交易市场和货款交易市场等市场体系的时间结构得以健全；以地方分工为基础的地方市场，以经济活动区域专业化分工特点为基础的区域市场，在区域市场融合基础上形成的国内统一市场以及各国之间相互开放基础上形成的国际市场等市场体系的空间结构也得到进一步健全。同时有形商品市场和无形商品市场也得到充分发展，市场体系的形态结构进一步健全。

（5）市场经济发展社会保障体系更加完善。完善的社会保障体系是社会市场经济的主要内容，是完善市场经济体制的重要组成部分。当前对于绝大多数发展中国家而言，社会保障体系建设滞后已成为制约市场经济发展的重要因素，如何建立健全适合本国国情的社会保障体系成为这些国家新时期经济改革的重要课题。为了进一步推进经济的发展，各国一定会在借鉴市场经济发达的资本主义国家社会保障体系建设的经验的基础上，加强本国社会保障体系建设。

13.2.2　我国社会主义市场经济的发展趋势

趋势是事物发展的动向，也指事物未来状态。纵观世界各国现代市场经济发展的客观规律，结合我国社会政治经济发展的现状，笔者认为我国社会主义现代市场经济的发展将会出现以下 14 大趋势[①]：

（1）现代公司制将成为企业的基本组织形式。企业组织形式是丰富多彩、多种多样的。但就大的类型来看，迄今为止，历史上随着生产力水平的不断提高，曾经出现过三种不同的企业组织形式：最早出现的是业主制，即单个所有者独资经办的企业；接着出现的是合伙制，即为数不多的几个所有者经办的企业；最后出现的是公司制，即许多人合资经办的企业，在国外也叫法人所有制企业。业主制与合伙制是在生产力不太发达的条件下存在的企业组织形式，公司制则是建立

---

① 白永秀．中国现代市场经济研究．西安：陕西人民出版社，2001.477～484

在现代发达的社会化大生产基础之上的。随着生产社会化程度的提高，公司制又经历了由无限公司到有限公司的发展。建立在现代社会化大生产基础上的公司一般都是股份有限公司和有限责任公司，我们把它称为现代公司制，它是现代企业制度的主要形式。现代公司制作为现代市场经济的微观体制，是现代市场经济赖以存在的基础，也是现代市场经济发展的内在要求和必然产物。我国的生产力总体水平尽管还比较低，而且呈现出多层次性和不平衡性。但就工业部门来看，绝大部分是建立在现代科学技术基础上的社会生产力，从而具备了现代市场经济存在和发展的物质基础。因此，建立在这样的物质基础上的市场经济只能是现代市场经济。现代市场经济必然要求改变计划经济的微观基础——国有企业制度，建立和拥有自己的微观基础——现代企业制度，而现代企业制度的最主要的形式是公司制。因此，公司制的普遍建立是现代市场经济发展的一大趋势。

（2）国有企业的产权关系明晰化。现代市场经济所要求的产权关系是清晰、明朗的，它把企业的财产所有权分为出资者的终极所有权和经营者的法人财产所有权，以达到权责利分明，实现资本保值和增值。但长期以来，我国国有企业的产权边界不清，产权关系模糊，结果使许多国有资产成为"无主"资产，无人关心它的保值和增值，这是造成大量国有资产流失的一个重要原因。现代市场经济的发展必然要求改变这种产权制度，调整产权关系，实现产权问题上的责权利清楚、关系明晰。

（3）企业无上级、无级别以及现代企业家队伍开始形成。拥有一支训练有素、素质良好、管理有方的现代企业家队伍是现代市场经济运行所不可缺少的条件。正如交警指挥运行中的各种车辆，保证交通有序而畅通一样，企业家们指挥和管理着运行中的企业，使之运转正常。但在计划经济条件下，我国长期把企业管理人员称为干部，列入行政序列，确定行政级别；企业也分为不同的级别，并各有自己的主管上级。这实际上是把行政部门的操作办法搬到企业。在这种体制下，企业管理人员也自然而然地用搞行政的办法来搞企业。随着市场经济的发展，我国必将按照现代市场经济运行规律的要求改革旧的管理体制，取消行政级别，撤销、合并主管行政部门，削减其主管部门的权力，逐步实现企业无上级、无级别，使企业成为真正独立自主的生产经营单位。与此同时，还将按照市场经济的要求，把企业管理人员从行政序列中分流出来，取消其行政级别，使其成为名副其实的企业管理人员。政府将会采取一些有效措施来加强对企业管理人员的选拔和培养，造就一批懂管理、会管理、善管理的现代企业家。因此，现代市场经济的发展将会在我国促进企业无上级、无级别以及现代企业家队伍形成。

（4）现代企业文化在微观经济管理中起着越来越重要的作用。现代企业文化是现代市场经济发展的必然产物，也是保证现代市场经济良性发展的一个重要条件。但在计划经济条件下，我国的企业却长期忽视企业文化的作用，不注意现代企业文化的建设。随着现代市场经济的发展，要求企业管理人员抛弃旧的行政命令的手段，更多的利用现代企业文化特有的合力协调功能、活力激发功能、环境优化功能、宣传功能、凝聚功能、信誉担保功能、延续功能等来管理企业，树立良好的企业形象，使企业具有强大的竞争实力，在竞争中立于不败之地。因此，我国现代市场经济的发展，必将推动现代企业文化建设的发展，使现代企业文化在微观经济管理中起着日益重要的作用。

（5）商品与劳务由市场交易。商品与劳务是市场经济条件下市场交易的对象，构成了市场的客体，与市场主体相对应。如果没有这种客体，市场就会失去交易对象，就不会有市场存在，也就不可能有市场经济的存在。因此，现代市场经济的存在和发展必然要求改变计划经济条件下由国家对劳动产品（劳务）实行统购统销，统一计划分配的做法使商品和劳务进入市场，由市场交易。在此基础上，将会形成体系完善、机制健全的商品（劳务）市场子系统。

（6）资本、房地产、技术、信息等生产要素商品化和市场化。生产要素市场是同商品（劳务）市场相对应而存在的一个范畴，它是市场体系的一个重要组成部分，生产要素商品化、市场化是现代市场经济的一个显著特点。但在计划经济条件下，我们长期把资本、房地产、技术、信息等生产要素视为非商品，禁止在市场上交易，甚至还把这种做法视为社会主义经济制度优越性的表现，致使资金周转速度慢，利用率低；土地无偿使用，浪费严重；科学技术远离生产实践，难以转化为现实生产力；信息传播渠道不畅，利用水平低。现代市场经济的发展要求建立完备的市场体系，与此相适应，必然要求把资本、房地产、技术、信息等要素作为商品来看待，在市场上交换，建立和健全生产要素市场，促进市场体系的完善。

（7）劳动者普遍通过市场谋取职位。劳动力成为商品是市场经济发展的产物，也是市场经济存在和发展的一个重要条件。劳动力市场的发育程度是衡量市场经济成熟与否的一个重要标志。在计划经济条件下，我们长期在理论上把劳动力商品化看做是资本主义所特有的，在实践上否定劳动力商品化，更谈不上建立劳动力市场。劳动者就业实行国家统一计划招工，统一安排，一次招工定终身的制度。这种就业制度不仅妨碍了劳动力的合理流动、合理配置和有效使用，而且不利于劳动力素质的提高和人才的成长。现代市场经济本身则要求劳动力能够合理流动，并要求通过优胜劣汰的竞争机制来实现劳动力的合理配置和有效流动，市场经济的存在和发展离不开劳动力市场。因此，我国现代市场经济的发展必然要求改变原有的劳动力就业制度，建立健全劳动力市场。在劳动力市场存在的条件下，企业从劳动力市场上购买自己所需要的合格的劳动力，劳动者则通过市场谋取自己所喜爱的职位，两者进行"双向"选择。

　　(8) 价值观念多元化基础上人的个性得到比较全面的发展。建立在现代社会化大生产基础上的现代市场经济是一种开放经济，统一的国内市场和国际市场打破了地区乃至国家的界限，把各地、各国联系在一起。以市场为纽带和中间环节，人们之间交往的机会大大增加，彼此之间相互影响，其中包括各种不同价值观念的相互交流和影响。由于不同国度、不同民族、不同宗教、不同政党成员之间的相互交流和影响，必然使人们的价值观念趋向于多元化，也必然会产生与此相适应的价值观念多元化。因此，现代市场经济的发展必将冲击传统单一的价值观念，形成丰富多彩的价值观念。现代市场经济又是一种竞争经济，激烈的竞争要求并激发人们充分发挥自己的创造性、聪明才智和工作热情，从而有利于人们个性的全面发展。

　　(9) 人们需求满足的多层次化。现代市场经济的发展以及由此引起的生产力水平的极大提高，会使人们的需求满足多层次化的趋势。从物质方面来看，首先是生存需求的满足，其次是享受需求的满足，最后是发展需求的满足。在物质方面的需求得到满足的基础上，人们还将追求精神、文化、心理等多方面的满足。例如，在现代市场经济发达的国家，人们普遍追求家庭和爱情生活的满足、社会地位和社会尊敬的满足、事业成功和工作成就的满足、社会归属和为社会奉献的满足、文化和精神享受的满足等多层次、多方面需求的满足。在我国，随着市场经济的发展，在衣、食、住、行等基本需求得到满足的基础上，人们也必将进一步追求精神、文化、心理、发展等方面需求的满足，这就必会形成多方面、多层次的需求满足。这些满足对于平衡人们的心理，激发个体对社会的贡献感和成就感将会起到重要作用。

　　(10) 社会成员在经济生活中的权利日益扩大。市场经济是一种反映许许多多独立主体之间相互关系的经济形式。这种经济本身就要求人们在经济活动中具有独立支配自己活动的自主性。因此，现代市场经济的发展必然要求并促使作为经济主体之一的社会成员在经济生活中的权利日益扩大。具体表现在：在消费中，人们选择商品的权利、选择自己喜爱的生活方式的权利以及维护作为消费者权益的权利等日益扩大；在就业方面，人们根据自己的特点和爱好选择职业、塑造自己的形象、发挥自己聪明才智的权利日益扩大；在财富的支配方面，人们选择储蓄、投资、借贷或消费的自主权日益扩大；等等。

　　(11) 国家将运用宏观调控手段间接调控经济活动。现代市场经济不是放任自流的自发经济，而是受国家宏观调控，而且为国家进行宏观调控提供了各种成熟的调节手段、健全的运行机制、丰富而精确的经济信息等必备条件，使国家的宏观调控得以进行并取得最佳效果。因此，一个国家宏观调控体系的完善程度、宏观调控的效果如何，是衡量现代市场经济的发展，必然要求建立健全宏观调控体系，形成国家主要运用经济手段间接调控经济活动的调节机制。

(12) 失业、医疗、养老、住房、保险等保障事业社会化。市场经济是竞争经济，竞争中会使一些企业破产，劳动者失业；企业为了在竞争中处于有利地位，也会根据生产经营状况随时裁减多余人员，减轻自身负担；市场经济条件下的企业是生产经营单位，不是社会福利单位，更不是慈善机构，不可能包下劳动者的生、老、病、残、死及衣、食、住、行的方方面面。因此，市场经济的发展必然会把诸多的保障事业推向社会，从而要求并推动保障事业社会化，尽快建立健全社会保障制度。在我国，病残、退休、医疗、住房等保障事业长期由国家和企业包揽，给企业背上了许多不应有的包袱，严重影响了企业作为生产经营单位的正常运转。因此，随着市场经济的发展，首先需要把企业从各种报复的重压之下解脱出来，还企业以生产经营者的单一身份。这就必然要求把原来由企业统包统揽的各种保障事业从企业剥离出来，转交给社会，实现保障事业的社会化。

(13) 法律在维持经济活动秩序中起着基础性作用。现代市场经济是法制经济，它要求健全而完善的法律法规体系相配套，通过法律法规来调节矛盾、理顺关系、解决纠纷、制裁非法行为、保护正当权益，从而保证市场经济的有序运行和正常发展。在原有计划经济条件下，我国经济活动中的一切关系和问题都是通过政府运用行政手段来调节和解决的。随着市场经济的发展，政府职能将会转变，经济活动中的各种关系只能靠法律法规来理顺，各种纠纷、矛盾只能靠法律法规来调节和解决。因此，我国现代市场经济的发展，必然会促进法制的健全和完善，使法律法规成为经济活动的重要调节手段，在维持经济秩序中起基础性作用。

(14) 经济的全方位开放和国际化。现代市场经济既是一种开放经济，又是一种国际经济。在我国，随着信贷市场经济的发展，必将冲破一切封锁、狭隘的管理体制，打破地区界限，扩大和加强对外开放，实现我国经济同世界经济的接轨，使我国经济走向世界。随之而来的，将是我国经济的全方位开放和国际化。

本 章 提 要

1. 实行市场经济的国家都面临着经济增长问题。如何实现经济增长，需要讨论决定经济增长的因素与经济增长之间的关系。作为从传统经济向现代经济的转换过程，经济发展与经济增长既有密切的联系，又存在着明显的区别。

2. 世界市场经济发展的一般趋势是：经济的一体化和国际化程度加强，更加注重市场经济的可持续发展，市场和政府在资源配置中的作用更具效率，市场体系更加健全，市场经济发展社会保障体系更加完善。

3. 我国社会主义市场经济的发展将会出现 14 大趋势：现代公司制将成为企业的基本组织形式，国有企业的产权关系明晰化，企业无上级、无级别以及现代企业家队伍开始形成，现代企业文化在微观经济管理中起着越来越重要的作用，商品与劳务由市场交易，资本、房地产、技术、信息等生产要素商品化和市场化，劳动者普遍通过市场谋取职位，价值观念多元化基础上人的个性得到比较全面的发展，人们需求满足的多层次化，社会成员在经济生活中的权利日益扩大，国家将运用宏观调控手段间接调控经济活动，失业、医疗、养老、住房、保险等保障事业社会化，法律在维持经济活动秩序中起着基础性作用。

➤ 关键概念

经济增长　经济发展　经济增长方式　科学发展观　经济全球化

➤ 复习思考题

1. 如何理解经济增长与经济发展的关系？
2. 简述世界市场经济发展的基本趋势。
3. 简述我国社会主义市场经济发展的趋势。

➤ 材料分析题

传统 GDP 核算缺陷明显

在过去的 25 年里，我国创造了 GDP 年均增长超过 8％的世界奇迹，然而有一组数据却不得不让人深思：2003 年，我国 GDP 总值虽不足世界的 1/30，但原油消耗却达 2.5 亿吨，消耗量居世界第二位；煤消耗 13.8 亿吨，占世界消耗量的 1/3；钢材消耗 2.7 亿吨，占世界消耗量的 1/4，比美国、日本、英国、法国等国家总和还多；水泥消耗 8.4 亿吨，占世界消耗量的 55％。暨南大学教育学院院长、统计学教授韩兆洲指出，经济产出总量增加的过程，必然是自然资源消耗增加的过程，也是环境污染和生态破坏的过程。而人们从 GDP 中，只能看出经济产出总量或经济总收入的情况，却看不出这背后的环境污染和生态破坏。在传统的 GDP 核算体系下，至少有三个问题没有考虑到：环境资源的耗减核算、环境资源损失成本的核算和资源环境的恢复成本、再生成本和保护成本的核算。环境和生态是一个国家综合经济的一部分，由于没有将环境和生态因素纳入其中，GDP 核算法就不能全面反映国家的真实经济情况，核算出来的一些数据有时会很荒谬——因为环境污染和生态破坏也能增加 GDP。面对我国尚未完全摆脱的粗放型增长，有学者直言不讳：过于单纯注重 GDP 的增长，必然会进入这样一个怪圈——传统的 GDP 核算可能助长为追求高的 GDP 增长而破坏环境、耗竭式使用自然资源的行为。

资料来源：马汉青．人民网．http://theory.people.com.cn，2004 年 2 月 5 日

阅读上述材料分析：

（1）GDP 衡量经济增长的缺陷。

（2）从 GDP 的缺陷中分析经济增长与经济发展的区别与联系。

主要参考文献

奥肯．1991．平等与效率——重大的抉择．王奔洲等译．北京：华夏出版社

白永秀．1996．中国现代市场经济研究．西安：陕西人民出版社

汉森．1959．经济政策和充分就业．徐宗士等译．上海：上海人民出版社

库茨涅茨．1985．各国的经济增长．常勋等译．北京：商务印出馆

兰格．1984．社会主义经济理论．王宏昌译．北京：中国社会科学出版社

刘易斯．1990．经济增长理论．周师铭等译．上海：上海三联书店

纳克斯．1960．不发达国家资本形成问题．谨斋译．北京：商务印书馆

萨缪尔森．1999．经济学（第 16 版）．高鸿业译．北京：华夏出版社